MACD 战法

冯矿伟 著

地震出版社
Seismological Press

图书在版编目(CIP)数据

MACD 战法 / 冯矿伟著. — 北京 ：地震出版社，2019. 10
(2023. 3 重印)
ISBN 978-7-5028-5041-8

Ⅰ. ①M… Ⅱ. ①冯… Ⅲ. ①股票投资-基本知识
Ⅳ. ①F830. 91

中国版本图书馆 CIP 数据核字(2019)第 033838 号

地震版 XM5502

MACD 战法
冯矿伟 著
责任编辑：薛广盈 吴桂洪
责任校对：凌 樱

出版发行：地 震 出 版 社
北京市海淀区民族大学南路 9 号 邮编：100081
发行部：68423031 68467991 传真：68467991
总编室：68462709 68423029 传真：68455221
证券图书事业部：68426052
http：//seismologicalpress. com
E-mail：zqbj68426052@ 163. com
经销：全国各地新华书店
印刷：大厂回族自治县德诚印刷有限公司

版(印)次：2019 年 10 月第一版 2023 年 3 月第三次印刷
开本：787×1092 1/16
字数：187 千字
印张：15
书号：ISBN 978-7-5028-5041-8/F(5757)
定价：50. 00 元

前　言

我一直想写一本关于 MACD 指标的书，因为它是一个兼顾了“趋势”和“震荡”两大功能的指标，其他指标很难与它比美。我们通常使用的指标分为两大类，主图类指标和副图类指标，主图类指标大多是趋势类指标，比如均线、布林线、通道线等；副图类指标大多是震荡类指标，比如 KDJ、RSI 等。MACD 是一个比较特殊的指标，虽然在副图显示，但是，它既能解决趋势问题，又能解决震荡问题。在我决定写 MACD 指标之前，MACD 已经被广大投资者所熟知，甚至有关 MACD 的书籍和文字介绍已经有了很多，那为什么总有人说：“我读了那么多关于股市的书，为何我依然炒不好股票呢？”正如有人说自己明白了那么多道理，依然过不好自己的一生一样。

想知道原因吗？

老冯回答你：“知到极处便是行！”

通俗点儿说：你依然是不懂，或只是浅尝辄止，更谈不上精、专、权威，你根本无法做到“思维”和“行动”的融会贯通，所以，别自欺欺人地认为自己很努力，有时候你的努力，也许是“假努力”，别怪我再一次揭开你们的伤疤，还撒了把盐！要知行合一，而其中的“知”才是核心。李小龙说过：“我不害怕会一万种腿法的人，我只害怕把一种腿法练习一万遍的人！”道理很简单，技术不在多，而在精，而在真正的“知道”方能“知行合一”，所以，多在“知道”上下点功夫吧，凡事不可蜻蜓点水！千万不要知其然而不知其所以然。交易之道，贵以专、贵以精，不要贪图无所不知，否则你将一无所知。选择适合自己的技术，把这个技术研究成权威，足以笑傲股海。很多投资者看似学习了很多种技术，但是所有技术都不“精”，只能说是略知一二，甚至连技术的原理、优势、劣势都一无所知。

我们是不是该问自己一个问题：股海博弈这么多年，你是否精通某一个技术？有吗？注意，我说的是精通，而不是知道……请认真思考一分钟，如果没有，那么本书将会改变你一直以来的交易习惯，带你一起把 MACD 庖丁解牛。我们把有限的时间，集中在你擅长的技术上，才能成就巅峰！凡事起于平淡而成就于锲而不舍的坚持，这是我今天最想给读者朋友说的真心话！炒股是把钱从别人口袋里赚过来，本就不易，且行且珍惜。

我们要拥有一技之长，做一个有用的人，艺不压身。一个人 7 年可以在一个领域成为专家，28 岁之前我们年少轻狂，63 岁之后我们心有余而力不足，28 到 63 岁有 5 个 7 年，即：我们在 63 岁的时候，至少，我是说至少，应该有 5 个技能是技压群雄的。各位，请问你有几技之长了？把 MACD 技术研究成权威，也算一个！一起努力吧！

本书共分为六章，第一章主要讲解 MACD 的基础知识，虽然是基础，但是绝不枯燥，因为我讲的主要是 MACD 的前世今生，绝对是你感兴趣的细节；第二章开始引入 MACD 的核心技术——能量守恒，可以说 MACD 的趋势和震荡技术，都离不开能量守恒的束缚。换句话说，不考虑能量守恒元素的 MACD 相关技术，级别都会很一般，可以想象能量守恒的价值有多大；第三章开始讲解 MACD 的经典技术——背离高低点，这是所有学习 MACD 技术的投资者都较为青睐的，但是注意，我放到了第三章，而且你不要跳跃式来学习，因为我刚才说了，你不掌握第二章的能量守恒，直接学习背离，有可能是半路出家，无法深入骨髓；第四章通过 MACD 来进行选股，选股一直是很多交易者的短板，既然本书主要研究 MACD，不妨利用 MACD 来进行全方位选股，关键是 MACD 的选股角度满足了市场两大选股逻辑——超跌反弹(极弱)和强者恒强(极强)！第五章主要讲的是 MACD 的经典用法，经典必有其经典的道理，采取案例精讲的方式；最后一章第六章讲解失败的案例，成功的方法千万条，但是失败的案例就那么几种，我们把容易失败的情况逐一规避掉，剩下的就只是成功了。道理很简单，避开明显的错误，我们就会无限趋向于成功。

如此，本书通过 MACD 的基础之前世今生、能量守恒、背离、选股、经典形态、失败案例，利用 MACD 全方位解决股市交易中的诸多问题，剩下的就是投资顺利，财运亨通。

2019.6.1于北京

目　录

第一章

MACD 基础

MACD 指标虽然经典，但并不复杂，因为指标的元素只有四个：DIF、DEA、能量柱和 0 轴，所有的 MACD 指标相关技术，都是这四个元素的组合。所以，要想把 MACD 学会、学懂，就得先从 MACD 的四大元素、前世今生以及 MACD 指标的源码开始学起。

第 1 节　MACD 四大元素

MACD 是 Moving Average Convergence and Divergence 的缩写，翻译成中文就是平滑异同移动平均线。不太好理解是吧，从中文名称就可以看出来，是从均线演变而来的一个指标，从英文名字 Moving（移动中）、Average（平均）、Convergence（聚合）和Divergence（发散）来理解，其实 MACD 就是当前移动平均线的分离聚合，这么来说就好理解了吧，如图 1-1 所示。

M A C D

Moving Average Convergence and Divergence (平滑异同移动平均线)

移动中　平均　聚合　发散

图 1-1

很多交易者把 MACD 想得很复杂，甚至担心能不能看懂这本书，也有人把 MACD 变换了很多的使用方法，其实万变不离其宗，MACD 指标一共只有四个元素，所有关于 MACD 的技术都是围绕这四个元素展开的，所以本书一开篇，我就把复杂的事情给简单化了，不用担心你看不懂、学不会。

MACD 指标是由二线一柱一轴四大元素组合而成。二线：快速线为 DIF，慢速线为 DEA；一柱：柱状图为 MACD；一轴：0 轴线，这些构成了四大元素，如图 1-2 所示。

图 1-2 中的位置 1 就是 DIF 线（快线），位置 2 就是 DEA 线（慢线），位置 3 就是 0 轴线（强弱分水岭），位置 4 是 0 轴线上下两边的红色和绿色柱子，是能量柱（强度）。所以，MACD 这个指

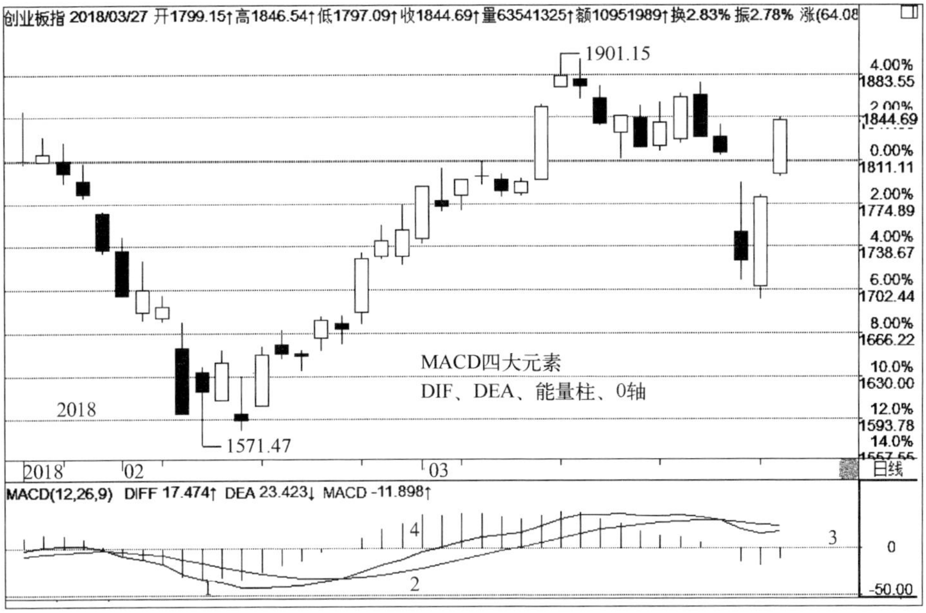

图 1-2

标尽管用法很多，但是所有的用法都是这四大元素的组合，是不是突然释怀了很多，简单吧！股票分析是复杂的，但是股票的交易一定要简单、简单、再简单。正所谓，天道酬勤，股道至简。

第 2 节　MACD 前世今生

我们读完第 1 节后已经明白 MACD 的前身是均线，是从均线演变而来，但是到底是哪几根均线演变而来的呢？如果从 MACD 的原始参数看，似乎是 MA12、MA26，其实不然，DIF 相当于 MA5（5 日均线），DEA 相当于 MA13（13 日均线），0 轴线相当于 MA55（55 日均线），书读到这里，你是不是感到很惊讶，这是真的吗？如图 1-3 所示。

案例中 MA5 下穿 MA13 的位置，下方对应的刚好是 MACD 的

DIF 死叉 DEA 的地方，能说这是巧合吗？哪有这么多巧合啊，如果你非要认为是巧合，我们再看一看 MA5 上穿 MA13 的地方，下方又恰好吻合 MACD 的 DIF 金叉 DEA，请注意我的用词，相当于并不是等于，所以图中 MA5 上穿 MA13 时，是差了一个单位的，MACD 略微提前，这正是 MACD 的优秀之处——稳健而不失灵活！

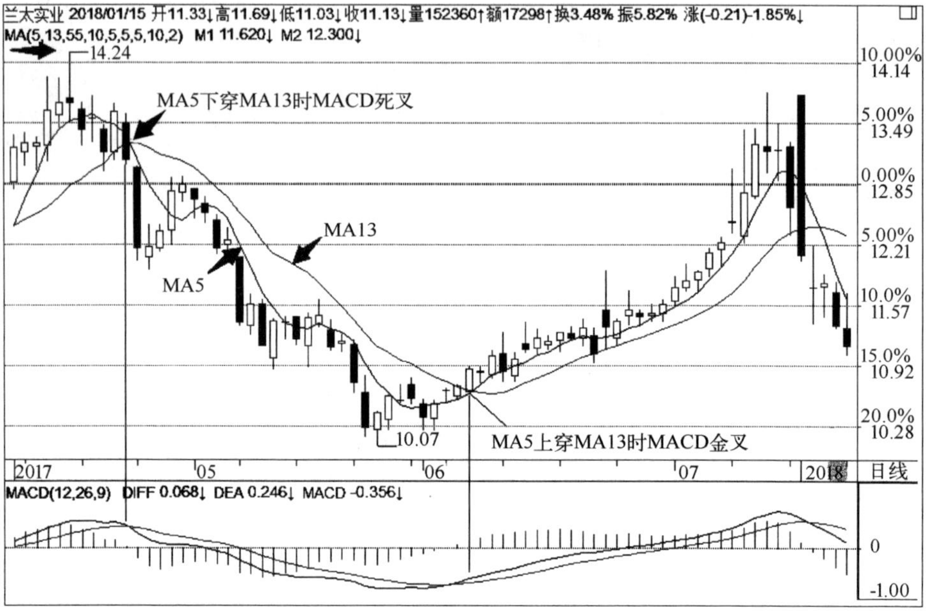

图 1-3

帮人帮到底，送佛送到西，在我第一次讲 MACD 时，很多新股民都问了我一个问题：MA5、MA13、MA55 怎么调用。目前所有免费软件都有均线指标，这是炒股软件默认的指标线。在软件上输入 MA，然后按回车，即可调用均线指标，如图 1-4 所示。

MA 均线调用之后，默认的参数会很多，杂乱无章，你需要简单的修改参数，所以，右键 MA 的任意一条均线，选择修改指标参数，不同的选股，这个菜单的顺序可能不同，但是都有参数调整功能，如图 1-5 所示。

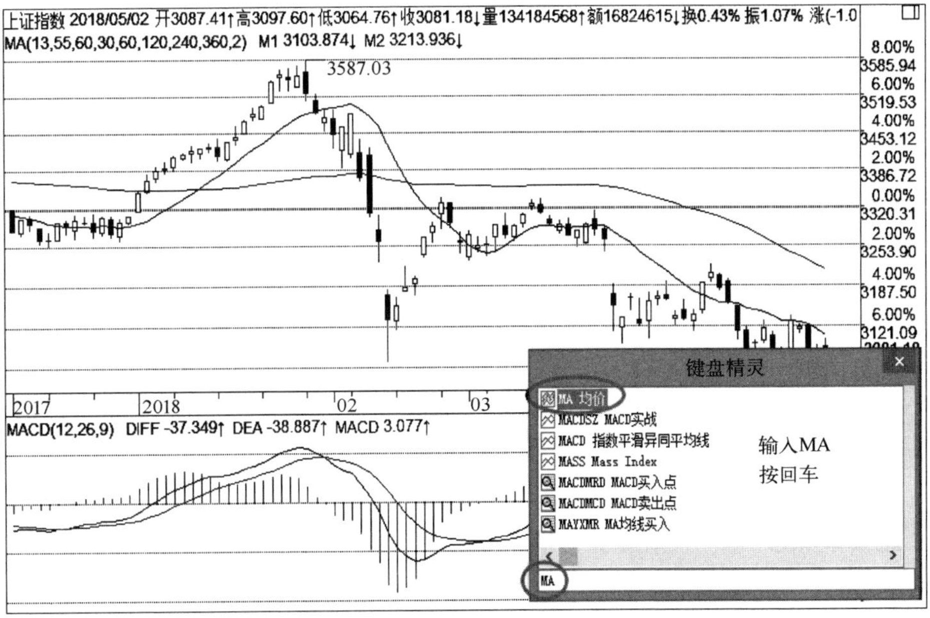

图 1-4

在 MA 参数调整界面，前三个分别改成 5 日、13 日、55 日，然后在显示几条均线的地方，填写你需要的均线数量，比如 2，就是只显示前 2 条均线，5 日和 13 日均线，55 日就不显示；如果你改成显示 3 条均线，那么前三个 5 日、13 日、55 日都会显示出来，当然，需要点击右下方的确定才会生效。平时看操盘软件的时候，养成一个习惯，只调用你需要的元素，不需要的就隐藏，如图 1-6 所示。

如此，我们再回头看图 1-3 的时候，就倍感清楚了，图中只调用了 2 条均线，5 日和 13 日均线清晰可见，而 55 日就不显示了，MA5 和 MA13 的交叉与下方的 MACD 交叉呼应关系，你也会倍感清晰了。所以，MA5 相当于 DIF，而 MA13 相当于 DEA，是不是感觉很神奇，但是又不是很意外，后面的知识点会更加精彩。

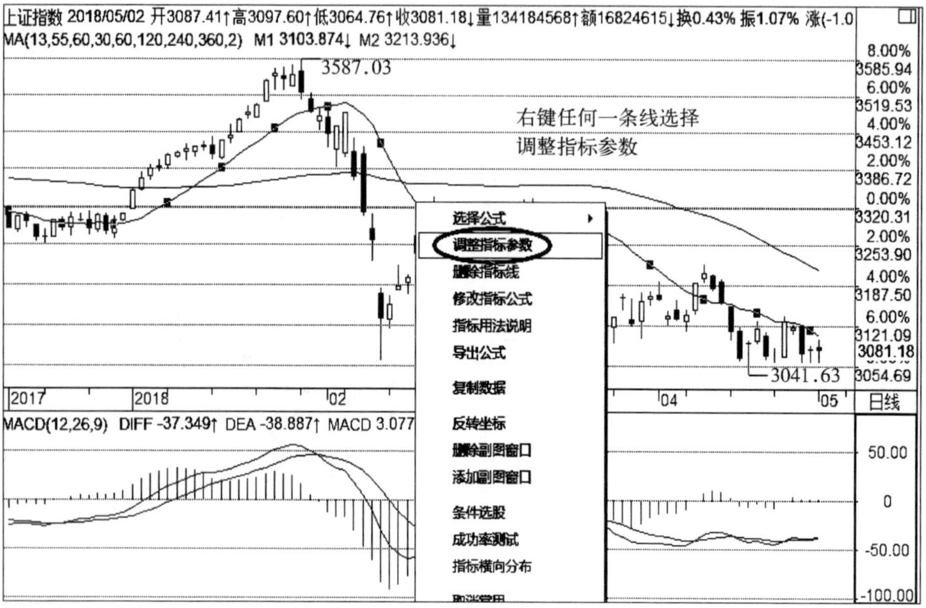
上证指数 2018/05/02 开3087.41↑高3097.60↑低3064.76↑收3081.18↓量134184568↑额16824615↓换0.43% 振1.07% 涨(-1.0
MA(13,55,60,30,60,120,240,360,2) M1 3103.874↓ M2 3213.936↓
3587.03
右键任何一条线选择
调整指标参数
选择公式
调整指标参数
删除指标线
修改指标公式
指标用法说明
导出公式
复制数据
反转坐标
删除副图窗口
添加副图窗口
条件选股
成功率测试
指标横向分布
3041.63
MACD(12,26,9) DIFF -37.349↑ DEA -38.887↑ MACD 3.077
日线

图 1-5

上证指数 2018/05/02 开3087.41↑高3097.60↑低3064.76↑收3081.18↓量134184568↑额16824615↓换0.43% 振1.07% 涨(-1.0
MA(13,55,60,30,60,120,240,360,2) M1 3103.874↓ M2 3213.936↓
3587.03
MACD(12,26,9) DIFF -37.349↑ DEA -38.887↑ MACD 3.077↑
键盘精灵
MA 均价
MACDSZ MACD实战
MACD 指数平滑异同平均线
MASS Mass Index
MACDMRD MACD买入点
MACDMCD MACD卖出点
MAYXMR MA均线买入
输入MA
按回车
MA

图 1-6

我们再看 MA55 和 MACD 的关系，如图 1-7 所示，我只调用一条均线 MA55，如此比较清楚，平时看盘时也一样，不用的东西尽量不要出现在你的视线里，干扰你的判断，我平时甚至喜欢看裸 K 线，即主图只有 K 线，其他不需要的东西都不显示，当你需要看什么的时候，再临时添加。MA55 相当于 MACD 的 0 轴线，更加神奇了吧，图中一共有四个位置，我们从左向右依次来看：

图 1-7

第一次是股价下穿 MA55 时，对应 MACD 的 DIF 下穿 0 轴线，进入跌势。

第二次是股价上穿 MA55 时，对应 MACD 的 DIF 上穿 0 轴线，进入涨势。

第三次就更有意思了，股价回踩了 MA55 的同时，对应 MACD 的 DIF 回踩 0 轴线止跌，因为刚才我们说 MA55 相当于 MACD 的 0 轴线，所以 DIF 回踩 0 轴线时正好股价回踩 MA55，完美吻合。

第四次又重复了第一次的位置，股价下穿 MA55 时对应 DIF 下穿 0 轴线，进入跌势。

所以，你能说这一切都是巧合吗？当然不是，MACD 的前世就是均线。

图 1-7 最核心的一点是股价回踩 MA55 时，正是 DIF 回归 0 轴线的地方，这个技术是我们在第二章即将学习的核心技术：能量守恒，这里先埋下伏笔吧！然而，有人说了：“既然如此，那么我们干吗还要学 MACD，直接用均线不就行了？”问题问得非常好，后续这些问题都会进行一一解答，带着问题里继续读下去吧！

第 3 节　MACD 的源码

经过前两节的阅读学习，相信很多读者已经非常感兴趣了，本节我们从 MACD 的代码进一步把指标庖丁解牛，我讲过知行合一的核心是“知”，如果你不在“知”上下功夫，不管你学得多么好，都无法实现知行合一，所以，基础功要扎实，真正做到知其然更知其所以然，让学了这么多年股票，还是做不好股票的尴尬一扫而光。

图 1-8 为 MACD 的代码，这次我们真正意义上进行技术上的庖丁解牛了！不再是蜻蜓点水的浅尝辄止，而是深入骨髓、深入代码，从根本上熟悉和明白 MACD 指标背后的奥秘！MACD 指标的源码只有 3 句话，没错，你没看错，那么优秀的指标，背后其实只有 3 句话代码，不要怀疑自己的眼睛，很多看似深奥无比的东西，其实背后都无比简单，换句话说，天道酬勤而股道至简

嘛，复杂的不是事物本身，而是我们的内心，所以，怀着空杯心态，跟我一起来走进 MACD，解开指标的神秘面纱。

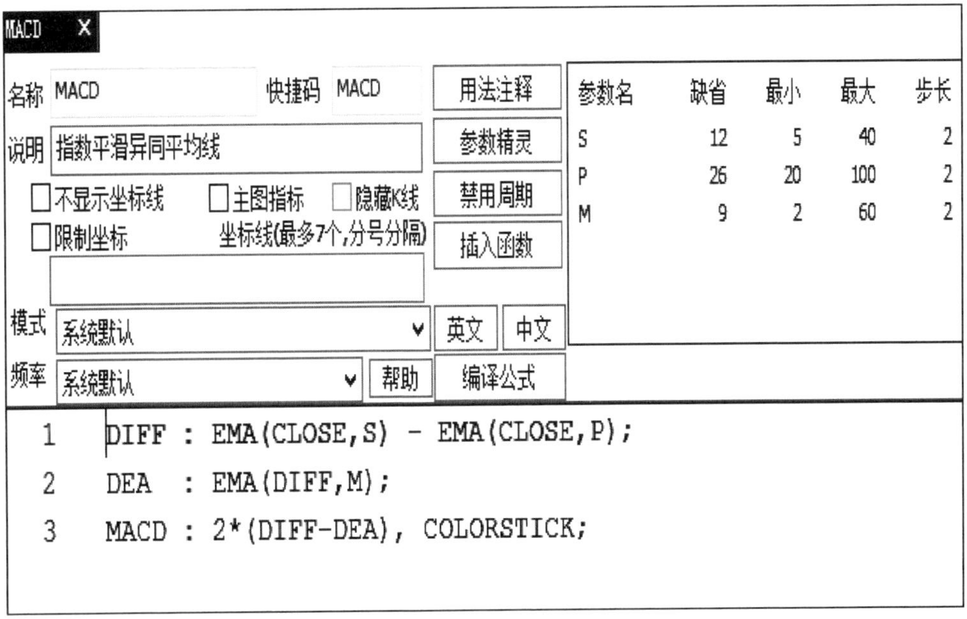

图 1-8

我们一句一句来解析：

DIFF：EMA(CLOSE，12) - EMA(CLOSE，26)；

DEA：EMA(DIFF，9)；

MACD：2×(DIFF-DEA)，COLORSTICK；

我把参数直接写入代码，所以，图 1-8 中 S=12，P=26，M=9，便于大家学习和查看，但是喜欢写代码的读者，要养成设置参数的习惯，用字母来代替数字，设置参数以便于未来参数的调整，因为一个指标的优化，其中变换参数是非常常见的，没有参数设置项，将来需要改参数的时候，就会很繁琐、很被动。

代码里“EMA”是核心，可以说 MACD 靠的就是 EMA 函数来计算的。EMA 跟 MA 虽然二者近似，但还是有区别的，代码里用了 EMA 而不是 MA，是因为 EMA 可以得到更平滑、美观的曲线，EMA 就是 EXPMA 均线，所以，喜欢均线的交易者，不少人用 EXPMA 代替了 MA，到底用哪个？这个看自己喜好和习惯吧，如果只是比较数值与均价的关系时，用 MA 就可以了，而要比较均价趋势的快慢时，用 EMA 会更稳定。如图 1-9 所示，鼠标放到函数 EMA 上，软件给出的解释，EMA 的别名是指数平滑移动平均，例如 EMA（CLOSE，20）的意思是求 20 日指数平滑均线。我们再看图 1-10，把其中一个 EMA 改成 MA，鼠标放到函数 MA 上，软件给出的解释，MA 的别名是简单移动平均，所以，EMA 和 MA 都是移动平均，只是 EMA 做了平滑处理，例如 MA（CLOSE，20）是求 20 日均价。

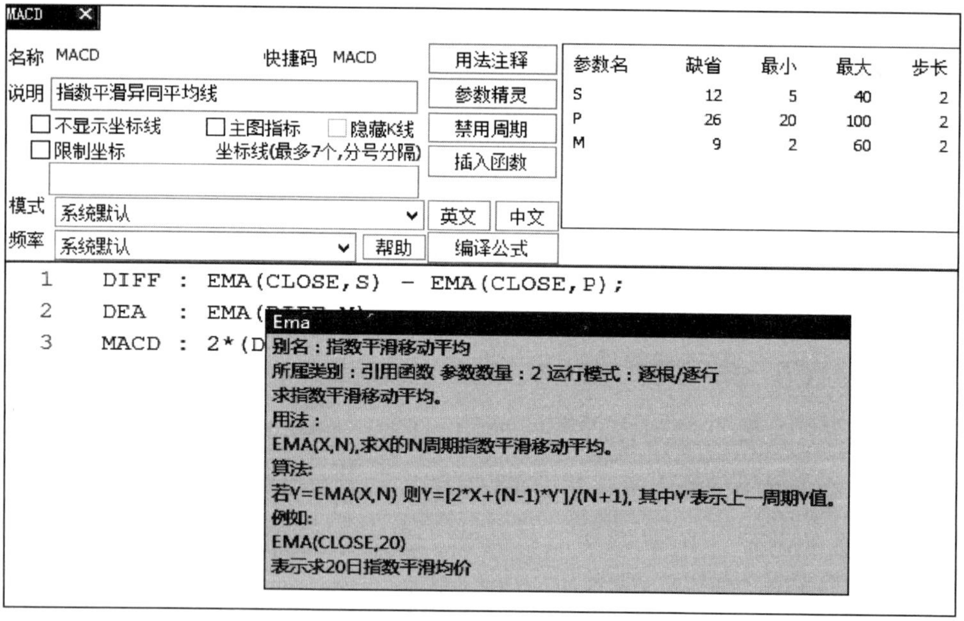

图 1-9

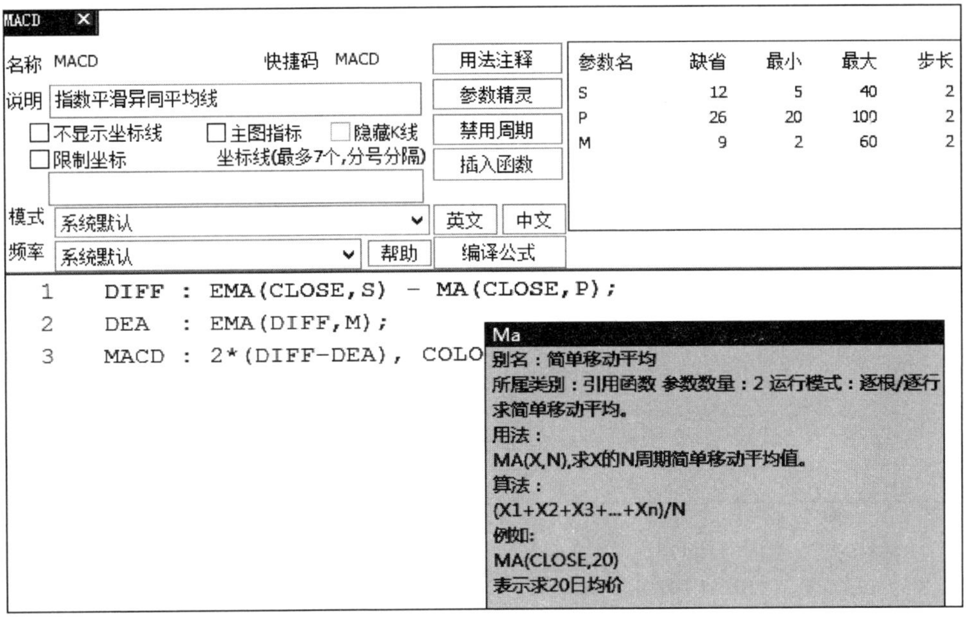

图 1-10

代码一共有三句话，我们分别来看其代表的意思。

第一句话：DIFF：EMA(CLOSE，12)-EMA(CLOSE，26)。

翻译如下：

DIFF =收盘价的 12 日指数移动平均减去收盘价的 26 日指数移动平均

第二句话：DEA：EMA(DIFF，9)。

翻译如下：

DEA=DIFF 的 9 日指数移动平均

第三句话：MACD：(DIFF-DEA)×2，COLORSTICK。

翻译如下：

MACD = DIFF 减去 DEA 再乘以 2，然后用柱子线把结果展示出来。其中 DIFF 在 DEA 上，对应 MACD 的红色柱子；反之，

DIFF 在 DEA 的下面，对应 MACD 的绿色柱子。如图 1-11 所示，第三句话：MACD：(DIFF-DEA)×2，COLORSTICK 的颜色 COLORSTICK 意思是彩色棒状线，以 0 轴线为中心画彩色棒状线，0 轴线下为绿色，0 轴线上为红色，如此 MACD 红绿柱就出来了！

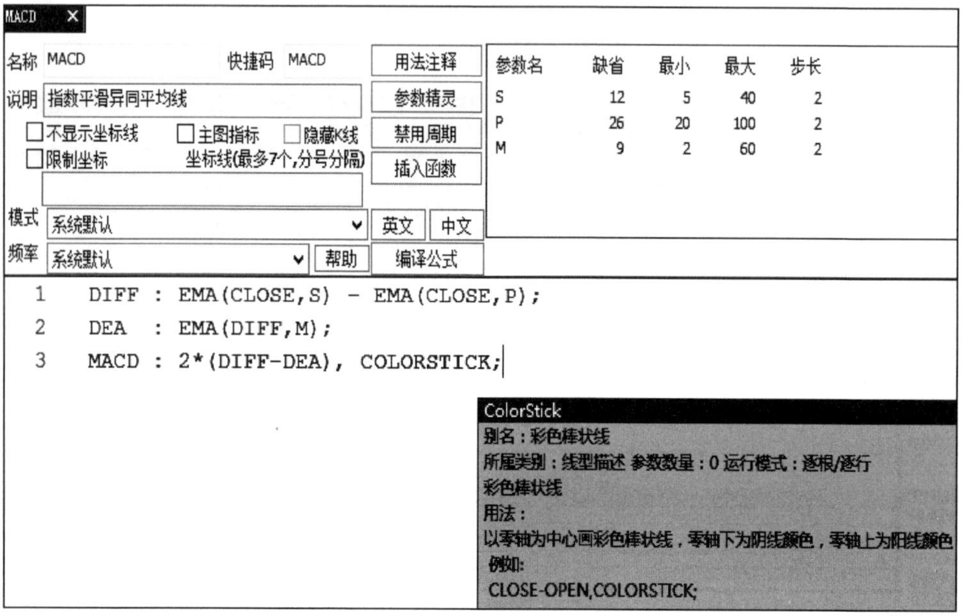

图 1-11

如图 1-12 所示，在指标公式编辑器里，有几个细节需要大家注意看：公式名称是 MACD，公式类型是趋势型，画线方法是副图，通常情况下，主图类型的指标是趋势类指标，副图类型的指标是震荡类指标，但是 MACD 是副图类型指标，却定义为趋势型指标，这个细节其实也告诉我们 MACD 指标是具备趋势和震荡两大作用的，这一点优于市场众多指标。举个例子，均线、布林线、通道等都是在主图显示，解决趋势问题，而 KDJ、RSI 等指标在副图显示，解决震荡问题，而 MACD 在副图显示，既解决震荡问题，又能解决趋势问题，一箭双雕，一举两得！

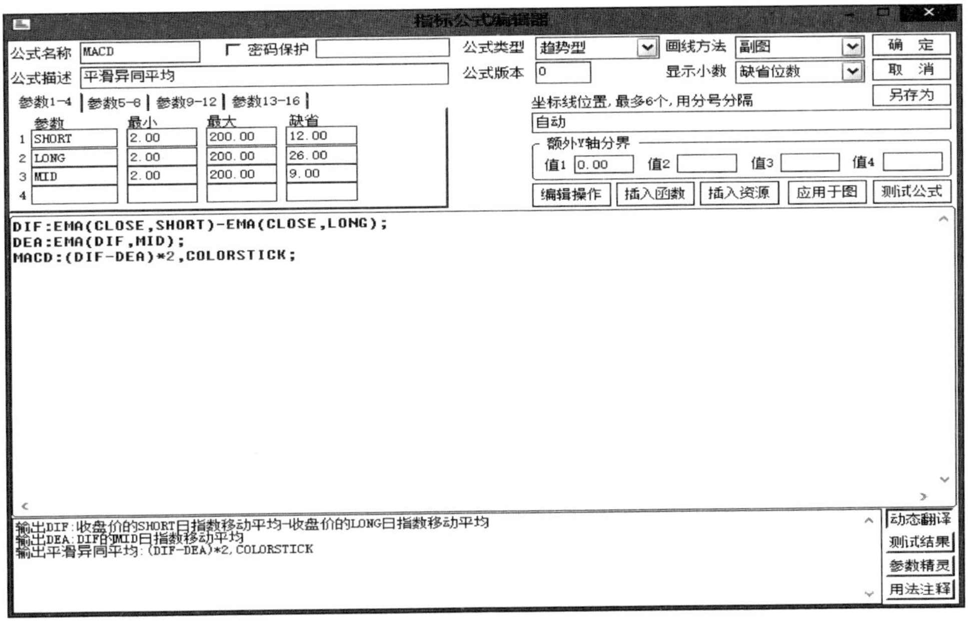

图 1-12

第二章

MACD 能量守恒

MACD 的经典是偏离和守恒，当 DIF 向上偏离 0 轴比较远的时候，DIF 就需要向下回归 0 轴，此时的股价要么横盘，要么跌；相反，当 DIF 向下偏离 0 轴比较远的时候，DIF 就需要向上回归 0 轴，此时的股价要么横盘，要么涨。而 0 轴就是能量守恒的位置，也是 MACD 趋势的量化点，0 轴以上视为涨势，0 轴以下视为跌势。

第 1 节 趋势

我们通过第一章了解到，MACD 指标是可以同时解决趋势和震荡两大问题的指标，震荡比较好理解，我们先来思考 MACD 是如何解决趋势问题的！如图 2-1 所示模型图中 MACD 的 DIF 有一个规律，永远围绕 0 轴线展开涨跌循环，当 DIF 向上远离 0 轴线的时候，就有向下回归 0 轴线的需求；反之，当 DIF 向下远离 0 轴线的时候，就有向上回归 0 轴线的需求，这个规律就是能量守恒的核心规律。此规律的深入研究，对趋势和震荡的把控都有巨大的帮助，换句话说，不考虑此规律的所有 MACD 技术，其级别都要打折扣的。偏离是造成 MACD 震荡拐点的原因。模型图中 DIF 下穿 0 轴线的位置，把图形一分为二，左半部分 DIF 大多数时间都在 0 轴线上方，而且 DIF 回踩 0 轴线马上止跌反弹，这就是涨势的特征；反之，模型图的右半部分，DIF 大多数时间在 0 轴线的下方，而且 DIF 一碰触到 0 轴线就开始跌，这就是跌势的特征。所以我说 MACD 的神奇之处就是兼顾了趋势和震荡两大功能。

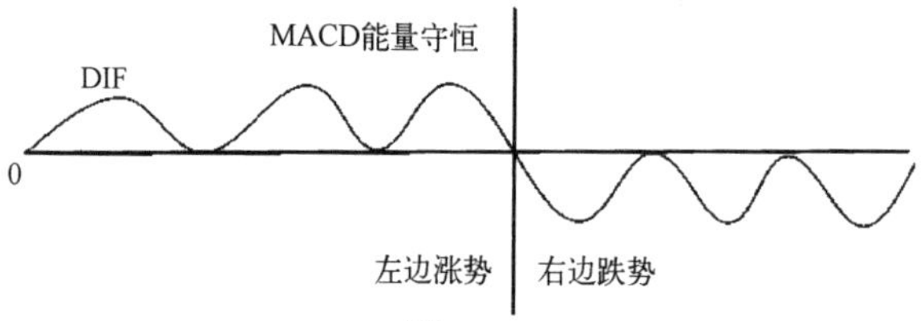

图 2-1

我们来看一个案例，也是 A 股市场上最为经典的案例，几乎和模型图一模一样，就是 6124 点作为峰值的前后涨跌波段，如

图 2-2 所示，DIF 大多数时间运行在 0 轴线上方时，对应的股价、指数运行在上涨周期；反之，DIF 大多数时间运行在 0 轴线下方时，对应的股价、指数运行在下跌周期。趋势作用是显而易见的。如果按照此趋势来做历史中 6124 点前后的行情，你是不是感觉太完美了，此波行情也是 MACD 解决趋势问题的经典案例。

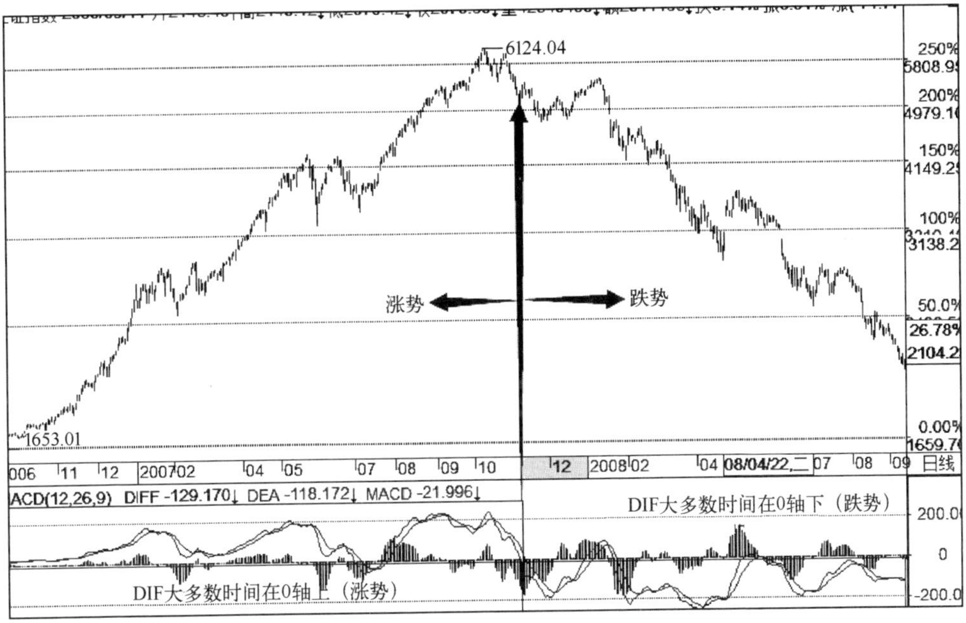

图 2-2

另外，在涨势周期，股价也有调整(上升途中的调整)，以前我们只知道是洗盘，只知道是上升途中的调整，其实我们并不知道为什么，甚至只有重拾升势之后才知道调整是洗盘，调整只是上升途中的调整，但为时晚矣，如果你仔细观察上升途中的调整对应的 MACD 表现，你会有惊人发现，我把图 2-2 的涨势部分放大，如图 2-3 所示。

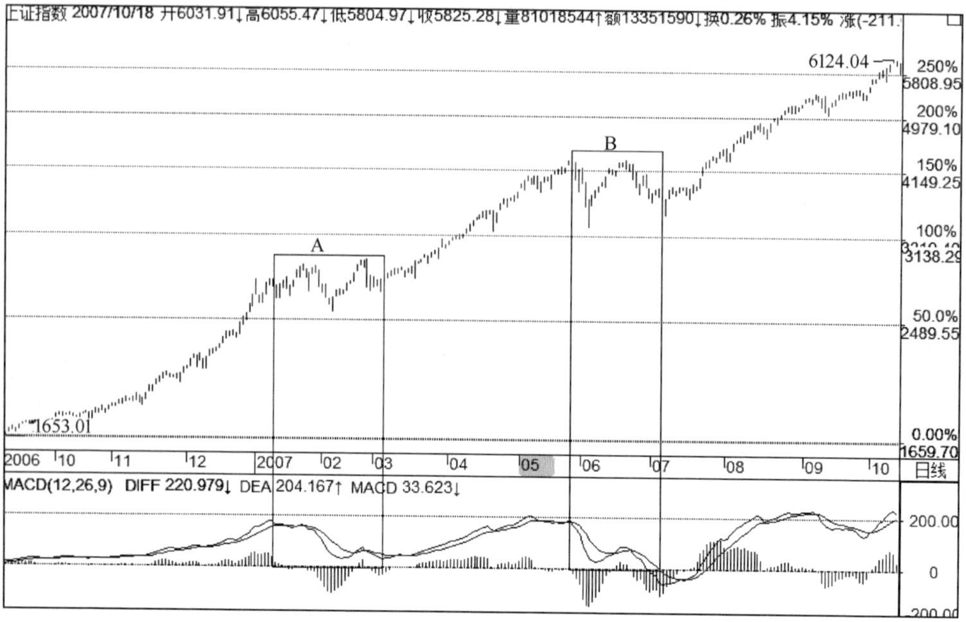

图 2-3

在图 2-3 的涨势周期图中，一共有两次调整，分别是位置 A 和位置 B，我们明显可以看到两次调整都是采取了横而不跌的方式，按照我们以往的分析思路，量缩而价不跌，我们会认为是主力资金并未出逃，市场采取量缩而价不跌的方式来进行洗盘，一旦洗盘结束，会重拾升势。当然，这么理解是没错的，而且是非常有道理的，但是，我们今天要从另外一个角度来理解，那就是 MACD 的 DIF 和 0 轴线的引力关系，当 DIF 严重偏离 0 轴线的时候，就具备强烈的 0 轴线回归需求，而 DIF 回归 0 轴线的过程，对应的股价，要么横、要么跌，而一旦 DIF 回归 0 轴线，即能量守恒的任务完成，DIF 会继续向上远离 0 轴线，即趋势的延续、涨势得以延续，对应的股价，自然是继续重拾升势。所以，图 2-3 的涨势是因为 DIF 大多数时间在 0 轴线上方，而途中的调整也没有逆转趋势，而是 DIF 回归 0 轴线后，重拾升势，把趋势的力量诠释的一览无余。同理，我把图 2-2 的跌势部分放大，如图 2-4 所示。

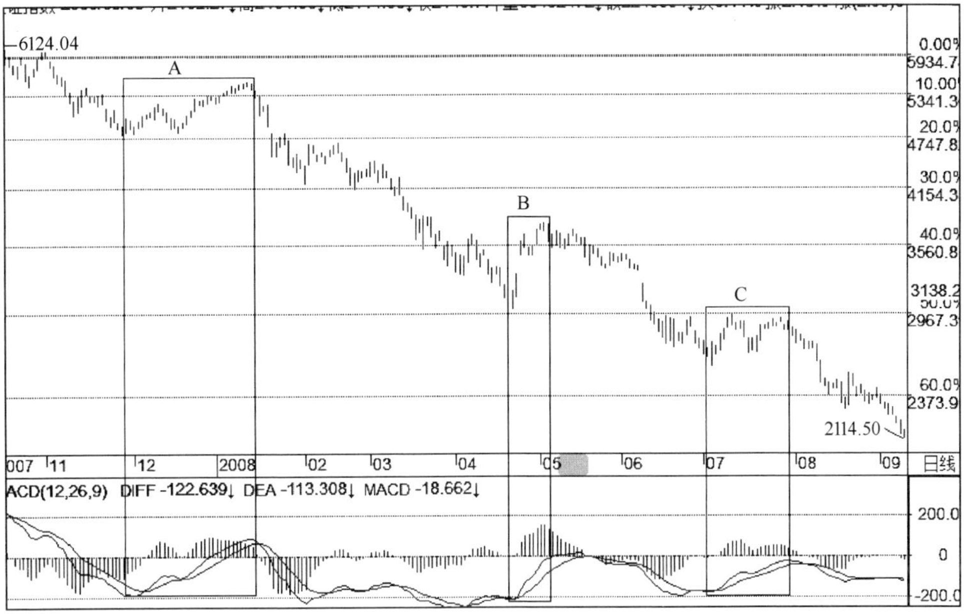

图 2-4

在图 2-4 的跌势周期图中，一共有三次反弹，分别是位置 A、位置 B 和位置 C，我们明显可以看到三次反弹都是采取了横而不涨的方式，按照我们以往的分析思路，跌势的弱反，我们会认为是弱反再下，市场的极弱反弹对应更加猛烈的杀跌，一旦弱反结束，会重归跌势。当然，这么理解是没错的，而且是非常有道理的，但是，我们今天要从另外一个角度来理解，那就是 MACD 的 DIF 和 0 轴线的引力关系，当 DIF 严重偏离 0 轴线的时候，就具备强烈的 0 轴线回归需求，在 DIF 回归 0 轴线的过程中，对应的股价要么横，要么涨，而一旦 DIF 回归 0 轴线，即能量守恒的任务完成，DIF 会继续向下远离 0 轴线，即趋势的延续，跌势得以延续，对应的股价，自然是继续重归跌势。所以，图 2-4 的跌势是因为 DIF 大多数时间在 0 轴线下方，途中的反弹也没有逆转趋势，而是 DIF 回归 0 轴后，重归跌势，把趋势的力量诠释得一览无余。

我们再看个股案例：如图 2-5 所示，中能电气日线图，在一波完美的涨势周期中，如果你想恰到好处地买进去，唯有图中三个低点是最理想的买点，不是巧合，注意，绝不是巧合，这三个低点的位置，正好全都是 DIF 回归 0 轴线的位置，不偏不倚，这三个能量守恒的位置成功帮助了涨势，让涨势得以延续，你可以把这三个低点理解为涨势中跌出来看多的买点，也可以理解为助涨的作用，但是背后的基础是显而易见的，涨势是大前提，涨势里的股价可以一直向上涨，但是 MACD 的 DIF 是无法一直闷头上涨的，DIF 偏离 0 轴线过远之后，势必要回归 0 轴线，而 DIF 回归 0 轴线的过程中，股价要么横盘、要么下跌，总之，调整会在 DIF 回归 0 轴线附近时结束，继而重拾升势，图中三个低点都是。图中高点 A，DIF 要回归 0 轴线，这是背后的原因，股价呢，也需要配合 DIF 回归 0 轴线的过程，所以，股价同时走低，而股价调整结束的地方恰好是 DIF 回归 0 轴线的地方，所以，能量守恒是背后的所以然，股价下跌是知其然。再看图中高点 B，DIF 要回归 0 轴线，这是背后的原因，股价呢，也需要配合 DIF 回归 0 轴线的过程，所以，股价同时横盘，横而不跌的方式来等待 DIF 回归 0 轴线，而股价横盘结束的地方恰好是 DIF 回归 0 轴线的地方，所以，千万不要认为是股价横完了，准确说是 DIF 的能量守恒完成了。再看图高点 C，DIF 要回归 0 轴线，这是背后的原因，股价呢，也需要配合 DIF 回归 0 轴线的过程，所以，也需要股价同时走低，而股价调整结束的地方恰好是 DIF 回归 0 轴线的地方，所以，能量守恒是背后的所以然，股价下跌是知其然。

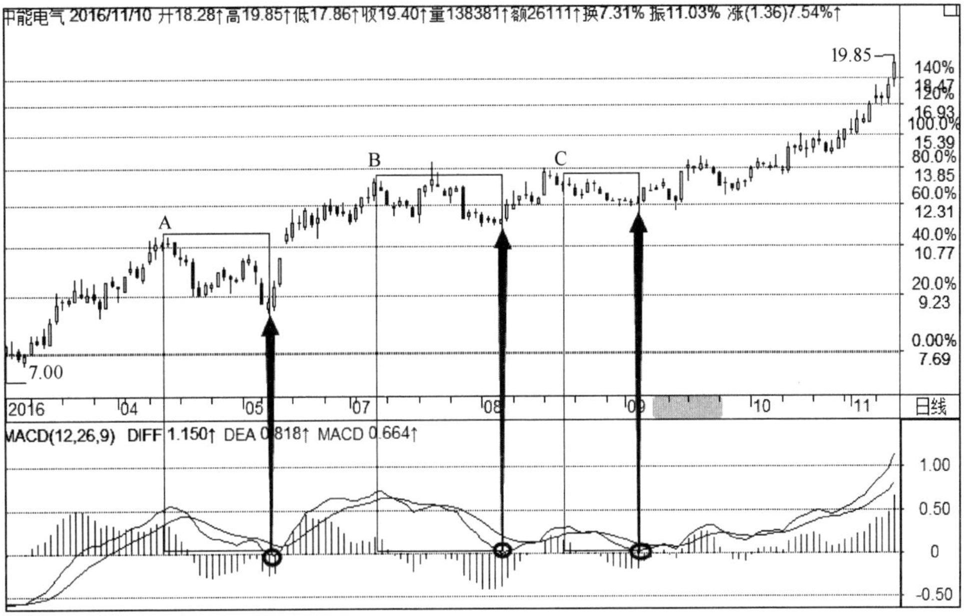

图 2-5

注意，这里很多投资者，尤其是懂一些技术的投资者，可能会有些困扰，因为大多数人会告诉你指标和股价的关系是：股价决定指标，其实 MACD 也不例外，指标是不能决定股价涨跌的，相反，股价先行去影响指标，股价是原因，指标才是结果，但是 MACD 的能量守恒又一次改变了很多人的思维。其实，能量守恒在趋势里，核心的作用是助涨助跌，一个“助”字诠释了能量守恒的价值，涨势里，能量守恒助涨；反之，跌势里，能量守恒助跌。所有的指标，顺势而为，成功率都会很高；反之，逆势而为的时候，比如背离，其成功率就会偏低，必须配合多方面的共振方可逆转。

我们再看一个跌势的个股案例：如图 2-6 所示，东旭蓝天的日线图，在一波漫长深度的跌势周期中，如果你想找高点，唯有图中两个高点是最理想的卖点，不是巧合，注意，绝不是巧合，此处两个高点的位置，正好全部都是 DIF 回归 0 轴线的位置，不偏不倚，此处两个能量守恒的位置成功帮助了跌势，让跌势得以延续，你可以把这两个高点理解为跌势中涨出来看空的卖点，也可以理解为助跌的作用，但是背后的基础是显而易见的，跌势是大前提，跌势里的股价可以一直向下跌，但是 MACD 的 DIF 是无法一直闷头下跌的，DIF 偏离 0 轴线过远之后，势必要回归 0 轴线，而 DIF 回归 0 轴线的过程中，股价要么横盘、要么涨，总之，反弹会在 DIF 回归 0 轴线的附近结束，继而重归跌势，图中两个高点都是。图 2-6 中位置 A 的反弹，DIF 要回归 0 轴线，这是背后的原因，股价呢，也需要配合 DIF 回归 0 轴线的过程，所

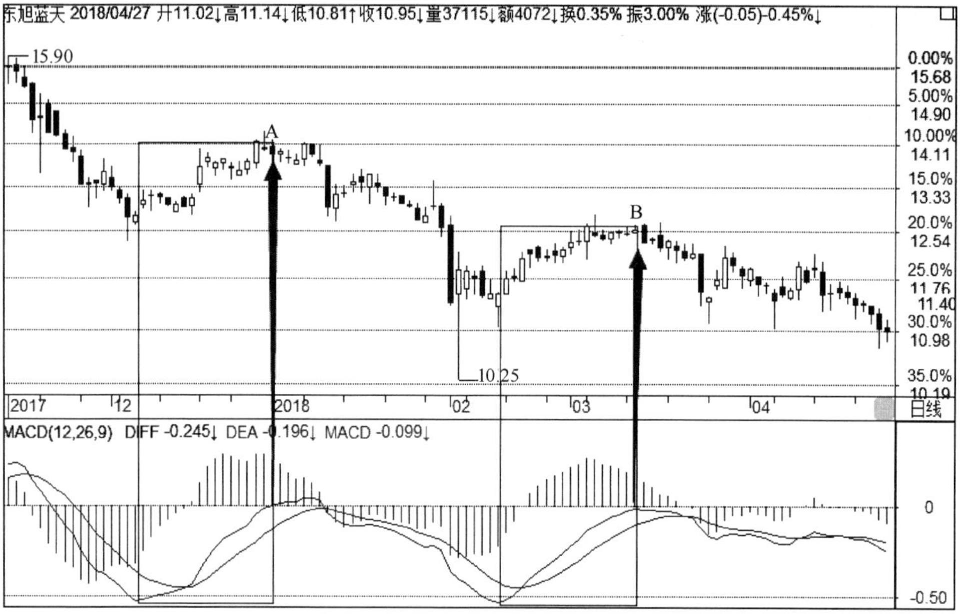

图 2-6

以，股价同时反弹，而股价反弹结束的地方恰好是 DIF 回归到 0 轴线的地方，所以，能量守恒是背后的所以然，股价反弹是知其然。再看图中位置 B 的反弹，DIF 要回归 0 轴线，这是背后的原因，股价呢，也需要配合 DIF 回归 0 轴线的过程，所以，股价同时反弹，待 DIF 回归到 0 轴线时，股价反弹结束的地方恰好是 DIF 回归 0 轴线的位置，所以，千万不要认为是股价涨完了，准确说是 DIF 的能量守恒完成了。

我们看了趋势的模型图，大盘的案例，个股的案例，涨势案例，跌势案例，那么分时线呢？技术如果是一个好技术，就不应该有周期之分，周期只决定级别，我们来看小周期的表现，如图 2-7 所示用友网络的 30 分钟线，在 30 分钟线的一波涨势里，同样有三次能量守恒的位置来助涨，很多人说眼睁睁地看着大牛股从眼前飘过，我给你一个思路：日线涨势的环境下，30 分钟线能量守恒大胆买！为什么？因为：助涨——多么痛的领悟！同理，周线涨势，日线能量守恒也是大胆买！

不仅如此，我们再看一个盘口分时的案例，你会更加的惊讶。如图 2-8 泰合健康 2018 年 5 月 3 日的盘口分时图，图中唯一的一个能量守恒的位置，正好是该股盘中白色分时线回踩黄色均价线止跌的低点，要想盘口切入这只股票，除了图中这个位置，恐怕你再也找不到第二个买点了。但是，我要特别提醒，很多投资者在这里容易犯错误，犯什么错误呢？不要从此刻开始，遇到盘口 MACD 能量守恒就急着去买，千万不要断章取义，我刚在上文中讲过用法：助涨、助跌，一个“助”字诠释了趋势的灵魂，所以，能量守恒是用来帮助涨势的，前提是涨势的确定，如果你的股票根本不是涨势，对不起，盘口能

DR用友网 2018/02/13 开22.50↑高22.50 低22.50↑收22.50 量16064↓额3614↓换0.09% 振0.00% 涨(0.00)0.00%
22.50
16.94
30分钟
MACD(12,26,9) DIFF 0.721↑ DEA 0.438↑ MACD 0.567↑

图 2-7

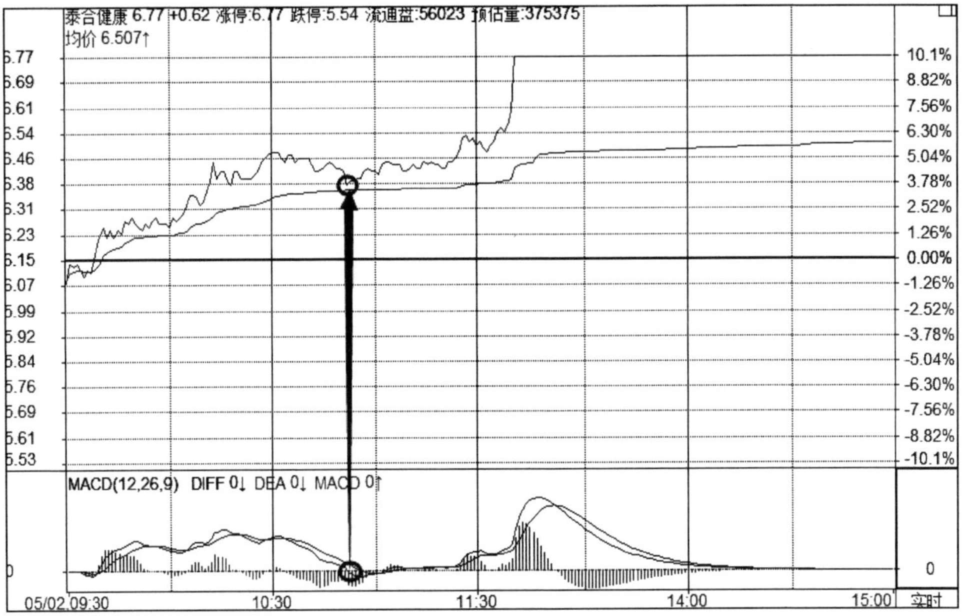
泰合健康 6.77 +0.62 涨停:6.77 跌停:5.54 流通盘:56023 预估量:375375
均价 6.507↑
MACD(12,26,9) DIFF 0↓ DEA 0↓ MACD 0↑
实时

图 2-8

量守恒失败的概率就会大增！要想提高盘口能量守恒的成功率，这里就要推荐我2013年出版过的一本书，也是我的第一本书《双龙战法》，书中讲过一只股票盘口分时线的安全气囊，至少是自上而下白黄轴三线排列，换句话说，如果你的股票，盘口分时不满足自上而下的白黄轴三线排列，盘口分时线就不能用能量守恒啊（注：白黄轴是指白色分时线、黄色均价线、0轴线）。

我们在第一章第二节中讲过MACD是从均线演变而来的，也讲过MA55均线是MACD的0轴线，事实上，均线和MACD的关系众说纷纭，有人说日线用MA55，也有说用MA60，也有说用MA13、MA26、MA14，更有说日线波段用MA60，短线用MA20，60分钟用MA20，总之，均线和MACD的关系被解释的五花八门，今天我想说的是，你只需要记住一条线，那就是MA55，其他均线不用管，也不用记，所有周期都用MA55即可。MA55是MACD的0轴线，所有周期都是。如图2-9所示，启迪设计在用一条MA55均线之后，我们发现指数击穿MA55的地方，正好是DIF下穿0轴的位置，股价上穿MA55均线的地方，正好是DIF上穿0轴的位置，股价回踩MA55的地方正好是DIF回归0轴实现能量守恒的位置（能量守恒技术的理论基础）。

能量守恒技术，除了MACD指标本身的特征之外，能量守恒位置的有效性跟均线的应用法则：格兰维尔八大法则其中的一条，完美吻合。简单介绍一下格兰维尔八大法则，此方法是以证券价格与移动平均线之间的偏离关系作为研判的依据，八大法则中有4条买进法则和4条卖出法则。

图 2-9

买入法则：

(1)平均线从下降开始走平，股价从下上穿平均线；

(2)股价跌破平均线，但是平均线呈上升态势；

(3)股价连续上升远离平均线，突然下跌，但是平均线附近再度上升；

(4)股价跌破平均线，并连续暴跌，远离平均线。

卖出法则：

(1)移动平均线呈上升态势，股价突然暴涨且远离平均线；

(2)平均线上升转为盘局或下跌，而股价向下跌破平均线；

(3)股价走在平均线下，且朝着平均线方向上升，但未突破平均线又开始下跌；

(4)股价向上突破平均线，但又立刻向平均线回跌，此时平均线依然持续下跌。

以上是格兰维尔八大法则的全部内容，我做了一张图，便于大家理解，但是我今天并不详细讲解此技术，只是用到了，我就讲讲其核心点，如图 2-10 所示。

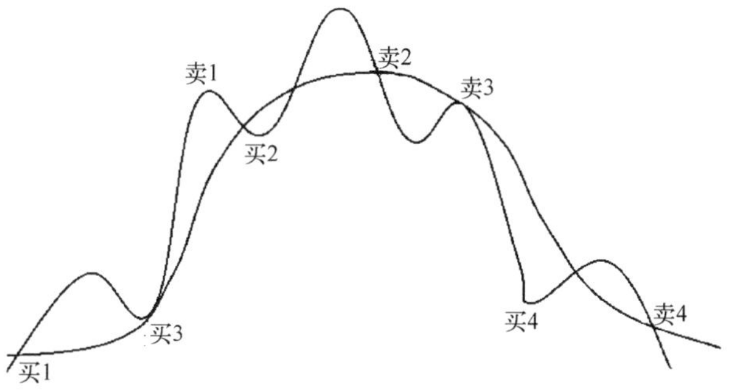

图 2-10

很明显，图 2-10 中买 3：股价连续上升远离平均线，突然下跌，但是平均线附近再度上升，就是涨势回踩的买点，就是涨势中跌出来看多买点，就是涨势助涨的作用，所以，股价回踩 MA55 的同时，正好是 MACD 的 DIF 回归 0 轴的位置，这里止跌是有理论基础的，属于格兰维尔八大法则里的核心技术。回看图 2-9，大家会恍然大悟，我不妨再多讲一个案例，在图 2-11 通策医疗中，位置 A 股价上穿 MA55 的时候，DIF 上穿 0 轴，这里相当于格兰维尔八大法则中买 1 位置，随后，只是回踩 MA55 的同时，下方 DIF 正好回踩 0 轴，看似巧合，而非巧合，相当于格兰维尔八大法则中买入法则 3：股价连续上升远离平均线，突然下跌，但是回踩平均线附近重拾升势。

卖 3 股价走在平均线下，且朝着平均线方向上升，但未突破平均线又开始下跌，就是跌势反抽趋势的卖点，就是跌势涨看

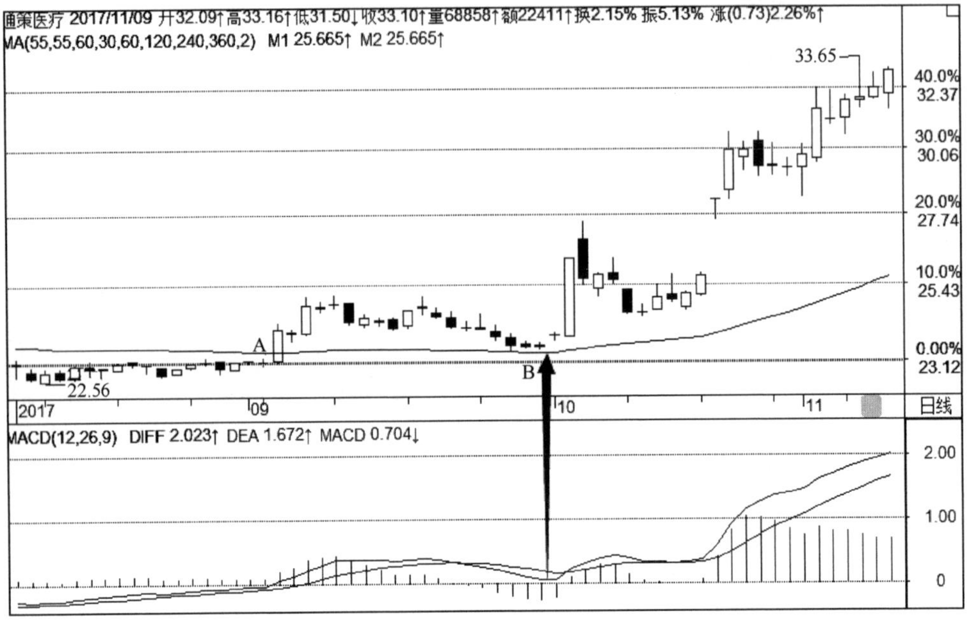

图 2-11

空的卖点，就是跌势助跌的作用，所以，股价反抽 MA55 的同时，正好 MACD 的 DIF 回归 0 轴的位置，这里构筑跌势高点是有理论基础的，属于格兰维尔八大法则的核心技术。我们调用全聚德的一条均线：MA55，当股价击穿 MA55 的时候，对应的正是 DIF 下穿 0 轴的地方，当反抽趋势 MA55 不过的时候，恰逢 DIF 回归 0 轴，完成能量守恒。形成跌势高点，助跌，如图 2-12 所示。

我们用格兰维尔八大法则证明了 MACD 能量守恒的意义，但是，问题来了，格兰维尔八大法则是权威的技术吗？证券从业资格考试有一本书，最好找老版本《证券投资分析》，格兰维尔八大法则是入教材的一个经典技术，你说权威性如何呢？不言而喻了！

图 2-12

我们再看一个案例：华意压缩的日线 MA13 和 60 分钟 MA55，不对比不知道，一对比吓一跳，我们惊奇地发现，原来日线的 MA13 均线和 60 分钟的 MA55 是一致的，如图 2-13 和图 2-14 所示，1 月 10 日股价下穿日线 MA13 的同时，股价也下穿了 60 分钟的 MA55；1 月 25 日股价反抽日线 MA13 不过的同时，股价也反抽 60 分钟的 MA55 不过筑顶，完美契合；2 月 26 日股价上穿 MA13 线的同时，股价也上穿了 60 分钟的 MA55；3 月 15 日股价回踩 MA13 线的同时，股价也回踩了 60 分钟的 MA55。图中，后面的时间节点都惊人的一致，可见，结论是正确的：日线 MA13 线等于 60 分钟 MA55，这是不是一个惊人的发现，以此类推，我们可以演变出很多趋势加强的方法来！

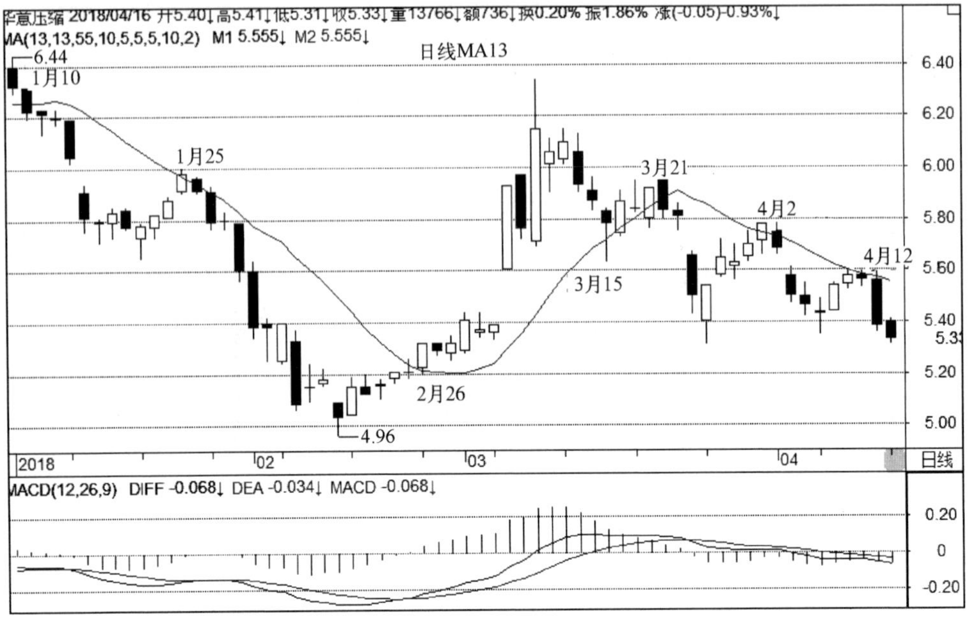
华意压缩 2018/04/16 开5.40↓高5.41↓低5.31↓收5.33↓量13766↓额736↓换0.20% 振1.86% 涨(-0.05)-0.93%↓
MA(13,13,55,10,5,5,5,10,2) M1 5.555↓ M2 5.555↓
日线MA13
6.44
1月10
1月25
3月21
4月2
4月12
3月15
2月26
4.96
2018
02
03
04
日线
MACD(12,26,9) DIFF -0.068↓ DEA -0.034↓ MACD -0.068↓

图 2-13

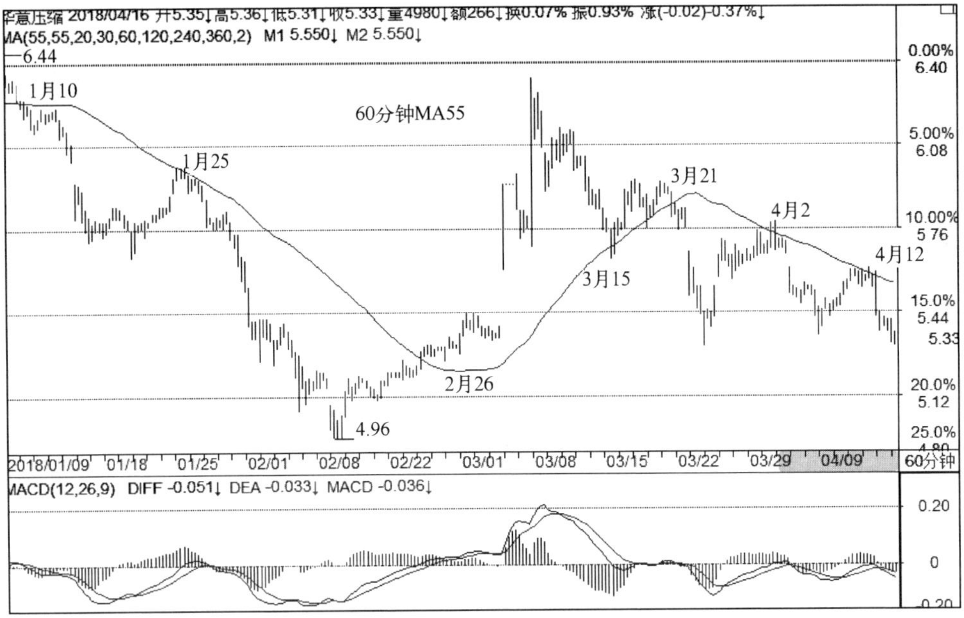
华意压缩 2018/04/16 开5.35↓高5.36↓低5.31↓收5.33↓量4980↓额266↓换0.07% 振0.93% 涨(-0.02)-0.37%↓
MA(55,55,20,30,60,120,240,360,2) M1 5.550↓ M2 5.550↓
6.44
1月10
60分钟MA55
1月25
3月21
4月2
4月12
3月15
2月26
4.96
2018/01/09
01/18
01/25
02/01
02/08
02/22
03/01
03/08
03/15
03/22
03/29
04/09
60分钟
MACD(12,26,9) DIFF -0.051↓ DEA -0.033↓ MACD -0.036↓

图 2-14

根据以上的结论，我有一个想法，我们在日线调用两根均线，分别是 MA13 和 MA55，观察二者的趋势运行规律。举个例子，如果日线中，MA13 和 MA55 都是多头发散，那么是不是可以理解为该股 60 分钟线和日线都具备反弹需求呢？如果日线中，MA13 和 MA55 都是能量守恒，那么是不是可以理解为该股 60 分钟线和日线共振能量守恒呢？如此一来，思路被打开了吧。

我们先看一个案例，金融街：如图 2-15 所示，图中区域 A 中 MA13 是下跌的周期，MA55 也处在下跌周期，此周期肯定不是趋势向上的周期，如果你要做趋势性利润，区域 A 肯定不是你的菜。我们再看区域 B，此区域的 MA13 是向上的，但是同期间的 MA55 是走低的，此周期很明显也不是涨势周期，想赚趋势利润，这一波也不是你的菜。到这里其实我们已经用均线巧妙避开了一波弱势的超跌反弹，提升资金使用效率。我们再看位置 C 和位置 D，位置 C 实现了一次多头发散，即 MA13 和 MA55 都是向上运行的，虽然 C 和 D 之间 MA13 又向下了，但是此周期 MA55 的大周期是上涨的，所以位置 D 再次发出多头发散的时候，起涨点展开，气势如虹的反弹如期而至！

能量守恒除了大盘、板块、个股、30 分钟、盘口等有效，在其他市场同样有效，不信我们看一下图 2-16：香港恒生指数 2016 年至 2018 年的一波牛市（案例我都是用最新的案例，便于大家理解和学习），图中位置 A、位置 B、位置 C、位置 D 是牛市的 4 个低点，而你要想在这 2 年的牛市里享受趋势的利润，唯有买在这 4 个低点，以前我们可能会觉得谈何容易，而图中轻松诠释了，很容易做到。因为 ABCD 的 4 个低点恰好都是 MACD 的 DIF 回归 0 轴线的位置，即能量守恒。

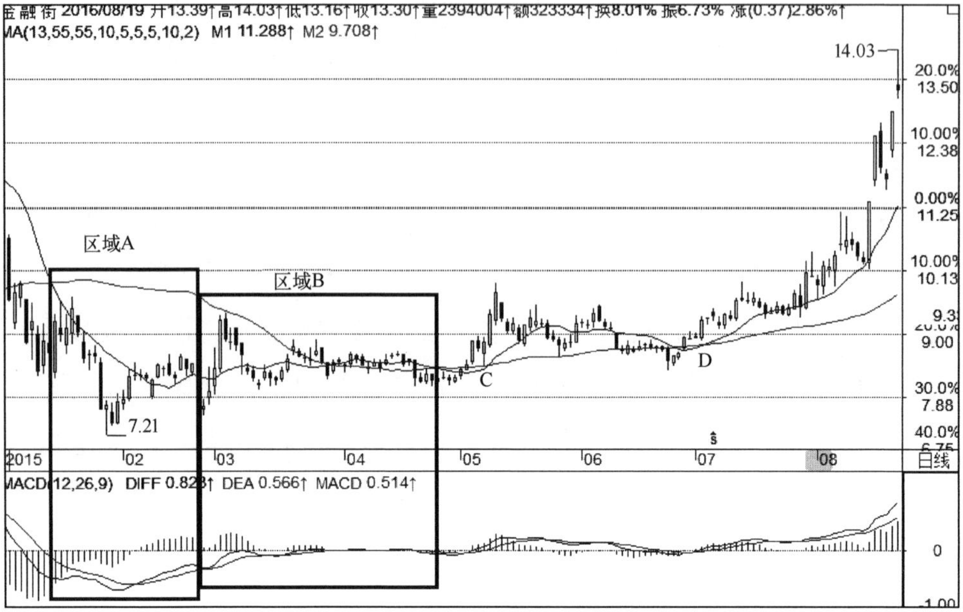
金融街 2016/08/19 开13.39↑高14.03↑低13.16↑收13.30↑量2394004↑额323334↑换8.01% 振6.73% 涨(0.37)2.86%↑
MA(13,55,55,10,5,5,5,10,2) M1 11.288↑ M2 9.708↑
14.03
区域A
区域B
7.21
C
D
MACD(12,26,9) DIFF 0.823↑ DEA 0.566↑ MACD 0.514↑
日线

图 2-15

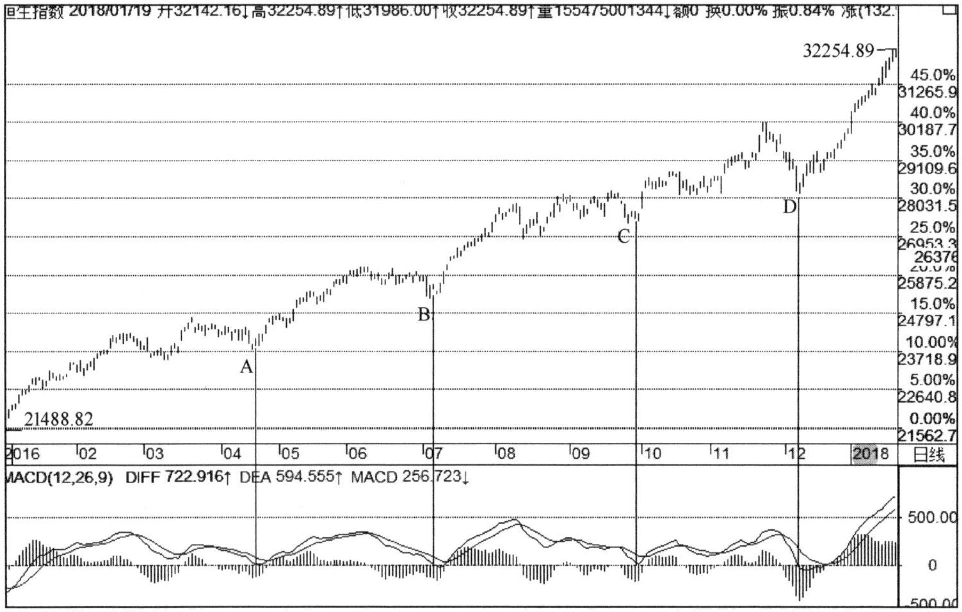
恒生指数 2018/01/19 开32142.16↓高32254.89↑低31986.00↑收32254.89↑量155475001344↓额0 换0.00% 振0.84%
32254.89
21488.82
A
B
C
D
MACD(12,26,9) DIFF 722.916↑ DEA 594.555↑ MACD 256.723↓
日线

图 2-16

别急，我们再看看道琼斯工业指数，如图 2-17 所示，道琼斯工业指数从 2016 年至 2018 年的一波牛市，同样是 MACD 能量守恒技术的完美诠释，图中位置 A、位置 B、位置 C 恰好是牛市里的 3 个低点，而这 3 个低点的位置又恰好是 MACD 的 DIF 回归 0 轴线的位置。所以你会发现，本节能量守恒的趋势价值是巨大的，不仅仅 A 股大盘可以用，港股、美股都是，板块、个股、不同周期，甚至盘口分时线，这个技术都是适用的，只是大家记住一句话：周期不同，级别不同，技术相通！双龙战法很多技术都是这样的。

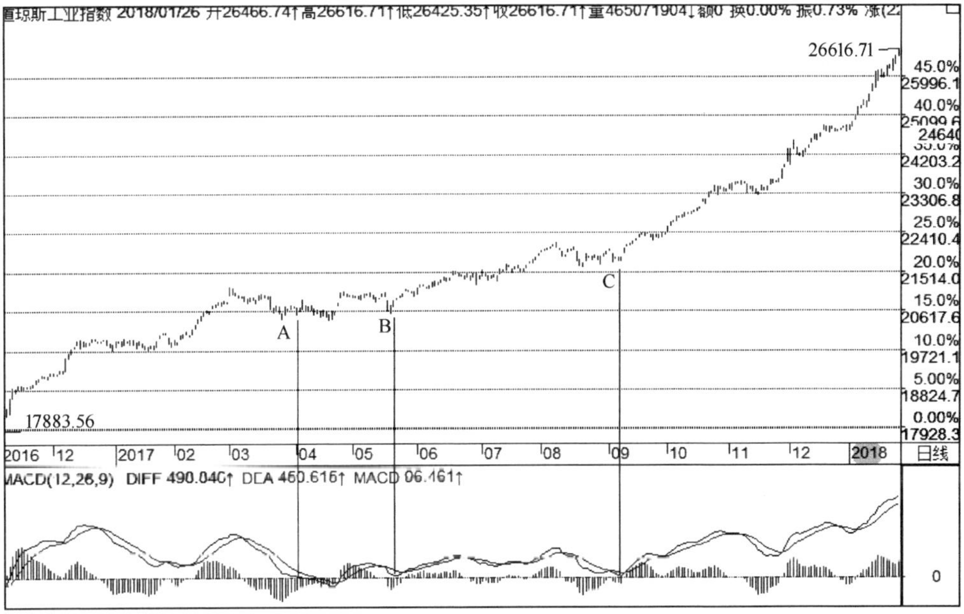

图 2-17

我们再揭晓开篇的一个问题，有人问：“既然 MACD 是均线演变而来，那我们直接看均线不就行了，干吗还要研究 MACD 呢?”我想你了解了以上几个经典案例之后，一定是有这个顾虑的，对不对？是不是被我猜对了，案例说话，金融街：如图 2-18 所示，图中区域 A 我们只看均线的话，MA13 是跌的，MA55 也是跌的，股价也是跌的，你根本看不出任何要止跌的意思，对吧？但是你看同样时间的 MACD，MACD 的绿色能量柱提前缩短（股价和均线继续跌），DIF 拐头金叉 DEA 的地方，股价和均线也是在跌，同样一个位置，你看均线系统更加滞后，更加不明确，而看 MACD 的话，是可以发现蛛丝马迹的。不相信的话再看区域 B，在区域 B 里股价横而不跌，MA13 和 MA55 黏合横盘，你依然联想不到股价要涨的意思，充其量是止跌了，你也不敢买，也不敢选，但是同期 MACD 的 DIF 和 DEA 和 0 轴黏合在了一起，这是典型的双龙合一技术（后面会讲到），预示着向上变盘的概率极大。所以，尽管 MACD 是由均线演变而来，但是演变自然有演变的道理，要不然费那劲干吗？对吧，MACD 更稳定，

图 2-18

更灵活，更直观，这就是 MACD 的价值，是均线无法替代的。

那么，用均线和 MACD 一起来分析可不可以？当然可以，其实呢，二者结合起来更加稳妥，毕竟二者还是有一点点细微差异的。如图 2-19 所示，深证成指 2018 年 11 月份的 60 分钟线一波行情图，图中破位 MA55 后进入跌势(同时也是 DIF 破 0 轴位置)不是巧合哦，绝不是巧合，跌势里 3 个高点恰好反弹到 MA55 遇阻，巧合吗？当然也不是，尤其当你看第一个反抽 MA55 时，恰逢 DIF 由下向上穿 0 轴，即能量守恒位置，我把这种图形叫作跌势涨看空，即跌势里涨到趋势 MA55 看空。最终突破 MA55 后进入涨势，涨势里有一次回踩 MA55 完美止跌，而完美止跌的位置，你看 MACD 的 DIF 正好回踩到 0 轴，实现能量守恒。跌势里三次遇阻 MA55，涨势里一次回踩 MA55 止跌，这些绝对不是

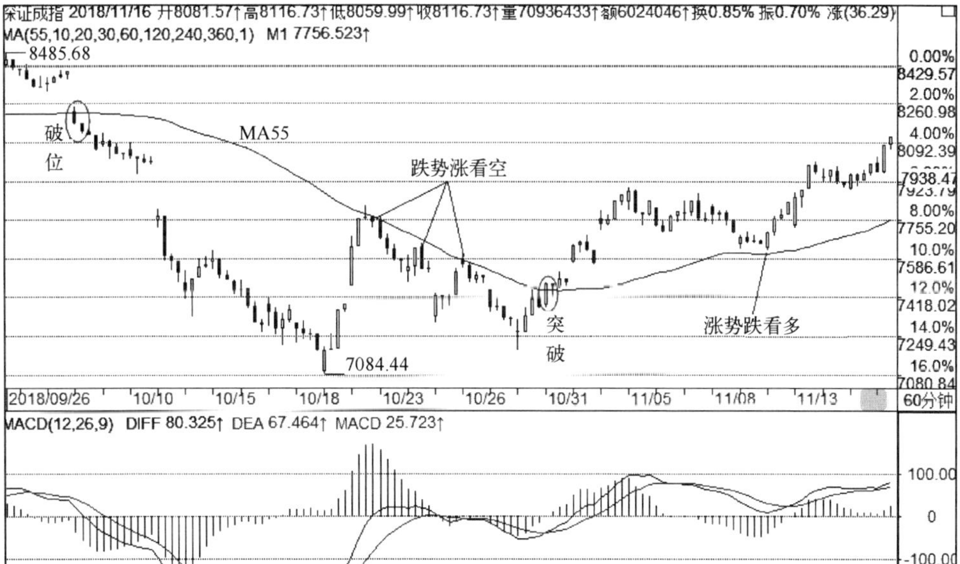

图 2-19

巧合，我们前面讲过小白龙是 MA55，MA55 是均线，均线其实代表了成本线，所以成本线就是压力和支撑线，当股价从下向上挑战 MA55 的时候，自然是遇阻压力，反之，当股价从上向下回踩 MA55 的时候，自然是获得支撑。

第 2 节 红色能量柱

MACD 的能量柱(0 轴附近的红绿柱子)也是该指标的核心，我在第一章中已经讲过：MACD：（DIF － DEA）× 2，COLORSTICK。翻译如下：MACD = DIF 减去 DEA 再乘以 2，然后用柱子线把结果表示展示出来。其中 DIFF 在 DEA 上，对应 MACD 的红色柱子；反之，DIFF 在 DEA 的下面，对应 MACD 的绿色柱子，如图 2-20 所示。

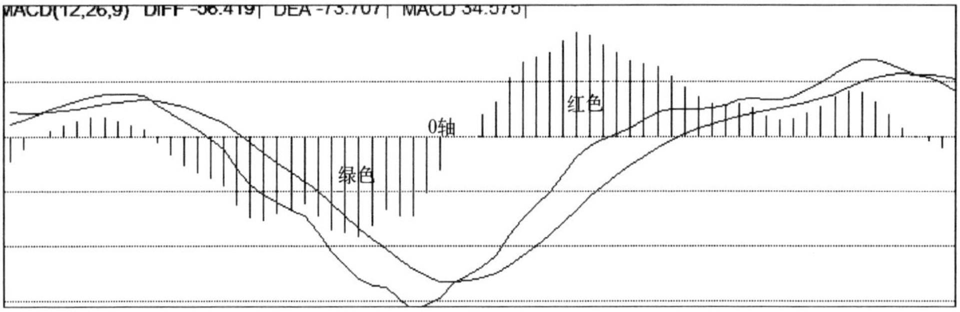

图 2-20

MACD 的能量柱，自然是代表了做多和做空动能，红色代表做多动能，绿色代表做空动能，红绿柱的长度代表能量柱的强度，这是从字面上的解释，不难理解。我们分别从多方能量柱和空方能量柱来对比、区分，如图 2-21 所示，红色能量柱递增的过程，红色代表了做多动能，柱子长短代表了强度，所以，红色柱子递增自然代表了做多动能在增强，对应的股价也是呈现上涨态势的，但此时 DIF 是在 0 轴线下方的，所以，此周期虽然对应股价的上涨，但属于跌势中的反弹。

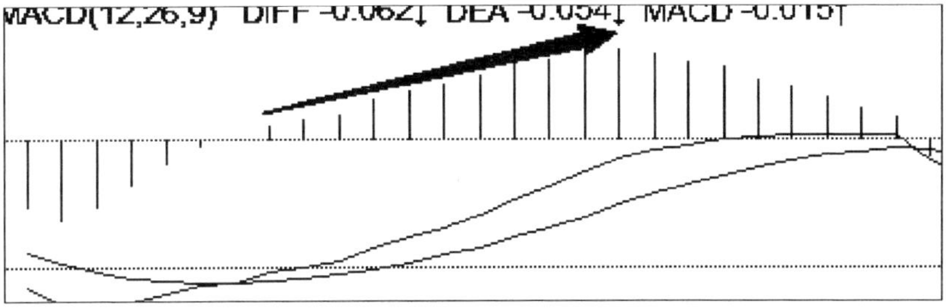

图 2-21

我们来看一个案例图，金晶科技：如图 2-22 所示，图中位置 A 区域跟刚才的模型图一模一样，DIF 在 0 轴下，意味着跌势，但是 MACD 的红色能量柱此时是递增的，说明跌势里做多动能正在反扑，也说明这一波是跌势里的反弹，如果后续不能继续走强，多半是完成能量守恒之后，重归跌势，案例中随着 DIF 回归 0 轴线(能量守恒完成)，随着红色能量柱达到峰值之后，开始递减。我们再整体来看一下案例中的红绿柱变化的过程：图中区域 B 是绿色能量柱的递减过程，因为整体是在跌势之中，所以绿色能量柱的递减只是代表做空动能有所衰竭，并不能证明其他，对应的股价要么是跌势的末端(此案例就是)，要么是涨势的最初期(价格多止跌横盘或缓涨)，这里即便是有利润，也是鸡肋利润，但还是有一点好处的，那就是底部比较容易捕捉，如果是玩超级短线的，这个位置机会也是很大的，又或者做超跌反弹的，这里也是绝佳的机会，我们的神龙抄底技术，基本就是在这个位

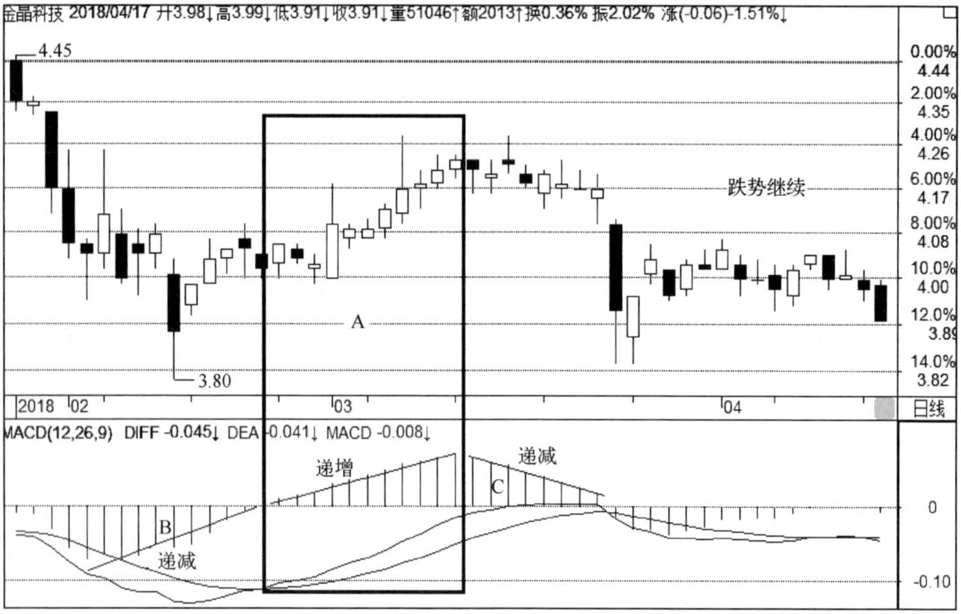

图 2-22

置附近，其底部捕捉的成功率极高。经历了区域 B 做空动能的不足之后，才换来了位置 A 的做多动能反扑，然而，位置 C 红色能量柱从递增进入递减，此周期和区域 A 连起来比较好理解，区域 A 是做多动能的反扑，但是整体毕竟是跌势，反扑未能实现趋势逆转的情况下，做多动能势必在区域 A 被消耗掉，所以，在心有余而力不足的情况下，做多动能的红色能量柱就开始了递减。举个例子吧，大家可能会更加的形象记忆：好比两军对垒，多方被空方包围了(跌势)，多方要突围，首先多方会选择空方力量最薄弱的地方展开突围，这个地方自然是位置 B，因为这里绿色能量柱在递减，做空动能不足；找到了空方最薄弱的环节后，位置 A 红色能量柱的递增就是做多动能的反扑过程，即展开突围，但是整体的环境毕竟是跌势(空方包围圈)，所以，做多动能的反扑一旦做多动能消耗殆尽之前，依然不能逆转跌势(多方援军接力)，随着做多动能的不足，势必要重归跌势(被空方所灭)，所以区域C开始了红色能量柱的递减，做多动能开始衰竭了，一直到翻绿，多方彻底被消灭！

同样是红色能量柱递增，我们再看模型如图2-23所示，又有不同的发现，图2-23和图2-21都是红色能量柱递增的过程，都说明做多动能在增强，唯一的区别是，图2-21是DIF在0轴线下方的做多动能递增，而图2-23是DIF在0轴线上方的做多动能递增，二者是有本质区别的，不可大意。图2-23的做多动能递增本身是在涨势中(因为DIF在0轴上方)，涨势里做多动能的递增，是很容易形成反弹的延续性的，甚至大牛主升，原理是基于趋势的惯性。我们再来看一下具体案例，如图2-24所示。

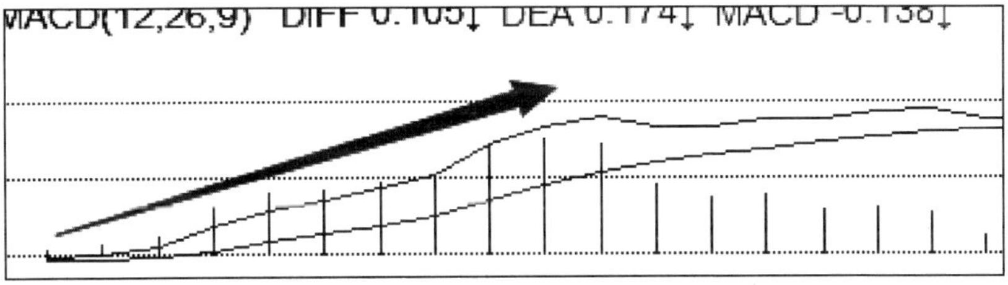

图2-23

案例新湖中宝：如图2-24所示，图中位置A：DIF在0轴线上方，意味着该股处于涨势周期，与此同时，MACD红色能量柱递增，说明做多动能在增强。所以，此周期首先对应的是股价的涨势，其次，因为DIF在0轴线上方，此周期是很容易形成涨势的延续的。事实上在图中位置A之后，股价稍微停顿后重拾升势。我们再整体来看一下案例中的红柱变化过程：位置A是涨势里红色能量柱的递增，这是多方非常强大的时期，又在涨势环境中，代表做多动能的红色能量柱又递增，股价想不涨都难。当然，随着做多动能的释放，势必会逐渐进入衰退期，所以，位置 B 红色能量柱的递减就是做多动能的休养生息周期，而此时做空动能并未反扑，所以，此周期的股价多半是横盘或缓涨，最关键的是红色能量柱递减至最低点的时候，即将翻绿的位置，这是关键位置，要么翻绿，要么红色能量柱继续加长，翻绿则进入做空动能的反扑阶段。而在本案例中很明显，做多动能根本没有给空方反扑的机会，红色能量柱经历了递减休养生息之后，再次进入递增周期，这里有一个选股机会，就是红色能量柱缩短后，再次加长，这里不深入讲解，等选股章节再详细谈，算是一个抛砖引玉吧。所以，区域 C 就是随着红色能量柱的递增，做多动能进一步加强，股价自然从横盘或缓涨中再次向上加速拉升。

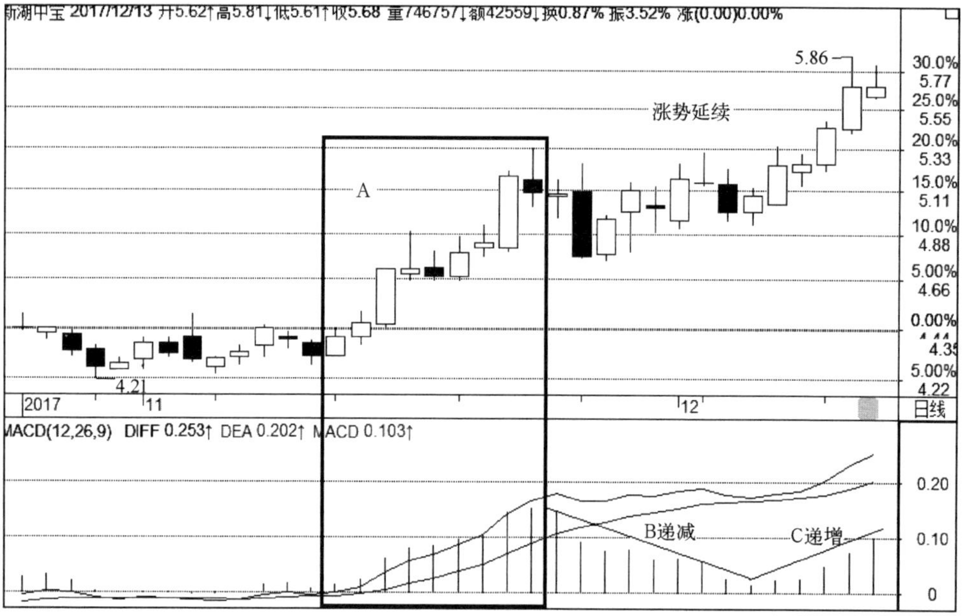

图 2-24

我们再看一个综合案例，哈三联：如图 2-25 所示，位置 A 区域，是 DIF 在 0 轴线下的一波红色能量柱递增，尽管是处在跌势中，但是红色能量柱递增也代表了做多动能在增强，所以，股价对应的也是上涨，但是该股随着反弹的逐渐增强，DIF 随后上穿了 0 轴线，由跌势直接进入涨势（相当于前面案例中突出空方包围圈的意思），与此同时，我们在区域 B 发现，红色能量柱再次发生递增，做多动能没有给做空动能喘气的机会，一鼓作气又来一波涨势，而此涨势跟位置 A 又有所不同了，位置 B 的涨势已经是 DIF 在 0 轴线上的涨势了，属于涨势环境里的红色能量柱递增，所以，我们对比二者的股价，不难发现孰强孰弱，很明显：位置 A 是跌势里的红色能量柱递增，对应的股价涨势明显弱于位置 B，因为位置 B 是涨势里的红色能量柱递增，涨势迅猛。

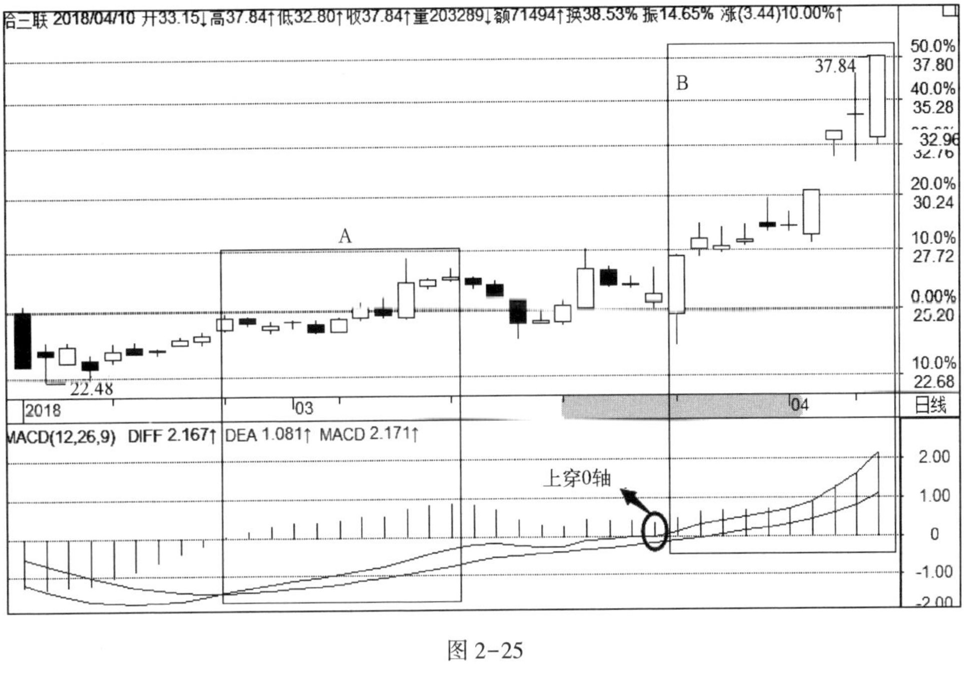

图 2-25

红色能量柱代表了做多动能，通常情况下，红色能量柱和绿色能量柱是交替产生的，这比较好理解，但是，有时候我们也经常发现做多动能连续释放的情况，如模型图 2-26 所示，图中 MACD 的红色能量柱连续发出三次递增过程，而且递增的过程之中，是没有绿色能量柱的，这说明做多动能很强势，不给做空动能机会，但是我们不难发现的是，此过程依然是 DIF 在 0 轴线下方，所以，一而再，再而衰，三而竭，连续三次红色能量柱的递增，都无法实现 DIF 上穿 0 轴线(从跌势进入涨势)，那么后续继续大跌就是大概率了，当然，此过程，红色能量柱的连续反扑，并非坏事，也是极容易让 DIF 上穿 0 轴线的，即从弱势进入强势，只是，如果出现了一而再，再而衰，三而竭的局面，要留意风险，风险位置正是能量守恒的高点(DIF 回归 0 轴线位置)。

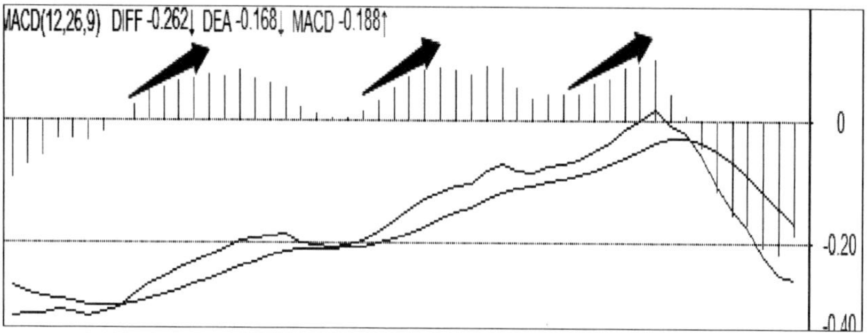

图 2-26

我们来看一个具体案例，探路者：如图 2-27 所示，图中位置 A、B、C 分别是三次红色能量柱递增的过程，因为 DIF 在 0 轴线下方，该股一直运行的是跌势，所以，A、B、C 三个位置也都是跌势里的反弹，一而再，再而衰，三而竭之后，DIF 依然运行在 0 轴线下方，说明多方连续三波释放动能之后，依然无力逆转趋势，风险在加大，随后，该股重归跌势，不难理解，做多动能已经集结、反扑了 3 次，都没能把 DIF 推进涨势区域，做多动能释放完了，消耗殆尽了，自然是无功而返，势必大跌。

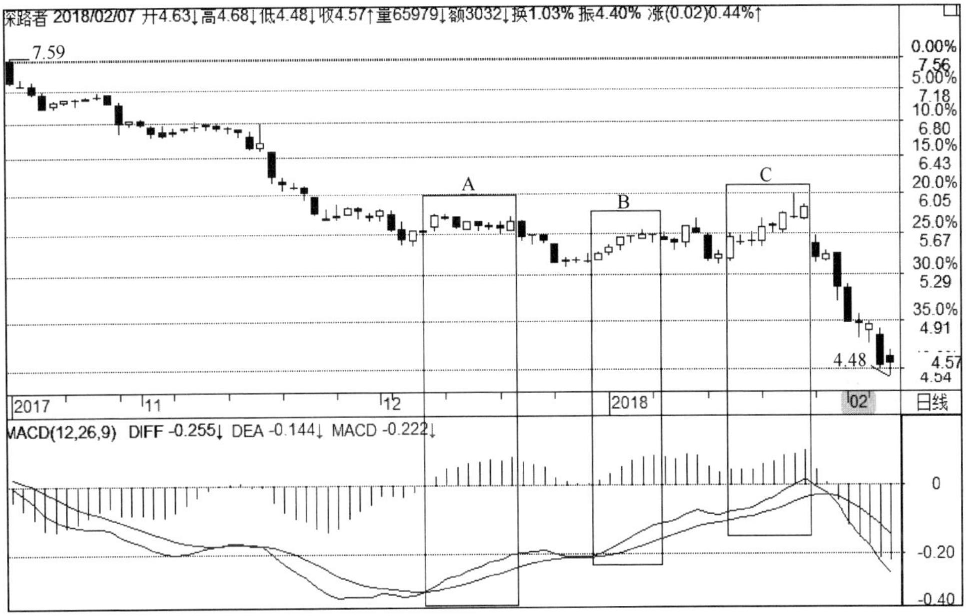

图 2-27

同样是红色能量柱的连续递增，如果发生在涨势中，又会是不同的强度和境况，如模型图 2-28 所示，图中两波红色能量柱的递增是连在一起的，中间红色能量柱并未翻绿，说明做多动能没有给做空动能喘息的机会，与此同时，DIF 是在 0 轴线上的，说明这是一波涨势中的红色能量柱连续递增，即便是不看股价，我们也能猜到，这个模型图对应的股价，一定是涨势里的涨势，涨势喜人。

我们来看一个具体案例，宏大爆破：如图 2-29 所示，图中位置 B 和位置 C 是红色能量柱连续递增的过程，中间红色能量柱

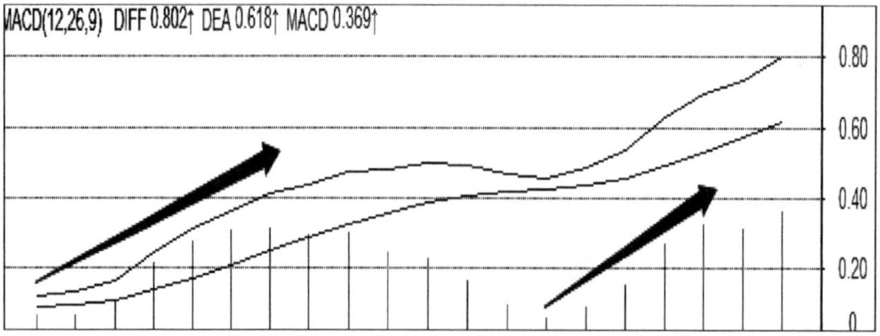

图 2-28

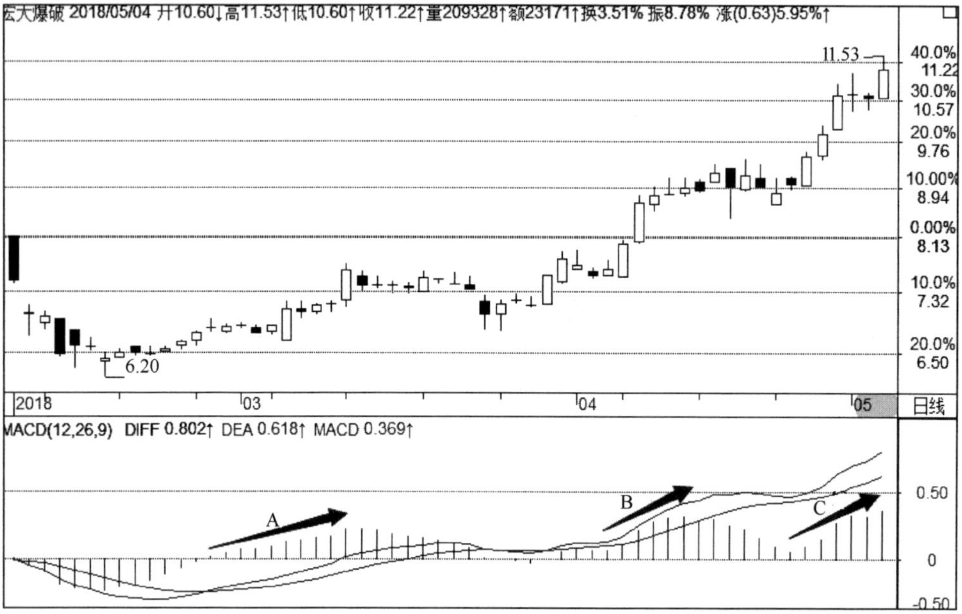

图 2-29

并未翻绿，即没有给做空动能太多的喘息机会，所以，对应的股价，基本上是涨势如虹的态势。在图中我们不难发现，位置 A 也是一个红色能量柱递增的过程，但是我们对比了 A、B、C 不难发现，位置 A 的红色能量柱递增是发生在跌势中的，因为当时

DIF在0轴线下方，所以，A周期的反弹强度就弱于后面的B周期和C周期。但是该案例的涨势连续释放，股价的涨势喜人，而对比前一案例2-27中的跌势里红色能量柱连续释放，最后一而再，再而衰，三而竭，最终夭折，区别还是很大的，最大的区别是什么呢？就是趋势！因为案例2-27是跌势里的红色能量柱连续释放，而本案例是涨势里的红色能量柱连续释放。再举个例子：例如，冬季里的寒冬腊月天，不管太阳多大，多暖和，也无法跟夏季里任何一天的温度相比；反之，骄阳似火的夏天，再下雨，再凉爽，也不可能跟冬季的任何一天比温度。所以，跌势里的红色能量柱放大和涨势里的红色能量柱放大，不可同日而语。

第3节 绿色能量柱

刚才我们学习了MACD红色能量柱的递增过程，现在我们来接着学习绿色能量柱的变化。绿色自然代表做空动能，红绿能量柱的长度自然代表了能量强度，如图2-30，是绿色能量柱递增的过程，绿色代表了做空动能，柱子长短代表了强度，所以，绿色柱子递增自然代表了做空动能在增强，对应的股价也是呈现下跌态势的，但是此周期DIF是在0轴线上方的，所以，此周期虽然对应股价的下跌，但属于是涨势中的调整。我们来看一个案例图，如图2-31所示。

案例山西汾酒：图2-31中位置A区域跟刚才的模型图一模一样，DIF在0轴线上方，意味着涨势，但是MACD的绿色能量柱此时是递增的，说明涨势里做空动能正在反扑，也说明这一波是涨势中的调整，如果后续不会恶化，多半是完成能量守恒(DIF

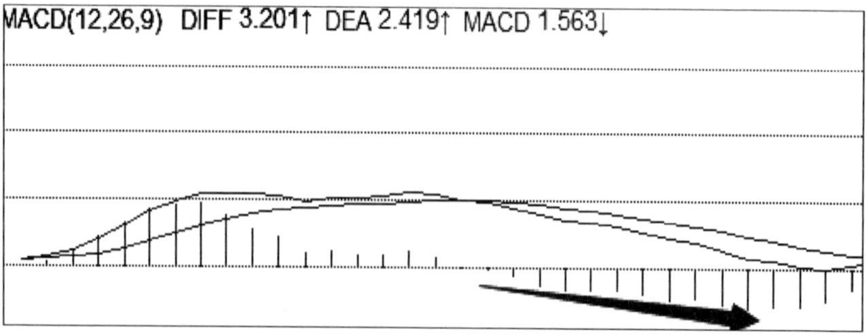

图 2-30

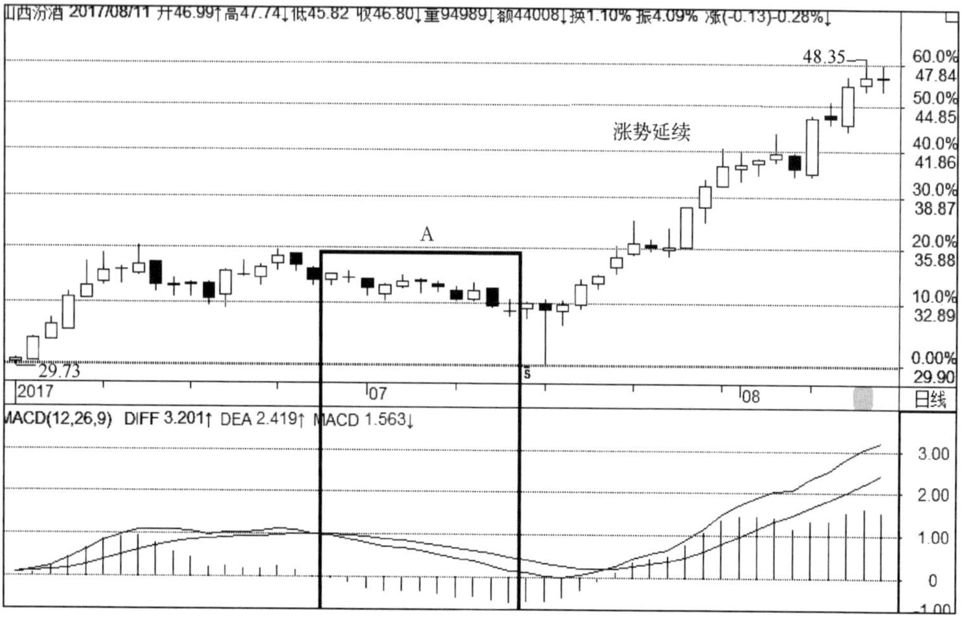

图 2-31

回归 0 轴）后，重拾升势，案例中随着 DIF 回归 0 轴线，随着绿色能量柱达到峰值之后，重归涨势。我们再举个例子来诠释一下这里的能量变化，还是以空方和多方为例：因为 DIF 在 0 轴线上方，这是涨势范围中，视为多方阵营，在多方阵营里来了一股空方力量(位置 A 绿色能量柱)，空方努力向下希望能让 DIF 下穿 0 轴线，但是，随着做空动能的衰竭，DIF 没有能下穿 0 轴线，继而红色能量柱再现(把空方彻底消灭)。形象不？呵呵！

同样是绿色能量柱递增，我们再看模型图 2-32，又会有不同的发现，图 2-32 和图 2-31 都是绿色能量柱递增的过程，都说明做空动能在增强，唯一的区别是，图 2-31 是 DIF 在 0 轴线上方的做空动能递增，而图 2-32 是 DIF 在 0 轴线下的做空动能递增，这是有本质区别的，不可大意。图 2-32 的做空动能递增本身是在跌势中，跌势里做空动能的递增，是很容易形成下跌的延续性的，主跌，跳水，原理基于趋势的惯性。

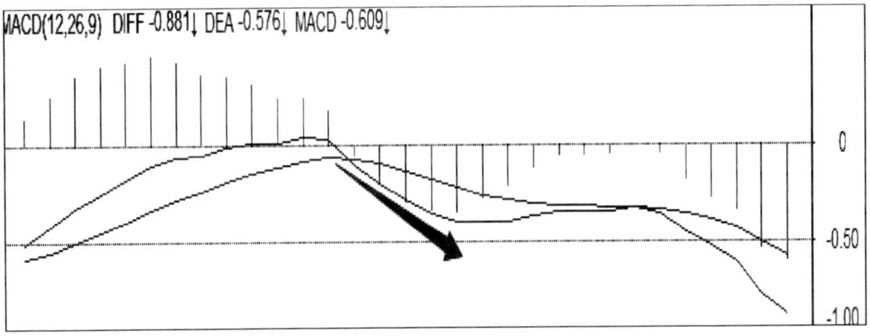

图 2-32

我们再来看一下具体案例，亿纬锂能：如图 2-33 所示。图中位置 A DIF 在 0 轴线下方，意味着该股处于跌势周期，与此同时，MACD 绿色能量柱递增，说明做空动能在增强，位置 A 之后绿色能量柱开始缩短，这说明做空动能有所衰竭，注意啊，这里只代表做空动能衰竭，并不代表做多动能开始反扑了，因为并没有红色能量柱的出现，所以，当绿色能量柱持续衰竭到末端的时候，做多动能依然没有反扑，那么别怪空方没有给多方机会，这是空方势力最薄弱的时候，这里多方不来偷袭，下跌的力量就会继续集结，继而进一步向下大跌。事实上位置 A 之后，股价稍微停顿后重归跌势，而且大家也看到了，重归跌势后的跌速比之前位置 A 的跌速还快，空间还大，杀伤力惊人，趋势的惯性是巨大的。

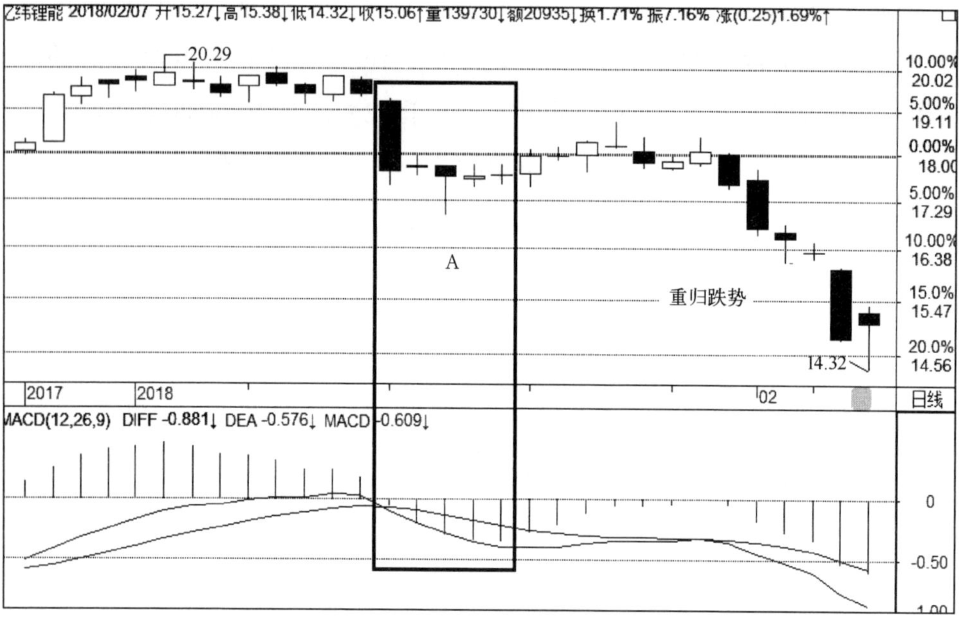

图 2-33

如图 2-34 所示，我们再看一个综合案例，金晶科技：位置 A 区域，是 DIF 在 0 轴线上方的一波绿色能量柱递增，尽管是在涨势里，但是绿色能量柱递增也代表了做空动能在增强，所以，股价对应的也是下跌周期，但是该股随着下跌的逐渐增强，DIF 随后下穿了 0 轴线，即由涨势直接进入跌势，与此同时，我们在区域 B 发现，绿色能量柱再次发生递增，做空动能没有给做多动能喘气的机会，一鼓作气又来一波跌势，而此时跌势跟位置 A 又有所不同了，因为位置B的跌势已经是DIF在0轴线下的跌势了，属于跌势环境里的绿色能量柱递增，所以，我们对比二者的股价，不难发现孰强孰弱，很明显：位置A是涨势里的绿色能量柱递增，对应的股价跌势弱于位置B，因为位置B是跌势里的绿色能量柱递增，杀伤力更强。

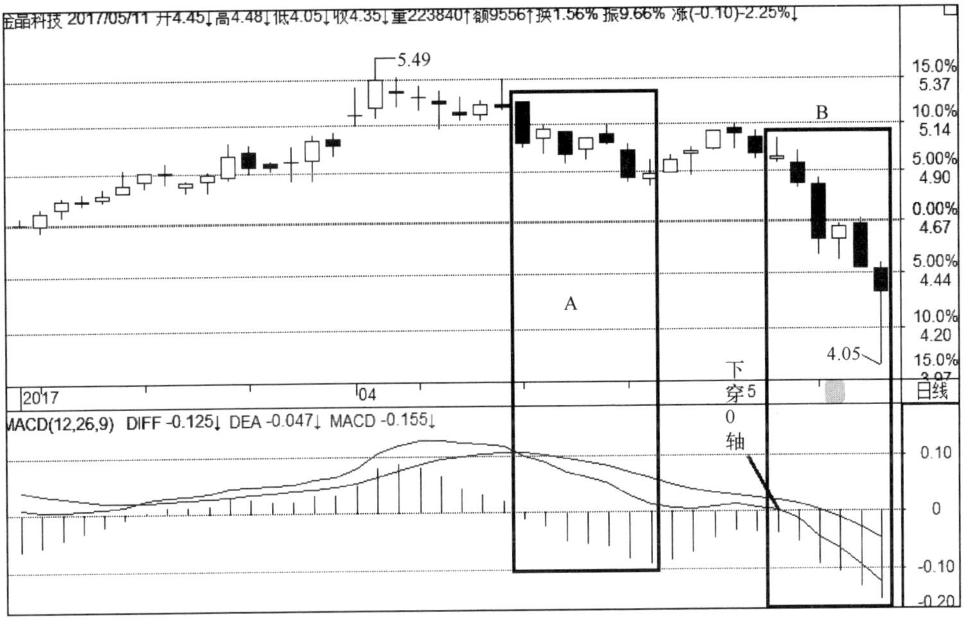

图2-34

第三章

MACD 背离

MACD 的背离技术是经典中的经典，也是我们理解 MACD 的核心技术。大家常说的背离基本上都是在说 MACD，MACD 背离指的是 DIF 和股价之间的不同步，比如随着股价的新高，DIF 没有创新高，也就是不同步了，说明指标和股价之间产生背离。指标跟不上股价的节奏，就会制约股价的运行，从而形成拐点。背离这一章是本书的重点，涵盖了模型、步骤、原因、任务、纠错、级别、能量柱、转势等。

第 1 节 背离的模型

指标和股价的关系，一直以来都是股价在先，指标在后，只是通过惯性和历史数据参考，可以通过一些指标的细腻变化，提前预测股价即将如何运行，所以，股价和指标的关系就存在了顺势和逆势的区别，顺势比较好理解，就是股价涨，指标涨，股价跌，指标跌，同步性很强。但是在实际运用中，很多时候随着股价的新高，指标会跟不上，不再继续新高；反之，随着股价的新低，指标不再继续新低。这个时候，股价和指标就形成了一种背离，背离就说明股价和指标之间形成了一种相互牵制的关系，在此环境时，股价容易形成拐点，我们来看一个模型，如图 3-1 所示。当股价的两个峰值继续创新高的时候，对应的指标(DIF)并未继续创新高，因为指标是跟随股价来运行的，按照顺势的思路，股价涨，指标涨，股价新高，指标新高，这是常态，而一旦出现股价新高，指标不新高，就说明背后已经存在了相互牵制关系，这跟拔河比赛一样，股价极容易被指标的不新高所拖累，继而滞涨回落。

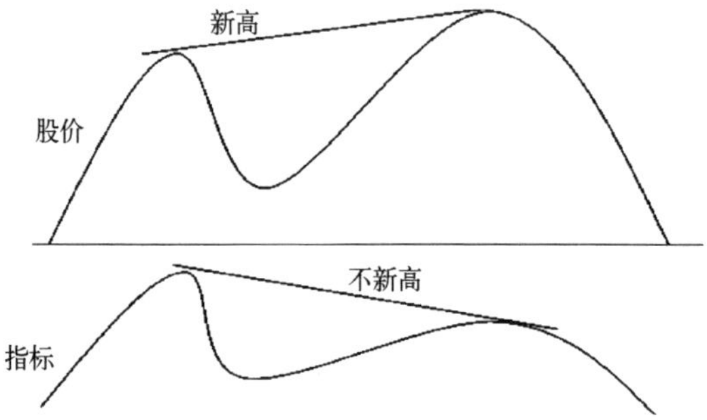

图 3-1

我们来看一个具体的案例，滨化股份：如图 3-2 所示。该股第一波的拉升就是顺势而为的，股价新高的同时，下方 DIF 依附于能量柱也在不断攀升，可以说二者的共振性极强，DIF 也在 0 轴线上方，红色能量柱也是在涨势中做多动能的递增，涨的很舒服。但是，经过了第一波的回落后，第二波的拉升就出现了问题，第二波的股价继续创了新高，但是下方所对应的 DIF 却没有同步新高，这就形成了背离。其实讲到这里，很多投资者会问那股价为何大概率要形成拐点呢？如果只从股价和指标的背离角度来理解，拔河比赛的关系，要么股价胜，要么指标胜，概率应该是一半一半才对，但事实上我们研究背离是为了研究拐点。所以，顶背离，我们是为了捕捉顶部；底背离，我们是为了捕捉底部。所以，大概率是会形成拐点，我们还要回忆第二章中的能量守恒技术，能量守恒中我们讲到当 DIF 严重偏离 0 轴线后，就存在了回归 0 轴线的需求。所以，顶背离其实正是指标回归 0 轴线的过程、方式，此周期的股价要么横，要么跌，所以，很容易形成拐点。正如案例图 3-2 中，股价新高的同时，指标已经不再新高，不管是拔河比赛，还是能量守恒，此周期 DIF 是需要回归 0 轴线的，对应的股价，要么横，要么跌，这是大概率事件，横或跌都是要形成股价高点的，都是不容易赚钱的位置，操作上，就要避开明显的错误，所以背离是捕捉拐点的经典技术之一。

我们再看一个相反的案例，底背离：如图 3-3 所示，依然是我先做一个模型图，便于大家直观的理解，当股价的两个峰值继续创新低的时候，对应的指标 DIF 并未继续创新低，因为指标是跟随股价来运行的，按照顺势的思路，股价跌，指标

图 3-2

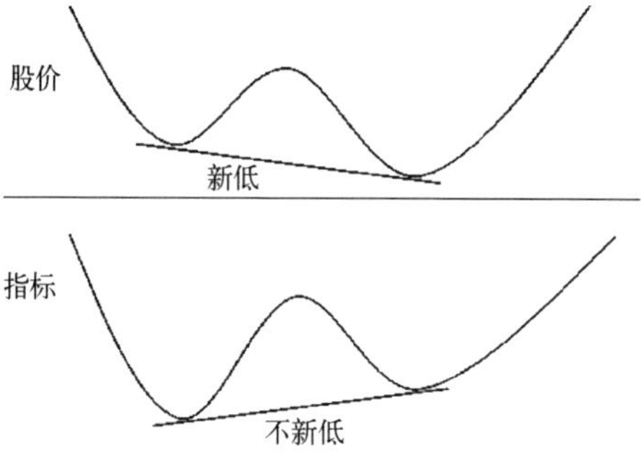

图 3-3

跌，股价新低，指标新低，这是常态；而一旦出现股价新低，指标不新低，就说明背后已经存在了相互牵制关系，要么指标胜，要么股价胜，股价极容易被指标没有创新低而牵制，继而股价止跌企稳，构筑低点。

我们不妨再看一个底背离的具体案例，今天国际：如图 3-4 所示，该股随着股价的新低，下方所对应的 DIF 指标并未新低，继而形成了股价的拐点。顶底背离都是发生在趋势里的逆势技术，图 3-4 中第一波杀跌的时候，DIF 已经严重偏离了 0 轴线，按照能量守恒技术，第一波的低点就具备了强烈的回归 0 轴线需求，我们也看到了 DIF 开始向 0 轴线回归。但是股价又下一城，这个又下一城并未改变 DIF 回归 0 轴线的决心，相反，犹如拉弓射箭，一旦止跌，股价的反弹力度会更大。案例中股价的事实运行也是如此，随着股价的新低，DIF 不再新低，底背离成立后，股价强势反弹。

图 3-4

第 2 节 背离的步骤

背离的步骤是很关键的，凡事都有一个过程，而量化每一个细节是学习技术的关键一步，凡事不要囫囵吞枣，一定要有量化。无量化无执行力，困扰投资者的难题之一就是知行合一，知道和执行是两码事，很多人都特别讨厌自己的这个性格，明明知道有风险，不卖还买，结果被套；明明知道有机会，不买还卖，结果踏空。执行力的提升，很核心的一点就是买卖点的精确化、量化，无量化无执行。我举个例子：一个人心血管堵塞了，用 64 排检测只能测出来堵不堵，轻度堵塞或重度堵塞，而造影才能测出来拥堵了 X%，造影量化了。那么做不做支架呢？如果只是告诉你堵了，即便是告诉你严重拥堵，你也会犹豫不决的，因为严重不是量化，谁也不想下支架；但是告诉你拥堵了 95%，你说你下不下支架？肯定毫不犹豫地下支架了，这就是量化提升执行力。背离的步骤我也量化分为以下三步：

(1) 背离的条件：专业术语叫钝化；

(2) 背离的过程：DIF 走平或拐头；

(3) 死叉或金叉：DIF 跟 DEA 交叉。

我们来看案例图，今天国际：如图 3-5 所示，是一个标准的底背离，图中位置 1 是表明指标的位置在 0 轴线下方，因为底背离，自然是要在 0 轴线下完成的，这一点等到我们讲级别时会是一个很关键的元素。位置 2 是 0 轴线下的一次金叉，这也是形成底背离的关键元素，如果没有这里的金叉弱反，也不存在后续的弱反再下，更不会有底背离存在，只是这个金叉，也要发生在 0

轴线下方。位置3是死叉，此位置死叉就是表明位置2金叉的反弹结束，后面弱反再下，底背离就要开始构筑了，只是位置3的死叉位置众说纷纭，我认为此死叉位置也要在0轴线下方，这一点同样到底背离级别时会重点讲解。位置5要求绿色能量柱至少两根以上。位置4股价新低，股价新低的问题是最低点新低，还是收盘价新低，传统意义上是收盘价新低，满足了以上所有元素的情况下，底背离条件成立。图中位置6是0轴线下的DIF和DEA金叉，底背离100%成立，图中4到6，即底背离条件到底背离100%成立之间，就是底背离的过程，此过程中要经历DIF走平、拐头，具体到操作上时：底背离条件(钝化)是不够操作依据的，但是第二阶段DIF走平或拐头，就具备了操作价值，最后100%成立也是操作点。

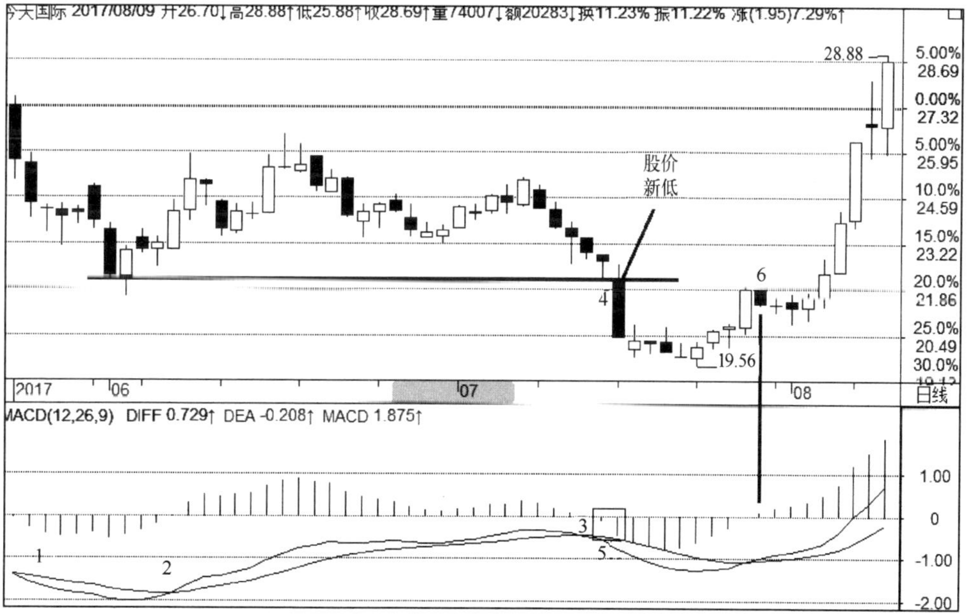

图 3-5

我们再看一个背离高点的案例，寿仙谷：如图 3-6 所示，图中位置 1 首先保证 DIF 在 0 轴线上方，只有在涨势里才有顶背离。位置 2 是第一波涨势之后，高位 DIF 死叉 DEA 的地方，这也是后面形成顶背离的必经之路。大家注意位置 1 到位置 2 是不是前面我们讲过的红色能量柱递增和涨势递减的过程，递增时涨势很好，涨势递减时股价横盘。位置 3 是在位置 2 死叉后，DIF 并未回归 0 轴线的情况下，再次反身向上实现 DIF 金叉 DEA，也是背离的必要过程。位置 4 股价创新高。因为顶背离的基本要求就是股价创新高，而 MACD 的 DIF 不创新高。位置 5 是股价新高后第二根红色能量柱的位置，也是背离条件(钝化)成立的地方，此案例特别注意一点，新高的位置和钝化成立的位置，不是一个位置，这也诠释了位置 5 的重要性，即位置 5 钝化的成立是需要

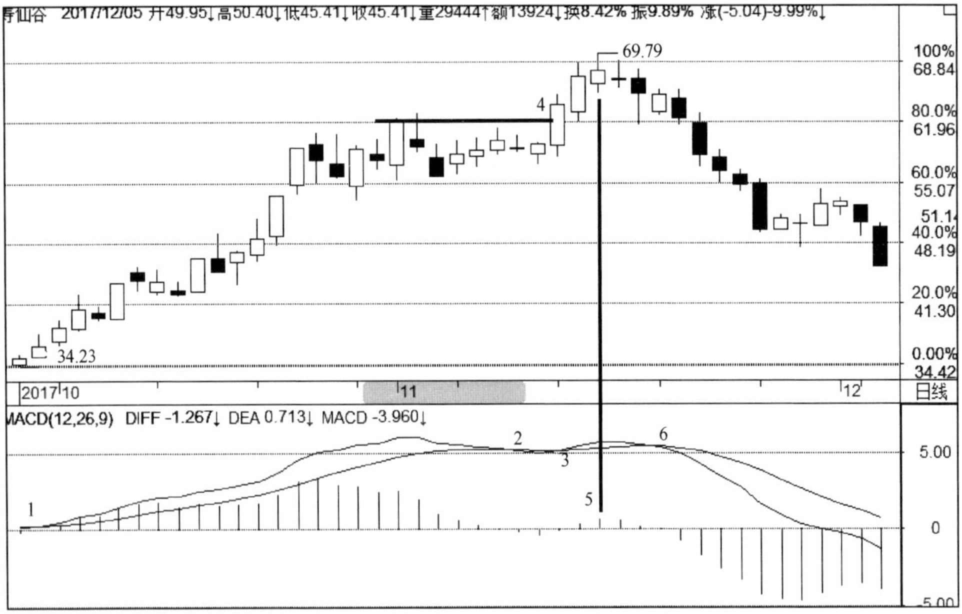

图 3-6

两根及以上红色能量柱的，当然股价创新高是大的环境，股价创新高的情况下，下方 MACD 能量柱两根及以上的位置才是钝化成立位置。而后位置 6 是钝化后 DIF 再次死叉 DEA，顶背离完全写死，其中位置 5 到位置 6 之间的过程，都是顶背离的条件(钝化)过程，只不过顶背离完全写死是位置 6 而已。这就是一个完整的顶背离案例。

通过上面两个案例，大家应该明白了背离的条件(钝化)是一个过程，而背离形成是一个点，在钝化到背离 100%成立之间，是背离形成的过程，也是钝化的持续周期。此过程必然要经历两个阶段：第一个阶段是 DIF 走平，第二个阶段是 DIF 拐头。因为顶底背离的 100%写死是需要 DIF 死叉或金叉 DEA 才能完成，而我们知道 DIF 死叉或金叉 DEA 的位置，股价的拐点往往是要滞后很多的。例如，底背离，只有股价先大涨后，MACD 指标的 DIF 才开始拐头去金叉 DEA，所以，等到金叉或死叉的时候，股价已经先行一段时间了。

如图 3-7 所示，三安光电位置 A，随着股价创新低，MACD 指标的 DIF 没有创新低，两根以上绿色能量柱都满足的情况下，底背离条件(钝化)就成立了。位置 B 是在底背离条件成立的情况下，DIF 上穿 DEA 的金叉位置，即底背离 100%写死，但是我们发现位置 B 底背离 100%写死的地方，已经脱离底部反弹多日，已经消化了底背离反弹的一半空间，很明显按照位置 B 底背离 100%写死才考虑买入的话，已经滞后不是一点半点了。与此同时，我们发现 AB 之间有一个位置 C，位置 C 是发生在钝化到背离形成中间的一个细节，是 DIF 拐头的动作，DIF 的拐头对比前一个单位的 DIF 数值即可，MACD 是一个相对平滑的指标，即反应要略微缓慢的指标，所以很多时候，股价先行的时候，指标还在惯性朝着原方向移动，所以，DIF 拐头本不易，比如一些灵敏性指标 KDJ，变化无常，但是 MACD 的 DIF 是平滑及稳定的，轻易不会拐头，拐头势必是做多力量有所动作，所以我们可以在金叉和死叉之前，在背离 100%成立之前，先去捕捉 DIF 拐头的位置，提前下手。当然，提前下手的风险就是不稳定性，但是刚才我们分析过 MACD 是一个趋势类指标，是一个相对平滑的指标，是一个朝着自己的方向容易惯性延续的指标，所以，拐头本不易，拐头虽然比金叉的稳定性差一点，但稳定性也可以了，需要广大投资者重视。

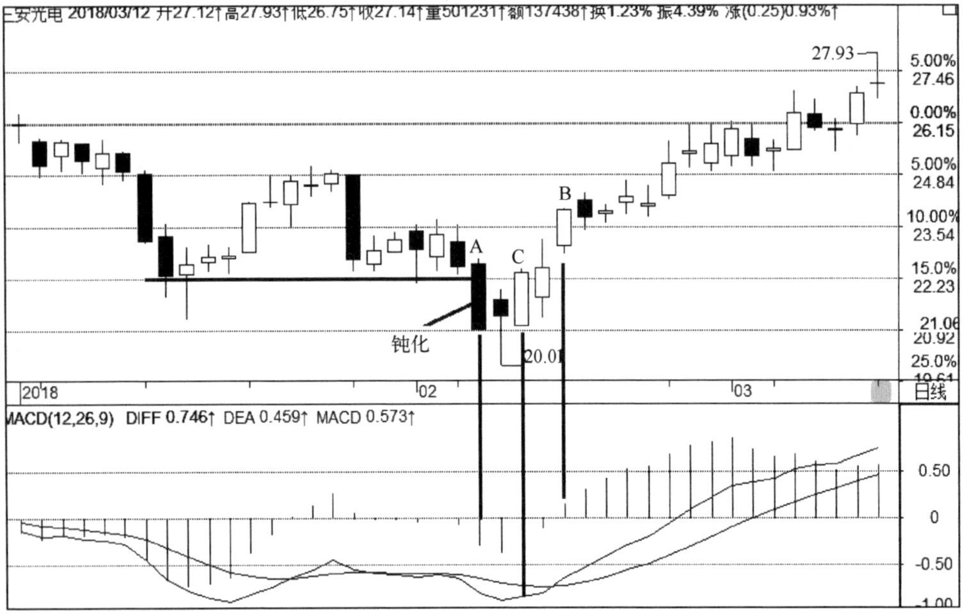

图 3-7

我们再看一个背离高点的例子，华天科技：如图 3-8 所示，图中位置 A 随着股价的创新高，MACD 指标的 DIF 没有创新高，两根及以上红色能量柱位置构成了顶背离的条件(钝化)。位置 B 是在顶背离条件(钝化)的环境中，实现了 DIF 死叉 DEA 的地方，即顶背离 100%成立的位置，但是我们发现，位置 B 死叉时股价已经连跌 4 天，几乎吞噬了前一波三分之二的利润，很明显，按照位置 B 死叉卖出，已经滞后太多了。我们不难发现位置 A 和位置 B 之间有一个位置 C，位置 C 是在顶背离条件(钝化)中形成的 DIF 拐头，按照 DIF 拐头卖出原则，是可以卖在这波行情的最高点附近的。

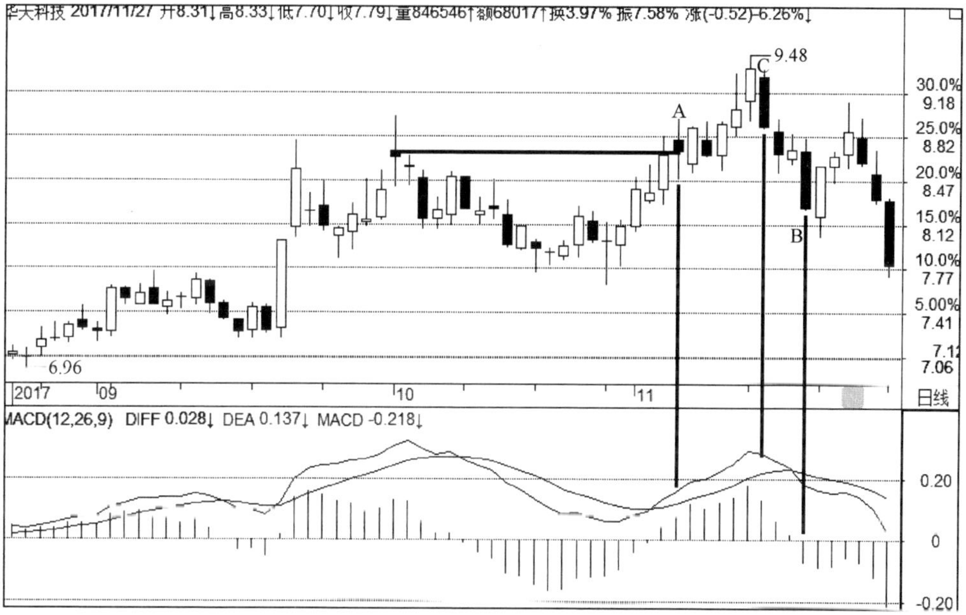

图 3-8

我们再看一个大盘的案例：如图 3-9 所示，深证成指 120 分钟线，2018 年 1 月份的顶部，图中位置 A 随着指数新高，指标 MACD 的 DIF 没有新高，两根及以上红色能量柱满足，位置 A 顶背离条件(钝化)成立，钝化就是预警作用，提示我们要注意风险了。位置 B 收盘时 DIF 下穿 DEA，完成了死叉，因为 MACD 的顶底背离是按照收盘来计算的，所以，按照位置 B 的死叉卖出，必然是大阴线的收盘，或者次日卖出，很明显无法规避这根大阴线了。当然，如果我们不考虑那么细致的话，位置 B 卖出，后面大跌，也是可以轻松规避风险的，但是大盘的一个大阴线对个股的杀伤力可不一般的大，所以大盘的顶底背离，我们更应该提前捕捉交易机会。如图位置 B 的前一个单位，其实 DIF 已经拐头了，所以，这一波我们应该是在位置 B 的前一个单位及时风控，成功规避掉大跌带来的风险。2018 年跌了一年，1 月 25 日这个 120 分钟线顶背离的逃顶，是极为成功的案例。

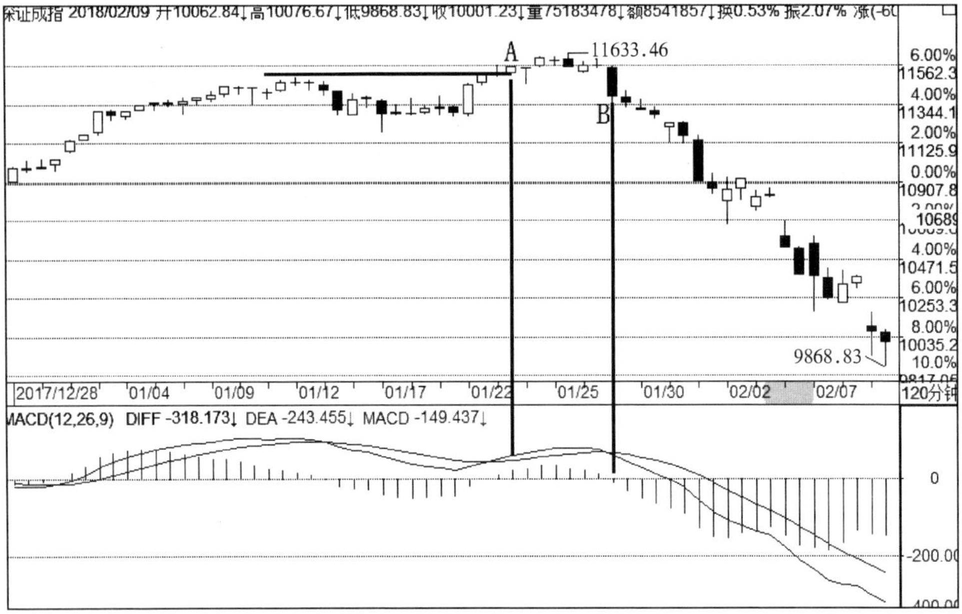

图 3-9

青睐背离的投资者很多，但是金叉和死叉的滞后性问题，成为很多投资者的心结，所以我们采取了钝化中 DIF 的拐头来解决这一难题，虽然成功率降低了一些，却是权衡了成功率、稳定性、灵敏性，所以，顶底背离的三个步骤中，我认为：①钝化不构成交易点；②钝化中 DIF 走平或拐头，可以买卖；③死叉和金叉可以买卖。解决这个难题，我见到过有人把参数同比例缩小，即原始参数是 12、26、9，有人改为 6、13、5，参数改小之后，的确更加灵敏了，所以顶底背离的位置是提前了，但是稳定性差的太多。注意是差得太多，不是一点半点，我也曾做了大量的测试，最终否定了把参数改小的方式来解决滞后问题，而确定了 DIF 走平和拐头的标准。DIF 拐头比较容易理解，而 DIF 走平如何理解呢？这里是要配合小周期的，即技术共振！我们在提升选股或买卖点成功率的时候，可以从以下三个角度来权衡：

(1)技术共振；

(2)周期共振；

(3)历史对比。

更为详细的讲解，会在选股的章节中讲解，这里主要讲的是第二条，周期共振。举个例子：如果日线运行在背离的钝化周期，DIF 走平或拐头时，小周期(比如 120 分钟线)正好背离成立，周期的一致性会加强这里顶部的级别，所以，可以在 120 分钟线提前下手，120 分钟线本来是不稳定的，但是日线和 120 分钟线共振顶背离的情况下，提升了稳定性，既然提升了稳定性，自然可以提前下手了。此思路兼顾了稳定性和灵敏性的问题，我们来看一个案例：图 3-10 和图 3-11 对比。

如图 3-10 所示，华铭智能日线图，随着股价创新低，MACD 的 DIF 没有创新低，在 2018 年 2 月 22 日金叉完成了底背离，该股还好，金叉时并未大涨，但是我们是否可以再提前一点

铭智能 2018/02/22 开17.78↑高18.00↑低17.41↑收17.83↑量12293↑额2186↑换2.19% 振3.38% 涨(0.36)2.06%↑
34.45
钝化
15.17
2017
2018
18/02/22,四
04
日线
MACD(12,26,9) DIFF -2.075↑ DEA -2.087↑ MACD 0.023↑
2.00
0
-2.00

图 3-10

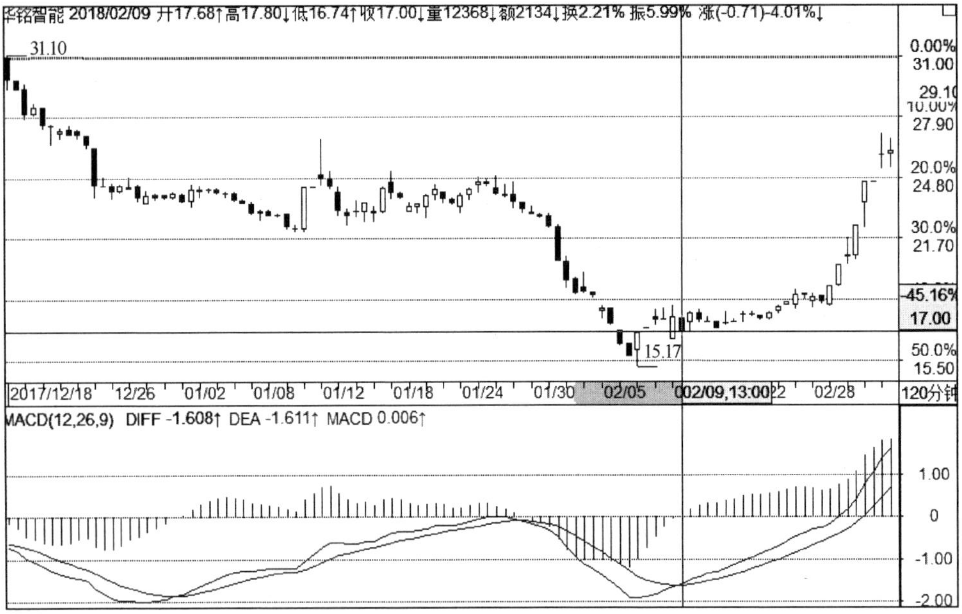
铭智能 2018/02/09 开17.68↑高17.80↓低16.74↑收17.00↓量12368↓额2134↓换2.21% 振5.99% 涨(-0.71)-4.01%↓
31.10
15.17
2017/12/18
12/26
01/02
01/08
01/12
01/18
01/24
01/30
02/05
02/09,13:00
02/28
120分钟
MACD(12,26,9) DIFF -1.608↑ DEA -1.611↑ MACD 0.006↑
1.00
0
-1.00
-2.00

图 3-11

发现入场点呢？我们看钝化到金叉，中间有 9 天，在这 9 天里我们就可以看看小周期是否具备周期共振的底背离，如果有，就可以提前下手。

如图 3-11 所示，该股的 120 分钟线。2 月 9 日 13:00(相当于 2 月 9 日收盘写死，因为 120 分钟线相当于半天)已经底背离成立。2 月 9 日至 2 月 22 日，间隔了 4 个交易日，即采取周期共振方法，是可以提前 4 天入场该股的，而且灵活又不失稳定性。所以，别乱改参数了，改来改去麻烦的不得了，我给大家讲的方法，即稳定又不失去灵活性，多好，非要单一的改变参数，势必失去稳定性换来灵活性，有点得不偿失啊！

第 3 节　背离的原因

背离的形成是有原因的，就是：速度。举个例子，大家马上就能理解：比如秋季运动会上，参赛选手的起跑线是一样的，但是随着发令枪响之后时间的推移，几分钟之后，各个选手之间就会发生前后背离，为什么呢？答案很简单，因为参赛选手的速度不同，所以，尽管起跑线一样，但是几分钟后马上就会出现前后背离。所以背离的成因是速度，如图 3-12 所示，股价的急跌消耗了大量的做空动能，随后做空动能的不足直接导致速度的放缓，所以急跌到缓跌，就是做空动能的急速释放到做空动能的衰竭，速度放缓后的低点，就会构筑股价的转折点，而这个时候，股价急跌到缓跌的过程，对应 MACD 的指标基本上是会慢半拍的，因此，指标未必会继续的新低，背离低点就来了。

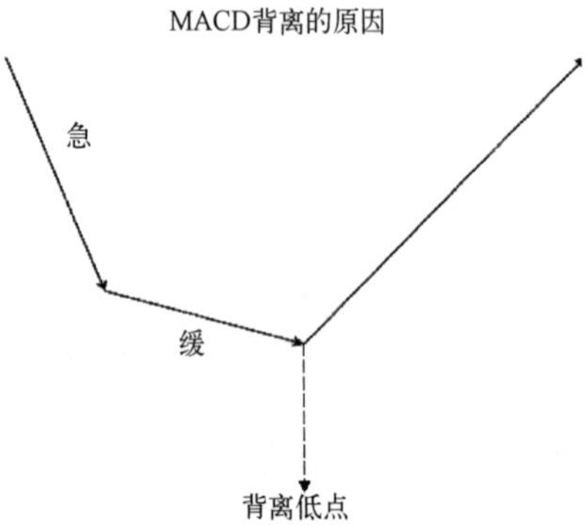

图 3-12

同理，我们再看一下速度高点的模型，如图 3-13 所示。股价的急涨消耗了大量的做多动能，随后做多动能的不足直接导致速度的放缓，急涨到缓涨，就是做多动能的急速释放，到做多动能的衰竭，所以，速度放缓后的高点，就会构筑股价的转折点，而这个时候，股价急涨到缓涨的过程，对应 MACD 的指标基本上是会慢半拍的，因此，指标未必会继续的新高，背离高点就来了。

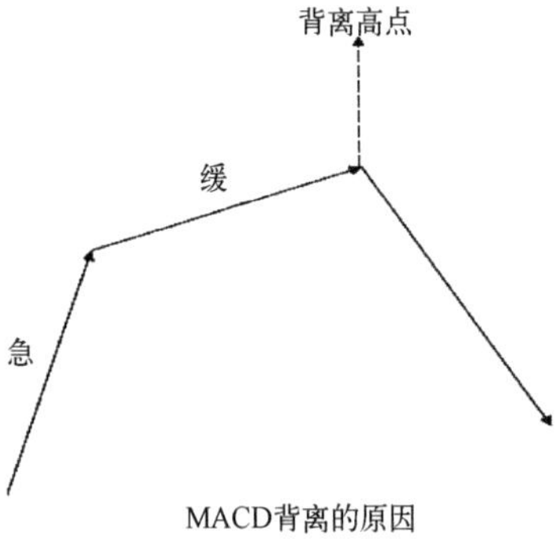

图 3-13

我们具体来看实际案例，徐工机械：如图 3-14 所示，股价第一波拉升和第二波拉升，速度出现明显的放缓，速度就是在物理学里单位时间内移动的距离。在股市中呢？时间不变，距离就是股价的空间，所以速度也很好计算：

$$V(\text{速度})=S(\text{空间})/T(\text{时间})$$

但是，大家没有必要用计算的方式来界定速度到底放缓没有，因为如果一波行情速度的变化是微乎其微的，那么速度的作用就不大了。所以，股市的速度变化，至少用肉眼能直接分辨出来，这样的速度才是有效的变化，如果肉眼观察速度几乎一致，通过公式计算有略微差异，这种速度变化可以忽略。图中的两波反弹，不用去数每一波的时间，也不用去计算每一波的空间，用肉眼直接就可以分辨出来，第一波的速度明显快于第二波，当然，你也

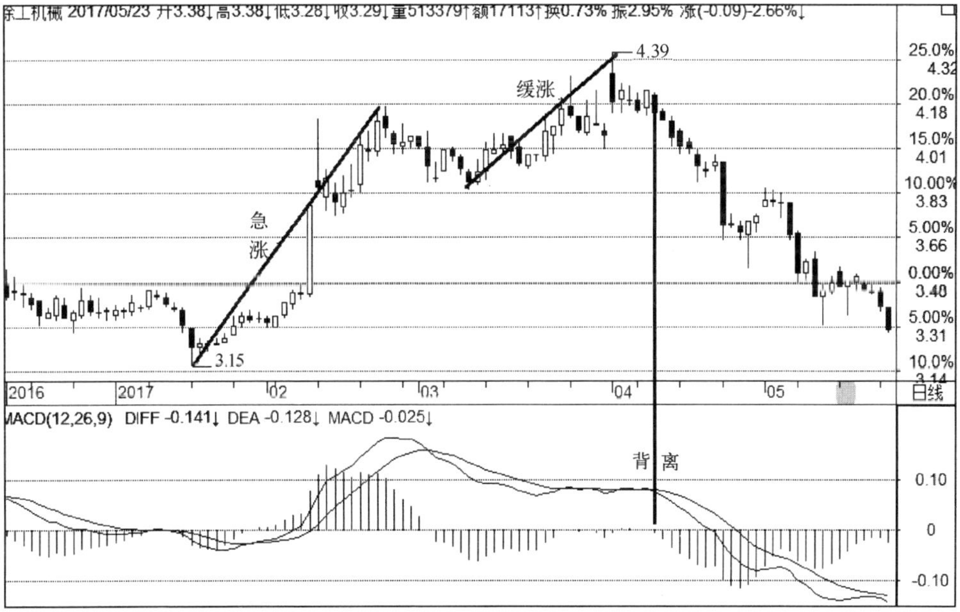

图 3-14

可以用斜率来界定速度。速度从急涨到缓涨的过程，你再看下方的 MACD 指标，你会发现指标很明显是跟不上股价的变化的，随着股价缓慢、勉强创新高的同时，指标并未创新高，顶背离的环境(钝化)就成立了。一旦股价缓涨结束，DIF 拐头，然后死叉 DEA，顶背离就会 100%写死。所以，顶背离其实就是做多动能的不足，造成的速度变化，速度的变化又以背离的方式展示出来。

我们再看一个背离低点的案例，东阿阿胶：如图 3-15 所示，股价的连续两波下跌，速度很明显从急跌到缓跌，与此同时，随着股价的新低(收盘)，MACD 指标的 DIF 并未创新低，所以，DIF 金叉 DEA 就形成了底背离。

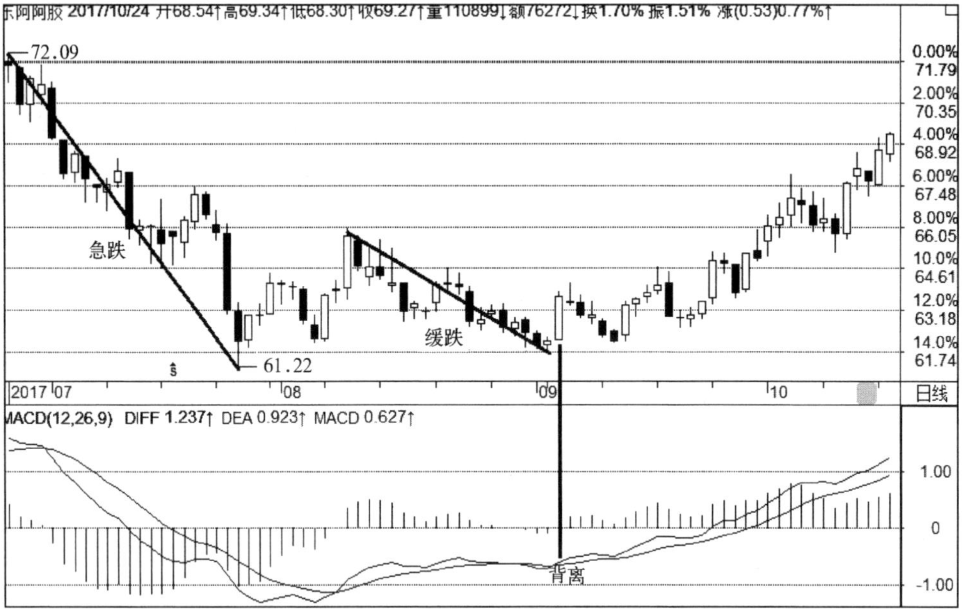

图 3-15

背离，其实只是速度路线之一，速度低点一共有四条路线，我们来看一个模型图，如图 3-16 所示，股价从 0 急速跌到 1，

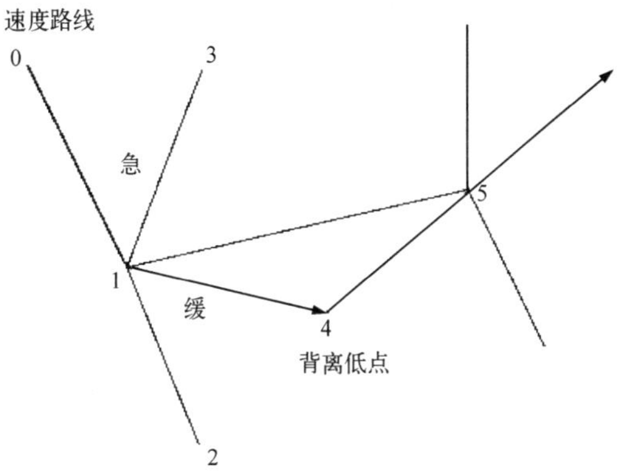

图 3-16

1 就是一个速度低点，股价呢，嗯？不仅仅是股价，应该说所有的投资品种，都有一个规律，就是波动，专业量化投资者都特别喜欢一个指标：波动率。其实，就是依靠股市巨大的波动来获取稳定的利润，当然，这种利润通常停留在短线和超级短线，但是很稳定，我见到过一个期货市场的高频交易者，他的主要操作手法里，就有遇到价格出现巨大波动的时候，做反向交易，虽然每次利润不大，但是成功率极高，用到的就是速度的急跌。那么低点 1 作为速度低点，其成功率高的条件有很多，比如近乎 90°角的急跌，再比如位置 1 结合波浪理论的 3 浪或 5 浪低点，那么位置 1 之后的路线，一共是 4 条，分别是：

(1)0—1—2 路线，是急跌到急跌的过程，也是唯一的直接惯性下跌的路线；

(2)0—1—3 路线，很明显是尖底，此低点除了速度捕捉，别无他法；

(3)0—1—5 路线，缓涨，此路线复杂，缓涨后要么急涨，要么急跌；

(4)0—1—4 路线，急跌到缓跌，背离。

所以，不难理解，0—1—4 路线就是底背离路线，而底背离路线也只是速度四大路线之一。

第 4 节　背离的任务

背离高(低)点是捕捉拐点的位置，拐点一旦成立，是存在一定的任务预期的，我把此任务分为：时间任务、空间任务、指标任务。有了任务的量化参考，背离高(低)点也就具备了双重的功能。首先，是捕捉拐点；其次，是任务完成之前，股价会按照拐点的方向移动。所以，在背离低点抄底之后，反弹任务完成之前，你可以大胆持股待涨，待其任务完成再考虑是否止盈；同理，在背离高点减仓之后，调整任务完成之前，你也可以大胆观望，待其任务完成时再考虑是否接回。

我们来看一个背离的全景图，如图 3-17 所示。以背离高点为例，背离的研究分为：背离的步骤(条件、DIF 走平或拐头、死叉)、背离的任务(时间、空间、指标)、背离的操作(减仓、减多少、纠错)、背离的级别。本书也是按照这个顺序来写的，前面我们已经讲过背离的步骤、背离的原因、背离的形态，这里我们接着学习背离的任务。

时间任务：背离高(低)点引发的调整、反弹，是有一个理论时间可以参考的。

(1)总规则：25~30 倍；

(2)1 分钟背离引发 25~30 分钟左右的反弹或调整；

(3)5 分钟背离引发 125~150 分钟左右的反弹或调整；

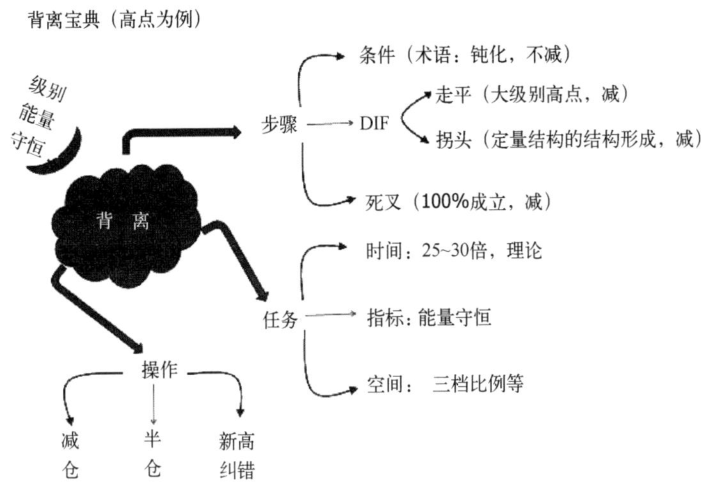

图 3-17

(4)30 分钟背离引发 3~5 天左右的反弹或调整；

(5)60 分钟背离引发 6~9 天左右的反弹或调整。

以此类推，日线顶背离所引发的调整时间自然是 25~30 天，当然，是理论时间，为什么一定更要强调是理论时间呢？因为速度会改变时间，如果调整的速度过快，时间就会缩短；反之，如果调整的速度较慢，时间就会延长。所以，时间规律仅供参考，不要生搬硬套！

我们来看一个案例，滨海能源：底背离成立的位置，距离最低点 12.78 元相差 4 个交易日，反弹的时间任务起点不是从底背离成立开始算的，而是从底背离附近的最低点开始算，这一点很多人容易混淆，另外，时间的取舍上是算尾不算头，即最低点的当天不算，从次日开始，一直到这一波反弹结束为主，这一点是习惯问题吧，你算头不算尾也一样，如图 3-18 所示，底背离形成之后，我统计了最低点的次日到这波反弹结束，一共 27 个交易日，注意是交易日，不是自然日，27 个交易日正好落在 25～30 倍之间。

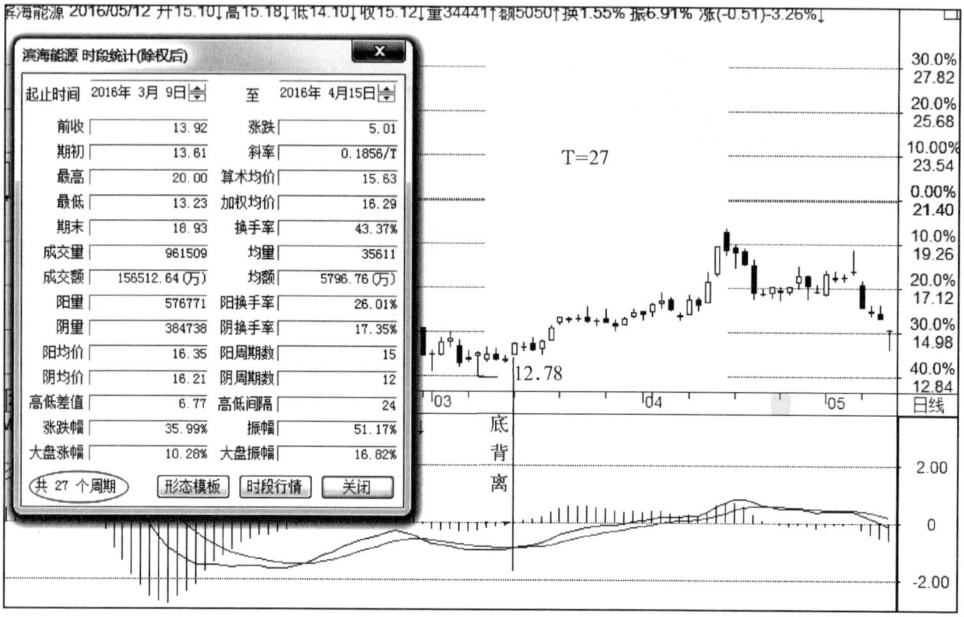

图 3-18

空间任务：底背离的反弹，我们在讲级别的时候还会讲到，与波浪理论的 3 浪和 5 浪拐点共振时，背离的级别会自然增强，波浪理论的波段存在黄金分割的经典数据关系，所以，底背离的反弹空间也是可以参考黄金分割的，比如 50%的位置，通常是背离引发拐点的空间任务，当然黄金分割的其他位置也有可能，只是 50%高发！

我们来看一个案例，滨海能源：如图 3-19 所示，底背离捕捉之后，我们除了可以提前预知时间是 25～30 天之外，空间上，我们取前一波的最高点 28.48 元，再取底背离的最低点 12.78 元，套用公式：(H+L)/2＝50%，即(28.48＋12.78)/2＝20.63，而实际上底背离后来反弹了 27 天，最高点是 20.00 元，误差几乎为 0，很神奇吧！一会我们再研究指标任务，会更加神奇！

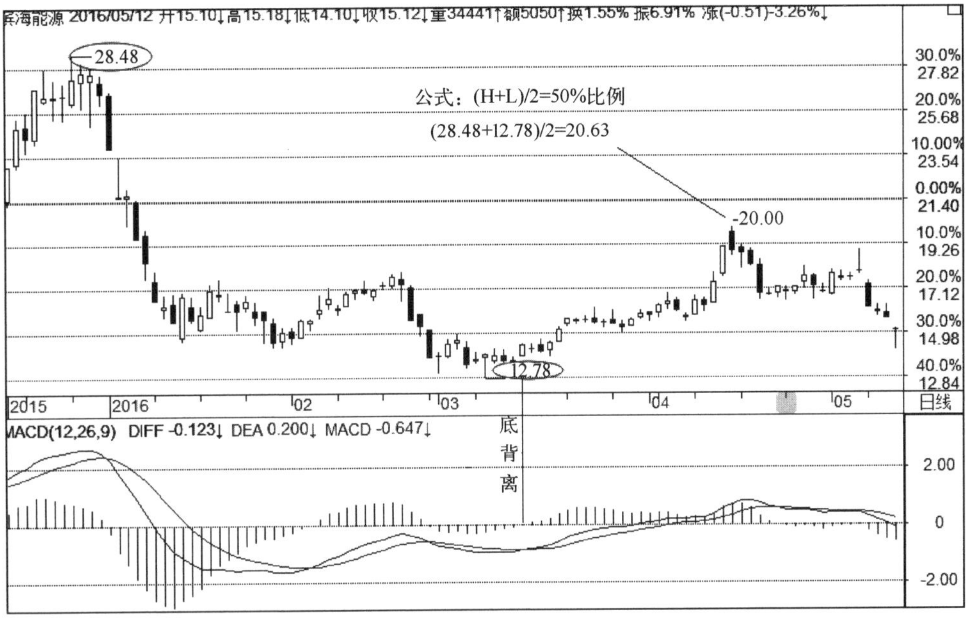

图 3-19

指标任务：我们在能量守恒技术里谈到过 MACD 技术的核心是能量守恒，一切涨跌需求都是能量守恒的需求，而背离高低点也只是实现能量守恒的一种表现形式，背离高低点本身是没有涨跌需求的，它们只是一个点而已，而背后的原因才是决定涨跌的关键。所以，背离低点的首要任务就是先实现能量守恒（DIF 回归 0 轴线）：顶背离的话，就是 DIF 向下回归 0 轴线；底背离的话，就是 DIF 向上回归 0 轴线。而回归 0 轴线后，要么终结趋势，要么形成顺势拐点，即背离高点后，DIF 向下回归 0 轴线，如果不改变涨势，通常会在 0 轴线位置就止跌了，形成低点，从而继续运行涨势；反之，背离低点之后，DIF 向上回归 0 轴线，如果不改变跌势，通常会在 0 轴线附近就滞涨了，形成高点，继而继续运行跌势，如图 3-20 所示。

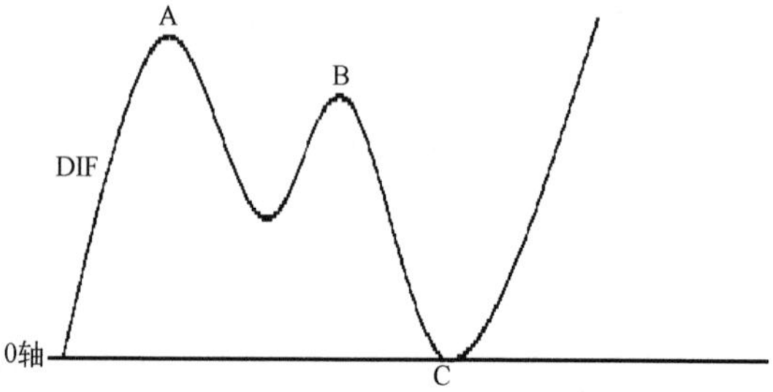

图 3-20

在图 3-20 中，位置 B 比位置 A 要低，同时股价如果新高，位置 B 对应的股价就是背离高点，这一点不难理解。而 DIF 其实从位置 A 开始，就具备了能量守恒的需求，即 DIF 具备强烈的回归 0 轴线需求，可惜位置 A 并未直接回归，而是稍微跌了一点后，又起来了，位置 B 回归 0 轴线的需求依然强烈，所以一直到位置 C，我们才看到 DIF 从严重偏离的位置 A 到 0 轴线的回归，能量守恒的任务才算完成，而同期的股价，要么横，要么跌，所以位置 A 和位置 B 之间就是股价塑造高点的环节。而机缘巧合了，配合了速度的急涨到缓涨，位置 B 就可能配合形成一个背离高点，当然，如果速度不配合，位置 B 不形成背离高点，DIF 回归 0 轴线的需求也依然是存在的，所以说，背离只是能量守恒的一种形式而已。有时候我们也见过背离高点后不跌的，也见过没有背离高点，结果跌了的，这些都是因为能量守恒任务的完成度决定的。这个在其他章节还会重点讲解。位置 C 完成能量守恒后，因为 DIF 是在 0 轴线上方的，所以，完成能量守恒后的位置 C 就极有可能形成涨势的低点，继而反弹行情得以延续，如

图 3-21 所示。

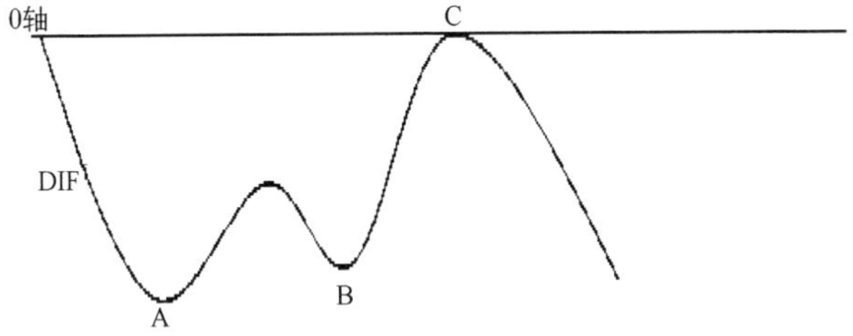

图 3-21

图 3-21 跟图 3-20 是相反的模型图，所以，大家会更好理解一些，位置 B 比位置 A 要高，同期的股价如果创新低，通常伴随着底背离，其实位置 A 的 DIF 已经严重偏离了 0 轴线，已经具备了强烈的回归 0 轴线需求，只是在不充分的情况下，又跌至位置 B，而回归零轴线的心情很迫切，所以位置 B 之后，继续向 0 轴线靠拢，一直回归到位置 C，完成能量守恒的全过程，而同期的股价，要么涨，要么横。位置 C 完成能量守恒后，因为 DIF 是在 0 轴线下方，所以，完成能量守恒后的位置 C 就极有可能形成跌势的高点，继而下跌行情仍将延续。我们分别来看两个实战案例。

星网锐捷，如图 3-22 所示，随着股价的新高，对应的指标 MACD 的 DIF 没有创新高，所以，2018 年 4 月 4 日形成了顶背离，调整任务开启。如图，你会惊奇地发现，不偏不倚，调整结束的位置，恰好是 DIF 下穿 0 轴线的位置，即指标 MACD 的 DIF 回归 0 轴线结束了顶背离的调整，后面股价重拾升势。

济州药业，如图 3-23 所示。随着股价的新高，对应的指标 MACD 的 DIF 没有创新高，所以，2017 年 5 月 5 日形成了顶背离，调整任务开启。你会吃惊地发现，不偏不倚，

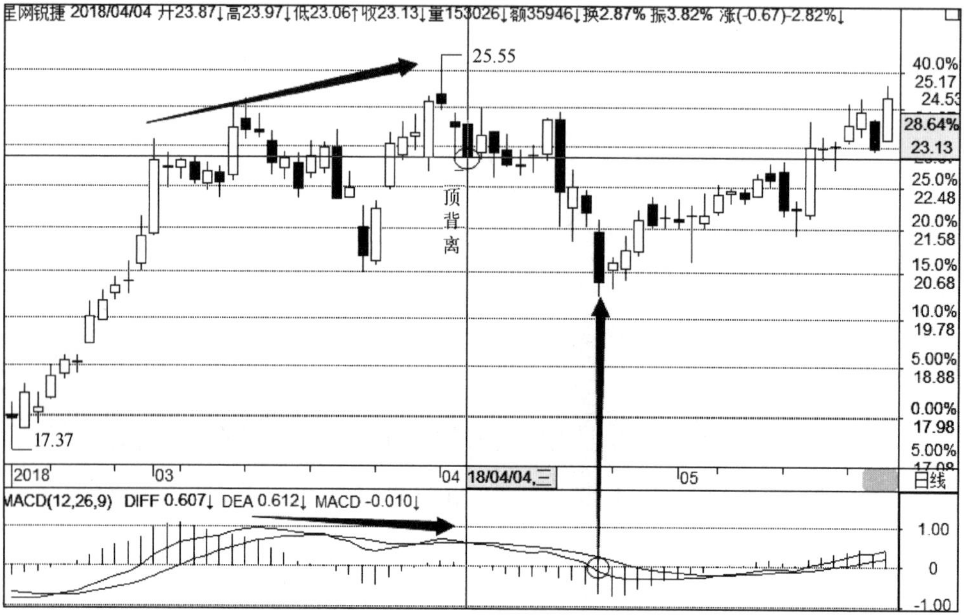
星网锐捷 2018/04/04 开23.87↓高23.97↓低23.06↑收23.13↓量153026↓额35946↓换2.87% 振3.82% 涨(-0.67)-2.82%↓
25.55
17.37
顶
背
离
2018
03
04
18/04/04,三
05
日线
MACD(12,26,9) DIFF 0.607↓ DEA 0.612↓ MACD -0.010↓
40.0%
25.17
28.64%
23.13
25.0%
22.48
20.0%
21.58
15.0%
20.68
10.0%
19.78
5.00%
18.88
0.00%
17.98
1.00
0

图 3-22

济川药业 2017/05/05 开33.81↑高33.83↓低33.00↓收33.10↓量31032↑额10318↑换0.38% 振2.45% 涨(-0.73)-2.16%↓
38.29
29.36
顶
背
离
2017
04
05
17/05/05,五
06
日线
MACD(12,26,9) DIFF 0.565↓ DEA 0.640↓ MACD -0.150↓
25.0%
37.02
20.0%
35.54
11.75%
33.10
10.00%
32.58
5.00%
31.10
0.00%
29.62
1.00
0

图 3-23

调整结束的位置，恰好是 DIF 下穿 0 轴线的位置，即指标 MACD 的 DIF 回归 0 轴线结束了顶背离的调整，后面股价重拾升势。所以，背离是逆势指标，如果级别不大，是不会破趋势的，通常就是涨势跌看多的一波小跌，跌到趋势也就止跌了，这也是指标的任务。

2018 年创业板指数也走出了同样的技术形态，如图 3-24 所示，随着创业板指数的新高，下方的 MACD 指标 DIF 并未创新高，随着 DIF 下穿 DEA，顶背离成立，随后展开了调整。当时创业板跌得很吓人，可是，不偏不倚，调整正好是在 DIF 下穿 0 轴线位置止跌，之后创业板掀起了新的一波行情。2018 年上半年整个是创业板引爆的行情，当时学员区从春节底部开始抄底创业板，整个上半年 MACD 技术帮助我们远远跑赢大盘，可以说 2018 年如果不是成功操作了创业板这一波，全年几乎不会赚什么钱了。

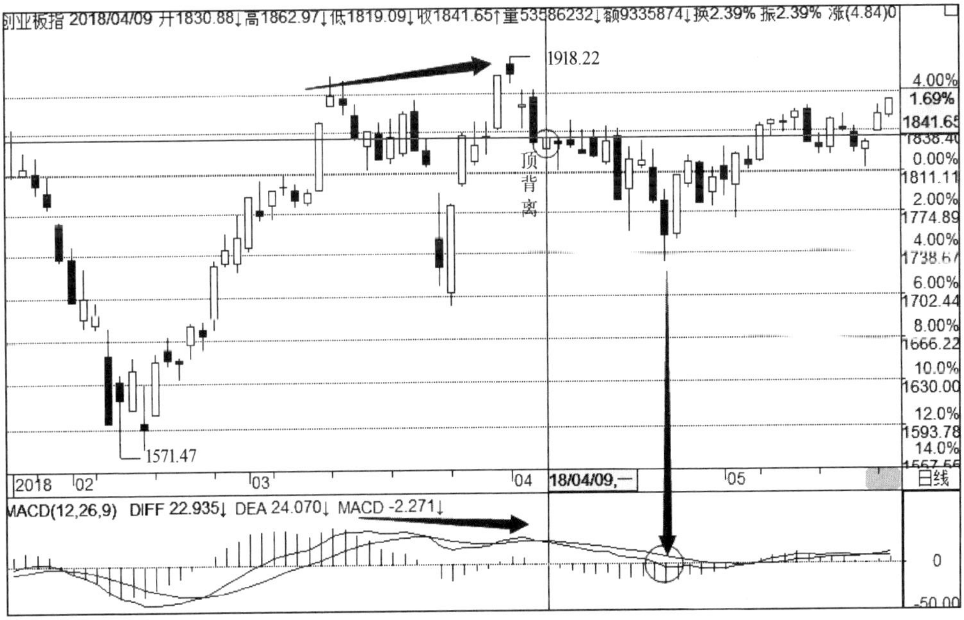

图 3-24

我们再看两个相反的案例，海普瑞：如图 3-25 所示，该股底背离略显复杂，属于双重底背离的案例，这不关键，关键的是底背离后都是在能量守恒位置终结了反弹。如图第一次底背离是 2017 年 11 月 7 日，随着股价的新低，DIF 并未新低，DIF 金叉 DEA 确定了底背离的成立，然后面的反弹，正好在 DIF 上穿 0 轴线的位置结束(位置 A)，很神奇吧。随后该股并未马上大跌，而是又构筑了二次底背离，虽然很小，但是条件是满足的，你仔细看一下，虽然二次底背离不那么清晰，但是反弹结束的地方，也正好是 DIF 上穿 0 轴线的位置(位置 B)。注意啊！这绝对不是巧合，这恰恰是说底背离的反弹完成了指标的任务，完成了能量守恒的需求，然后无力终结趋势的情况下，就会重归跌势，道理很简单，指标的能量守恒任务完成了，可是又没有把趋势给突破掉，那自然要重归跌势了。

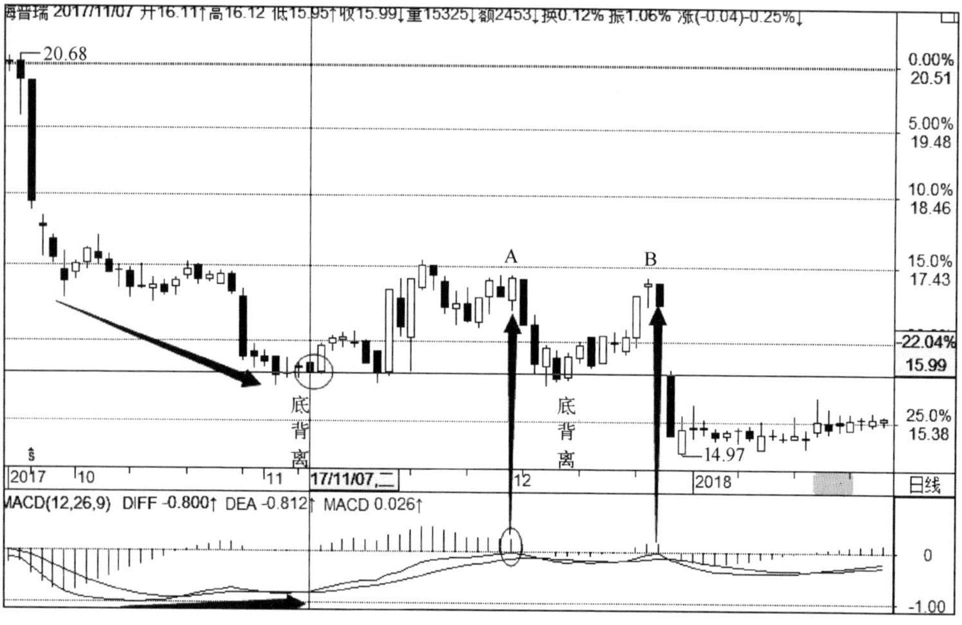

图 3-25

汇金通，如图 3-26 所示。该股比上一个案例简单些，就是单一的底背离，随着股价新低，MACD 指标的 DIF 没有新低，当 DIF 金叉 DEA 时，底背离成立，随机展开了反弹，可是反弹很弱，最高点恰逢 DIF 上穿 0 轴线的位置，结束了反弹行情，很标准地实现了能量守恒。任务完成了，反弹自然也就结束了，当然，如果反弹强势，是有可能终结原弱势结构的，那样的话，反弹就不会在 0 轴线位置结束，反而会突破 0 轴线位置向上进一步走强。该案例其实还诠释了一点，底背离并非一定要大涨，所以各位投资者心态要摆正，买了底背离不涨的案例也很多，或者小涨的也很正常。

图 3-26

第 5 节 背离的纠错

我们前面学习了背离的形成过程，分为三个阶段：背离的条件(钝化)，DIF 走平或拐头(完成 70%)，金叉或死叉(100%成立)。其中第一环节是不构成交易的，只有第二环节或第三环节才涉及买卖，买卖其实不难，背离高点卖出，背离低点买入即可，简单的就是最好的，天道酬勤、股道至简。问题是背离高点卖出后，如果不跌，股价反而创新高了，怎么办？股价继续新高的同时，顶背离条件还在怎么办？随着股价新高，DIF 也创新高了，又怎么办？反之，背离低点买入，没涨，股价反而创新低了又怎么办？股价继续新低的同时，底背离条件还在怎么办？随着股价的新低，DIF 也创新低了，又怎么办呢？带着这一系列的问题，我们继续来研究背离的纠错问题！

很多人谈纠错色变，认为你那么牛，还需要纠错吗？恰恰相反，股票交易，真正的高手，就是纠错做得足够好的人，炒股，大家都想赚钱，只是很多人只想着赚钱，而高手呢，想赚钱的同时，做好了输钱的准备，这就是差距。

我也很纳闷，有的交易者难道从进入股市，到现在，就没有止损过？就没有纠错过？全部都对？不可能的！止损不可怕，止损、纠错是太正常不过的事情了，任何一个交易高手，都是止损永相随的。我时常在学员区给学员们讲：如果将来你们从我的教室毕业了，遇到所谓的股市高手，不管他多么有名气，也不管他的粉丝有多少，你只需要问一个问题："老师，你平时是怎么纠错的？"如果这个老师说："我基本上不会让自己亏损，不会让自已陷入纠错的境地！”OK，这样的老师，别管他有什么头衔，也别管他有多么大的名气，都请你远离他。反之，如果这个老师很耐心地告诉你他平时是怎么纠错的，买后跌了怎么止损，卖后涨了怎么再买回来，这样的老师，你要敬重，而且要虚心地请教。

不赚钱不加仓的意思是：当我们完成了抄底，如果赚钱了，可以找下一个加仓点加仓。反之，如果买了之后不赚钱，反而下跌了，击穿止损点就要止损！不要抱有幻想！我经常看到有人跌了买，越跌越买，越买越跌，最后套得死死的，反而涨一点就卖了，结果卖掉的股票后面变大牛！悔恨啊，都是眼泪……我相信你们都经历过吧？我告诉你真正的策略：

(1)买了，涨了，证明你做对了，做对了你跑啥啊？不要跑！我今天告诉你怎么做：第一，寻找持股条件；第二，在持股条件上寻找加仓点继续加仓。如此，你是在上涨中逐渐成为重仓、满仓，在持股条件上无限放大利润！好不容易找到的一只股票，好不容易等到的一波牛市，不要只赚一把牛毛！牛肉更好吃！

(2)买了，跌了，证明你做错了，做错了补仓干吗？不要补！我今天告诉你怎么做：止损！如果你在做错的交易上持续补仓，那不是摊低成本，而会导致你重仓、满仓，在观望周期无限放大亏损！别说你没有干过这事，这不丢人，谁没干过呢！

当然，如果你说你已经深度套牢，难道也止损吗？那只能自救，不要误会自救，自救不等于简单的补仓，自救的终极目的是让自己能够全身而退，而不是幻想着超额利润！很多人，本来是想着自救的，结果反客为主了，喧宾夺主之时，就是你失败的开始！

背离高低点属于左侧技术，左侧技术的纠错标准是：新高、新低纠错。道理很简单，比如在一波涨势中，如果你按照顶背离卖出，可是并没有跌，反身又创新高，那就意味着原反弹结构是没有终结的，理应纠错买回。同理，如果你按照底背离抄底，结果抄底之后并未止跌反弹，随后又创了新低，新低意味着原下跌结构是没有终结的，理应止损。所以，新高、新低代表了原趋势的延续，一旦你按照左侧技术买入或卖出，这都是逆趋势的，逆趋势的买卖，一旦发现趋势并未终结，就要及时纠错，不能贪婪、侥幸。

我们来看模型，如图 3-27 所示。图中上升周期位置 A 是左侧卖点，假如是背离高点卖出，如果 A 到 B 的调整很小，小到几乎可以忽略不计，或者小到低点 B 不构成任何买入理由的情况下，突破位置 A 的时候，位置 C 就是纠错买回的地方。因为新高意味着原反弹结构并未终结，即便是新高时顶背离条件依然在，纠错之后如果又形成了顶背离，可以再出来，也许有时候我们会觉得麻烦，但是交易建立了标准之后，就是最大的不麻烦。我们再看下跌周期，下跌周期中的位置 A 视为左侧买点，假如是背离低点，那么位置 A 到位置 B 的反弹空间如果足够小，小到无利可图，小到位置 B 根本没有任何的卖出理由，继而转跌的话，随着位置 A 的击穿，位置 C 就是止损纠错的地方，新低意味着原下跌

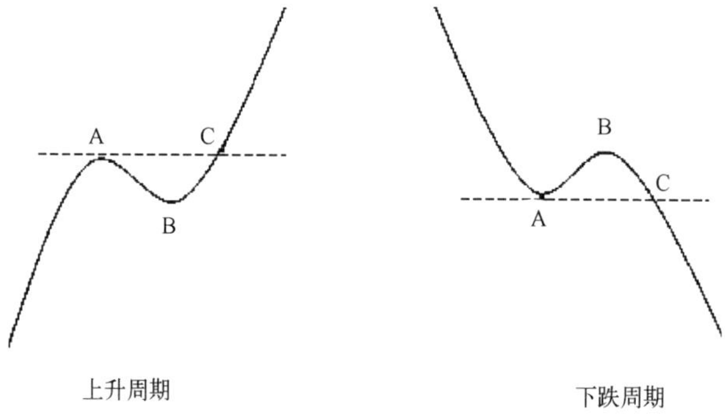

图 3-27

结构并未结束，不要跟趋势作对，止损便是，止损的同时如果依然有底部的条件，可以等底背离再次形成时重新抄底，但是一笔是一笔，不可混淆。所以，新低止损是一切左侧买点的纠错标准之一，注意我说的是之一；新高纠错买回是一切左侧卖点的纠错标准之一。因为新低意味着可能还有新低，新高意味着可能还有新高。

我们来看具体的案例：同达创业，随着股价的新低，对应的指标 MACD 的 DIF 并未新低，当 DIF 金叉 DEA 时，2017 年 12 月 28 日底背离成立，但是底背离成立之后并未如期反弹，相反后面很快又创了新低，此时此刻，应该当机立断：止损。新低意味着原下跌结构并未终结，不要和趋势作对。关于新高和新低，有人是对比极值(最高、最低)，也有人是对比收盘，建立严格的量化标准。我认为按照收盘最佳，毕竟指标也是按照收盘价而来的，大家还记得我们在学习 MACD 的源码时，源码里的 CLOSE 就是收盘价的意思。但是，大家实战中也要有所灵活，如果纠结于极值点已经刷新高低了，收盘还差点，或者收盘达标了，而极值还差点，这样的股票你就多观察一下，不急于一时。如果你是纯量化的交易者，那就简单了，就按照 C=收盘即可！如图 3-28 所示。

我们再看一个背离高点纠错的例子：华海药业随着股价的新高，对应的指标 MACD 并未新高，当 DIF 下穿 DEA 时，顶背离成立了，可是顶背离成立后并未继续下跌，而是立刻止跌反弹，再创新高，新高的同时意味着原反弹节奏并未结束，及时纠错买回，防踏空。因为顶背离是发生在涨势中，所以，当继续新高意味着上涨趋势没有变，如果不及时纠错，就是和趋势逆向操作，逆势而为是容易出大问题的，如图 3-29 所示。

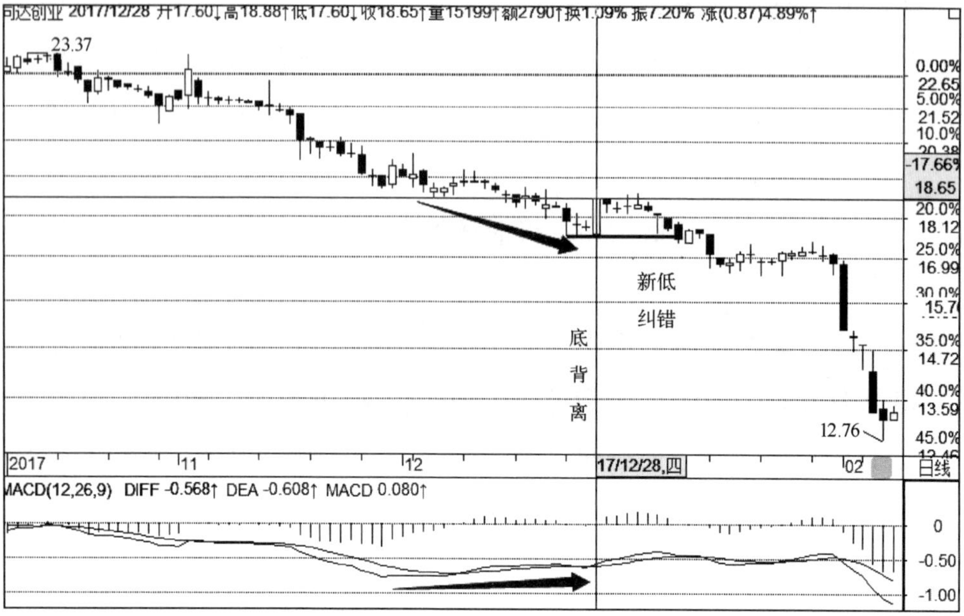
23.37
底
背
离
新低
纠错
12.76
MACD(12,26,9) DIFF -0.568↑ DEA -0.608↑ MACD 0.080↑

图 3-28

30.20
新
高
纠
错
顶
背
离
19.24
MACD(12,26,9) DIFF 0.915↑ DEA 0.404↑ MACD 1.021↑

图 3-29

我们再看一个特殊的例子：金固股份，该股随着股价的新高，对应的指标 MACD 的 DIF 并未新高，当 DIF 死叉 DEA 时，顶背离成立，但是该股特殊的地方是，顶背离之后调整了，虽然股价看调整的也不是很厉害，但是完成了指标任务（DIF 回归 0 轴线），而且恰好在能量守恒位置止跌，我们在背离的任务中讲到指标任务时说过，涨势的能量守恒止跌意味着趋势的延续，所以，图中顶背离调整后，在能量守恒位置就是一个买回的位置，因为这里止跌，本身就意味着趋势的延续。当然，你如果错过了这里买回，后面就是新高买回，新高也意味着原反弹趋势并未终结，所以，新高和能量守恒的止跌，其实都意味着原趋势的延续，都是买回的位置，只是有的股票给你能量守恒的买点，有的就只能等到新高买回，巧妇难啊，难为无米之炊，如图 3-30 所示。

图 3-30

因为背离是左侧技术，所以，左侧技术的纠错标准，背离都适用。左侧纠错的标准都有什么呢？我以抄底为例讲一下：

(1)新低止损；

(2)定额止损；

(3)买入理由消失。

纠错，是交易的一部分，说到这里，我不妨进一步谈谈我的炒股心法！炒股心法在我的第一本书《双龙战法》里也有描述，当时描述的并不深刻，我的炒股心法大家基本也耳熟能详：

(1)止盈、止损；

(2)风险固定化；

(3)阶段性停止交易。

我们先说止盈、止损，一直以来，我阐述后两条的时候更多一些，因为我认为“止盈、止损”大家比较容易理解，也简单，但是我最近发现我错了，大家其实对“止盈、止损”并不太了解，或者了解的并不深刻，又或者“止盈、止损”已经变得苍白无力了。

最近我看到一个同学的抱怨，才发现问题的严重性，这位同学说：“我的股票昨天止盈了，今天又涨了，气死我了！”不知道你止盈或止损一只股票之后，有没有遇到过同样的事情，止盈后又涨了，止损后开始涨了，如果遇到过同样的情况，我想对你说：

谁告诉你止盈后，就必须跌呢？

谁告诉你止损后，就必须跌呢？

按照这个逻辑，你投资一家公司，获得投资回报后，这家公司就得倒闭，是吗？很明显，这个逻辑说不通。你止盈只代表你落袋为安了，只代表你停止盈利了，而股票的盈利能力并非停止，并不代表你止盈后，股票就得跌，没有这个道理，也不存在这个道理。

止损也是一样，当股票触发了你所能承受的最大亏损后，你止损了，你停止亏损了，你的止损动作只能让你停止亏损，并不能决定股票后面是涨是跌，他们之间没有因果关系，所以，你也没有必要为你止损后股票又涨了而郁闷，也没有必要为你止损后股票又跌了而开心，这根本就是两回事！

尤其是涨势里的止盈，你根本无法保证你止盈后，趋势终结，趋势本身是有惯性的，涨势里的止盈，很难直接在最高点止盈，所以，通常情况下，涨势里你的止盈不要去追求卖在最高点，也不要在乎卖了之后又涨了。

止损的难题是承受力，很多人其实设置了止损点，可惜股价触发止损点时是没有执行，这是止损点的设置出了问题，已经超过了自己所能承受之重，所以，合理的设置止损点才是执行力的关键，否则，止损点的设置就会变成摆设。

正确对待止损，止损是交易的必修课，常在河边走哪有不湿鞋的道理，止损基本是永相随的话题。曾经有一个同学转战期货市场的时候，临行让我赠送他几句箴言，我想都没想，直接告诉他："止损、止损、再止损！"然后我们相识一笑！股票不会止损的人，是不建议去玩期货的，更不建议去玩金融衍生品，那只会加速死亡。

有规则，止损、止盈，当你能客观的接受了之后，更要明白，止盈、止损要有量化的规则，不能随意性止损、止盈，按照止盈、止损的规则来。

我们再说风险固定化：投资已经逐渐被我们所接受，每个家庭都面临着投资的需求，因为拿着现金是不行的，而投资理财又是一项专业性极强的领域，尤其是风险——无处不在，如鬼影一般，难以捉摸。

投资是必要的，难题是风险捉摸不定，换句话说，如果我们可以把看不见、摸不着的风险变得可视化、量化、固定化，那么我们还会害怕吗？

举个例子：路上有一个坑，如果黑夜里，我们又不知道路上有这个坑，那么这个坑就是大风险，会栽跟头的；但是，如果我们知道路上有个坑，而且非常明确它在什么地方，你还会害怕吗？当然不会害怕，你会轻松地绕过大坑。同样是一个大坑，其风险大小是不同的，接受程度也是不同的。

我们再想，股市的风险，乍一看好像犹如黑夜里的大坑，而且我们不知道会在哪里发生，坑有多大，这些我们都不知道，不知情，如果遇到了只能遭殃。换个角度，如果我们能把股市的风险变得可视化、量化，我们还会害怕吗？

有点意思吧？可是如何把看不见、摸不着的风险可视化呢？

比如定额止损，即成本向下 X%止损，X 根据自己的承受力来定，比如 10%，那么就意味着，不管成本是多少，即不管在什么地方买，只要向下超过成本的 10%，就止损。如此 10%就是一个可视化、可量化、固定化的风险，看得见、摸得着，就 10%。你的这笔交易，最多只允许亏 10%，不管后面风险有多大，你只承担这可视化的 10%风险，而不是让风险肆意放大，吞噬你的手、你的脚、你的身体……

比如定额止盈，买了跌了，可以用定额止损的法则，但是，买了涨了怎么办呢？很多人容易犯一个错误，那就是赚了钱的交易，最后亏着钱出来，太可惜了。比如赚了40%没跑，跌到利润剩下30%的时候不甘心了，心中默默告诉自己，再回到利润40%附近，我一定止盈。我们且不说市场给不给你这个机会，可以肯定的是，如果重回40%利润，你又不想止盈了，所以，涨了贪心，跌了不甘心，导致最后利润全部被吞噬。这种情况怎么办呢？同样可以采取定额止盈法则，比如最高点向下跌X%止盈，40%的利润减去X% 的下跌，剩下的是你看得见、摸得着的利润，如果涨到50%，那么50%减去X%的下跌，剩下的就是你看得见的利润，也叫移动止盈法则。此就是左侧止损法则的定额纠错。

最后我们再说阶段性停止交易：阶段性的意思就是暂时，就是，暂时不再交易。什么情况下，采取阶段性停止交易策略呢？通常是做多错多的时候，交易最难的地方是什么样的市场用什么样的技术和策略，市场每天都在发生变化，而你的技术和策略不变，肯定是会有问题的，随着市场的变化而变化——是交易最难的地方。

大多数交易者都经历过这样的场景：一段时间顺风顺水，买什么都涨，做什么都赢，恍惚之间，甚至认为自己就是股神。可是过了这段时间之后，又会进入一出手就错，买什么跌什么。你是否有此经历？有，不奇怪，因为不变的技术和万变的市场，始终会出现“契合”和“矛盾”，而我们要做的就是在契合的时期，让利润奔跑，大胆交易，而在矛盾的时候，避其锋芒，暂时看不懂就不玩了，重整旗鼓，重新分析，重新制定新的战略，重新入场。

阶段性停止交易的执行力比止盈、止损、风险固定化还难，大多数交易者前脚卖出一只股票之后，后脚基本上会马上重新入场，根本不给自己一点空窗期，甚至有一点空窗期都感觉自己好像错失几个亿似的，这是顽疾，得根治。当你屡做屡错的时候，继续闷头做，只会越做越差，心态差，心情差，执行力就差，结果会更差。

玄学会把这种场景理解为“大运”和“流年”，为什么人会走大运，会走背字，其实是一个道理。你在某些年代顺风顺水，财运极佳，是因为你和当时的大势吻合；而你流年不利的时候，就是你和当时的大势不吻合，比如股票，涨势，你不做强者恒强的股票，非做超跌反弹的股票，这就是矛盾，而不是契合（涨势强者恒强而弱者恒弱）。同理，跌势，你不做超跌反弹的股票，非做强者恒强的股票，也是矛盾（跌势超跌反弹而强者跌势涨看空）。

所以，当你的技术和市场发生矛盾的时候，就要及时跳出三界外不在五行中，暂时的跳出来才能看清楚市场到底是什么样的，重整旗鼓后，重新杀回来，没有什么不可以。而且阶段性停止交易并不是跌势的代名词，而是任何时期，比如，在涨势中，如果你的方法也总是屡战屡败，那要暂时离开市场，远观而不可亵玩焉，重整旗鼓后再入场。

阶段性停止交易，适合各行各业。

以上，我们讲解了左侧技术纠错的两个标准，以抄底为例，分别是：新低纠错和定额纠错。还有一个纠错法则，那就是入选理由不在了！举个例子：假如你打算去菜市场买菜，都准备好了东西，结果打开冰箱发现家里不缺菜，啥也不缺，你还会去菜市场吗？答案是否定的，你去菜市场的理由是买菜，现在理由消失了，你还去菜市场做什么。同理，买入后，买入理由不在了，止损；卖出后，卖出理由不在了，纠错。

举个例子，片仔癀：如图 3-31 所示。位置 A 随着股价的新高，MACD 的 DIF 没有创新高，当 DIF 死叉 DEA 时顶背离成立，然后没有跌，位置 B 是股价新高，按照新高纠错的标准，可以在这里纠错。位置 C 的 DIF 新高，股价新高的环境下 DIF 也新高，意味着顶背离不可能存在了，理由彻底消失，所以你按照位置 B 的新高纠错或者位置 C 的理由消失纠错皆可。

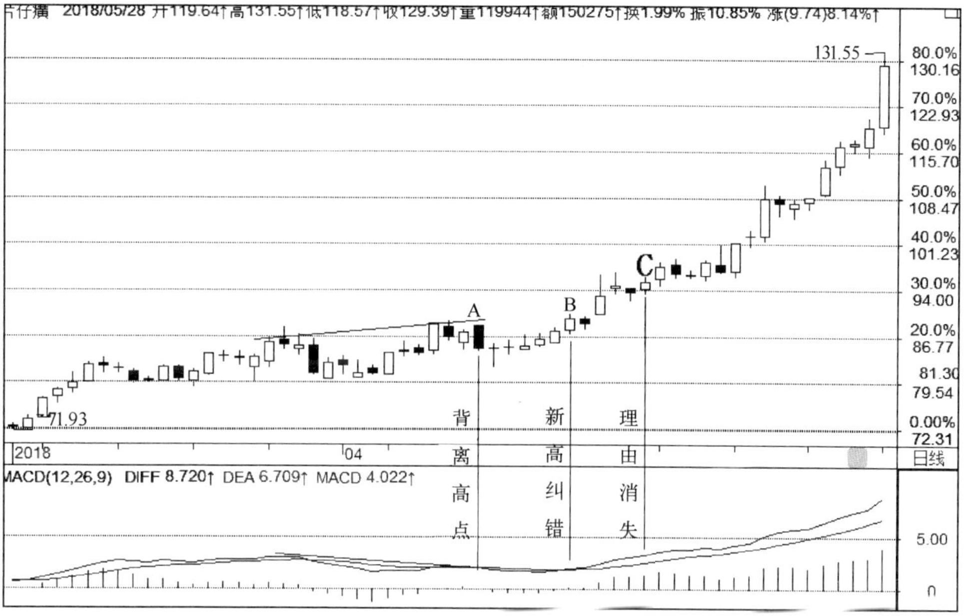

图 3-31

我们再看一个相反的案例：科迪乳业，如图 3-32 所示。随着股价的新低，MACD 的 DIF 并没有新低，当 DIF 金叉 DEA 时底背离成立，图中位置 A 底背离，但是并没有上涨，而是弱反再向下了，位置 B 收盘新低，按照新低止损的原则，就是这个位置；位置 C 是 DIF 新低，在股价新低的情况下，DIF 也创了新低，意味着不可能有底背离了，所以底背离买入理由彻底消失。

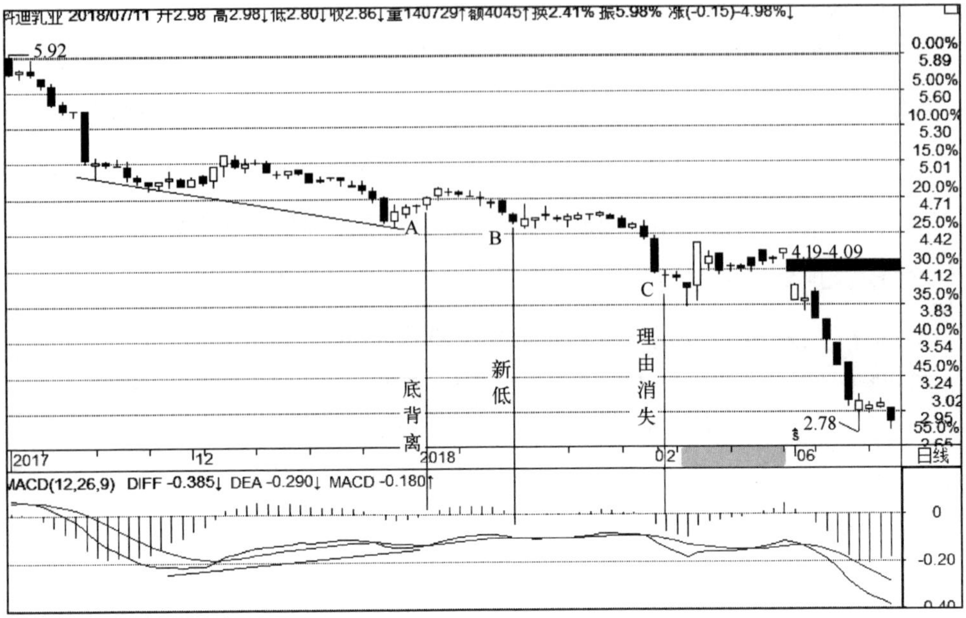

图 3-32

当然，背离的纠错，意味着行情走的就是趋势，所以，以上两个案例都是单边涨势或单边跌势，单边涨势里背离高点容易失败，单边跌势里背离低点同样容易失败。另外，MACD 的顶背离和底背离，以 100%成立为标准的情况下，底背离如果失败，后面必然跟随着 DIF 再次死叉 DEA，同理，顶背离如果失败，后面必然跟着 DIF 金叉 DEA，同样可以视为纠错的点，只是这个位置通常和股价新高和新低同步，这里不一一举例了。

第 6 节 背离的级别

背离高(低)点的判断已经不算难了，随着股价的新高，对应的 MACD 指标的 DIF 没有创新高，就是顶背离；反之，随着股价的新低，对应的 MACD 的 DIF 没有创新低，就是底背离。但是，如果你不考虑级别，背离高(低)点的判断会成为大问题，有标准的背离，不标准的背离，衍生形态的背离，标准的也有有效的背离，也有无效的背离，到底应该怎么办呢？如何过滤呢？所以，背离的核心，到了最后就是：级别的判断！我认为分为 3 个角度来进行级别的判定：

(1)速度；

(2)能量守恒；

(3)浪型。

我们先来研究速度，我们在背离的成因章节中学习过，背离形成的原因是：速度！所以，速度同样也制约着背离高(低)点的级别。如图 3-33 所示，0 作为速度低点，后面一共有 4 条路线，而其中路线 02 是尖底，毫不犹豫的尖底，剩下的 3 条路线，短线是有一个动作：速度的延续或放缓，比如 01 路线是速度的延续，急跌到急跌。04 路线虽然是构筑底背离的路线，但是 0 之后是要先经历缓跌的过程的。03 虽然是反弹路线，但是缓涨的末端很难判断到底是急涨还是急跌，而 03 的缓涨也是速度放缓的过程之一。综上所述，我们发现速度低点后面除非是尖底，否则都是需要先放缓速度的，如果不放缓速度，低点很难形成，尖底毕竟只有四分之一的概率。

其实这一点不难理解，一辆高速行驶的汽车，如果想停下来，第一步是先降速，速度慢慢降下来后，才会刹车，反之，如果高速行驶的汽车，采取紧急刹车，是很危险的，其惯性会酿成不可逆转的车祸。

我们把速度的惯性放在股价里，道理也是一样的，如果背离

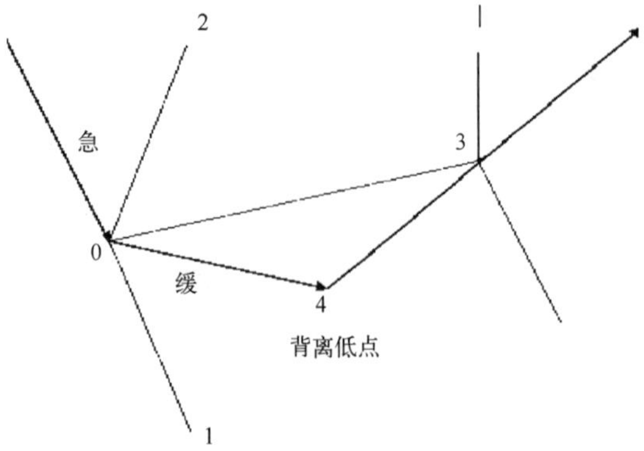

图 3-33

高点形成时速度非常快，那么其背离高点的级别就会小，因为速度过快，顶背离未必能马上形成拐点，不排除速度的惯性，继续拉升；反之，背离低点的速度非常快时，级别也小，因为速度过快，背离低点很难马上戛然而止，结束调整，通常是有惯性杀跌的。

我们来看一个案例：法拉电子的第一波和第二波速度对比是很清晰的，第二波明显比第一波快，随着股价的新高，我们看下面的 DIF 并未新高(隔山背离)，当 DIF 下穿 DEA 时顶背离成立，我们看到顶背离之后，股价并未下跌，而且继续震荡爬升，虽然速度逐渐放缓，但是股价是一直震荡爬升的，很明显，背离根本没有改变趋势，如图 3-34 所示。

我们再看一个背离低点的案例：宝莫股份，股价的下跌速度是由缓跌到急跌，然后形成的背离低点，此背离低点虽然成立，可惜速度太快，导致背离低点的反弹很弱，甚至 DIF 刚刚碰触到 0 轴线，反弹就结束了，重归跌势。速度太快，背离虽然形成了，但是无法完成止跌强反，即，无法改变趋势，如图 3-35 所示。

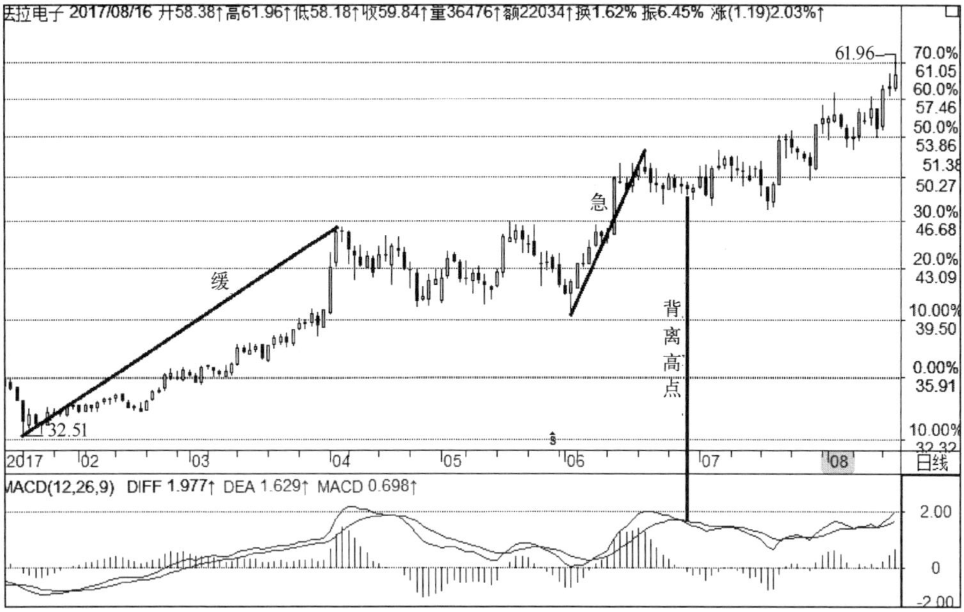
拉电子 2017/08/16 开58.38↑高61.96↑低58.18↑收59.84↑量36476↑额22034↑换1.62% 振6.45% 涨(1.19)2.03%↑
61.96
32.51
缓
急
背离高点
MACD(12,26,9) DIFF 1.977↑ DEA 1.629↑ MACD 0.698↑

图 3-34

2017/04/24 开7.62↓高7.62↓低6.97↓收7.10↓量120059↑额8581↑换2.06% 振8.44% 涨(-0.60)-7.79%↓
13.17
6.97
缓
急
背离低点
MACD(12,26,9) DIFF -0.486↓ DEA -0.303↓ MACD -0.367↓

图 3-35

我们来看速度的级别模型图，如图 3-36 所示，一共分为两组，速度由缓跌到急跌，形成的背离低点，级别小。速度由缓涨到急涨，形成的背离高点，级别小；反之，速度由急跌到缓跌，形成的背离低点，级别大；速度由急涨到缓涨，形成的背离高点，级别大。

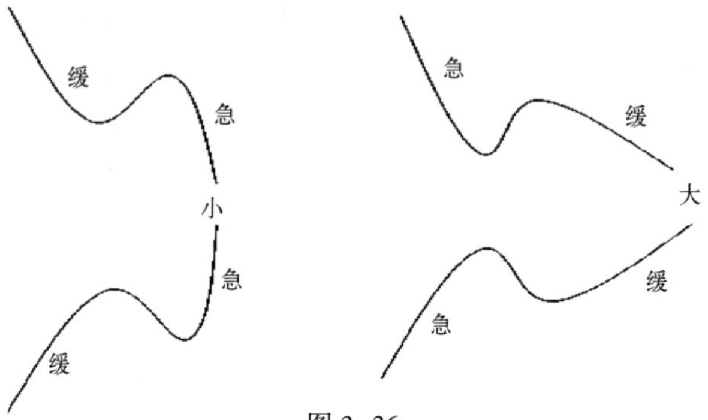

图 3-36

能量守恒判断级别：

背离高点是速度由急涨到缓涨形成的，而下跌需求是 MACD 的 DIF 偏离 0 轴线造成的，背离高点的位置 DIF 距离 0 轴线越远，其背离高点的级别就越大。反之，背离低点的位置 DIF 距离 0 轴线越远，其背离低点的级别就越大。如图 3-37 所示，来了解一下 MACD 的 DIF 能量守恒规律。

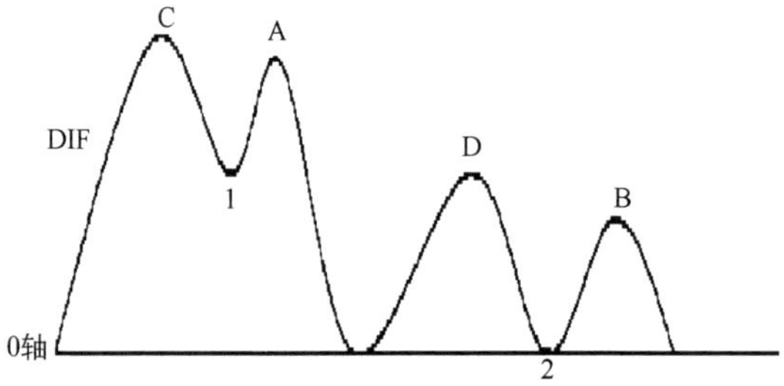

图 3-37

在图 3-37 中我们看 DIF 两个背离高点的不同：位置 A 的 DIF 低于位置 C，同时股价如果是新高的，位置 A 就是背离高点的位置；位置B的DIF低于位置D，同时股价如果是新高的，位置B就是背离高点的位置。这一点我们学习过背离的过程，已经不难理解了，问题是位置A的背离高点级别和位置B的背离高点级别，如何判定谁大谁小呢？MACD的DIF严重偏离0轴线的情况下，就具备了回归0轴线的需求。所以，图中位置C、A、D、B的高点，都是不同程度的DIF偏离0轴线，因此，他们都具备0轴线的回归需求，只是在需求分析上，C>A>D>B，而图中我们看到只有C之后，DIF是没有直接回归0轴线的，图中显示到位置1之后，DIF就又反身上行，抵达位置A，然后从位置A再次向0轴线靠拢，这个局面的背离级别就会大很多，因为位置C回归0轴线的需求没有得到充分释放的情况下，又堆积了位置A的回归0轴需求，二者作用在位置A上，增加了A回归0轴线的需求，同理，位置A的股价横盘或调整的概率就更大了。这里有一个细节，如果形成背离A的时候，是短而快的方式，速度尽管快，但是能量守恒完成的不彻底，高点级别也会比较大，尤其是DIF金叉DEA时，用2到3天已经大涨了20%左右的顶背离，级别很大，这跟速度无关了，速度反而成了诱多的手段。同样的道理，位置D之后，DIF在位置2已经回归了0轴线，已经释放了需求，所以位置B的背离高点，虽然也有回归0轴线的需求，但是已经没有那么强烈了，至少跟位置A比起来，需求小了很多，级别自然也就小了很多。

我们来看具体的案例：吉林化纤，在图3-38中分别是一个背离高点和一个背离低点。我们先看左边的背离高点，股价的速度很明显是由急涨到缓涨的过程，随着股价的新高，MACD指标的DIF没有新高，当DIF死叉DEA时顶背离成立。当然，我们

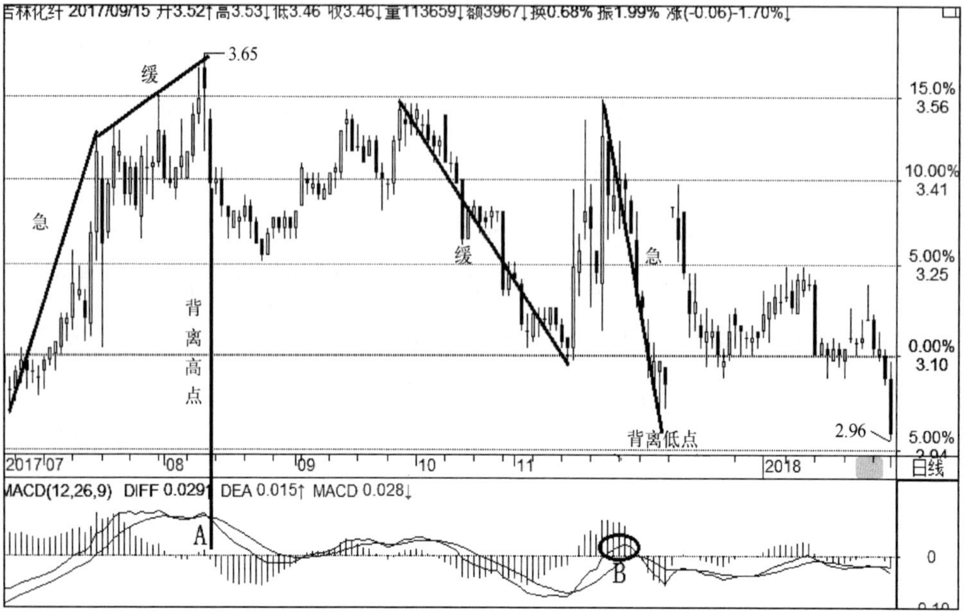

图 3-38

从上一节的背离高点级别之速度也能判断出来，这个背离高点的级别大，但是我们本节从能量守恒的角度进行分析，是可以得到同样效果的，你看顶背离成立的位置，图中位置 A，DIF 距离 0 轴线依然很远，DIF 依然具备强烈的回归 0 轴线的需求，而此需求也会导致股价的顶背离更加有效，级别更大。该案例正好还有一个相反的底背离可以做比较，我们再看图中右边的背离低点情况，先看是不是背离低点，股价新低的同时，指标 MACD 的 DIF 并未新低，随着 DIF 金叉 DEA，底背离成立。既然是底背离，再考虑级别，速度是从缓跌到急跌的，从速度的角度也能判断出来，底背离级别小，速度快是有惯性的。我们再看下面所对应的 DIF 距离 0 轴线的情况，看位置 B 不难发现，DIF 根本没有偏离 0 轴线，甚至还向上上穿了 0 轴线，这就意味着底背离的环境是没有 DIF 回归 0 轴线需求的，因此，该底背离的级别就小。而事实上，我们也能看到，图中顶背离后大跌，底背离后弱反再跳水，级别的划分，一目了然！

我们再看一个远大控股，这是一个底背离案例。如图 3-39 所示，随着股价的新低，DIF 并未继续新低，当 DIF 金叉 DEA 时，底背离成立。首先我们要判断是不是底背离，然后再判断级别，该案例是底背离，可是底背离的过程中，在位置 A，DIF 已经回归 0 轴线，所以，随后的底背离级别小，而事实上底背离后股价略微反弹后，就反身重归跌势了，而且后面还创了新低。

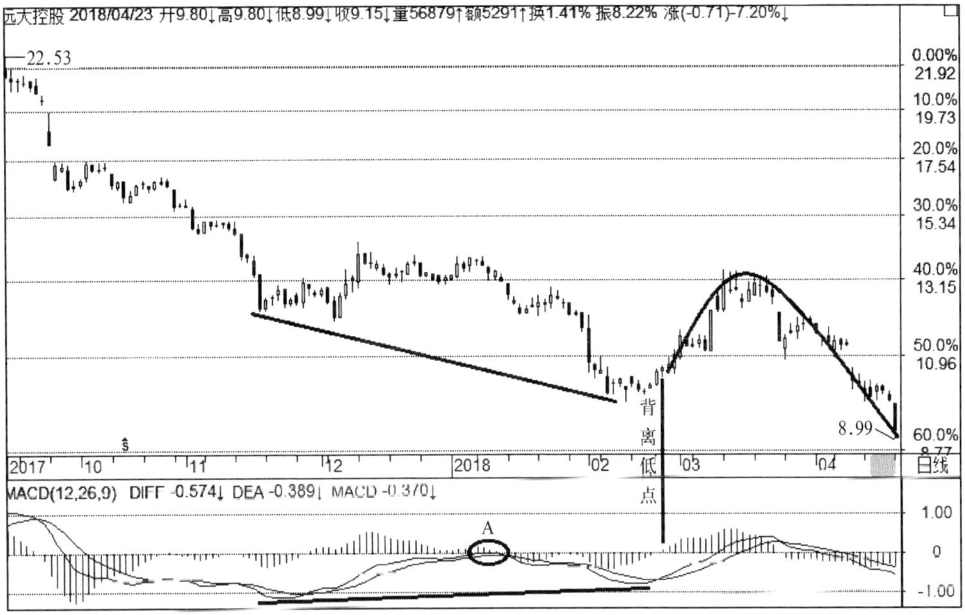

图 3-39

刚才我们讲到：这里有一个细节，如果形成背离的时候，是短而快的方式，速度尽管快，尤其是能量守恒完成的又不彻底，高点级别也会比较大，尤其是 DIF 金叉 DEA 时，用 2 到 3 天就已经大涨了 20%左右的顶背离，级别很大，这已经跟速度无关了，速度反而成了诱多的手段。

我们看一个案例：合力泰，如图 3-40 所示。第一波是缓涨，第二波是急涨，如果按照速度的背离，急涨不应该是大级别，但是这种短而小的急速拉升，反而容易成为诱多的手段，尤其是位置 A 的能量守恒完成的又不彻底（DIF 距离 0 轴线远），该股还好，能量守恒完成的还可以，但是第二波急速拉升中，时间短、速度快、幅度大，而后的背离高点还是大阴线筑顶，级别自然是大很多的。

图 3-40

浪型位置判断级别：

波浪理论作为市场的经典自有其自身的魅力，但市场有“千人千浪”的说法，即：一千个人有一千种浪型的分析和看法。的确，波浪的稳定性和不确定性共存，所以大浪套小浪，小浪套老浪，浪里还有水，下去就没影，用这句话来形容数浪的怪圈应该挺有意思的。存在就是有道理的，更何况是人人皆知的经典，自然有自身的魅力所在，我以上涨的推动浪型作为传统技术和改写技术的总结，如图 3-41 所示。

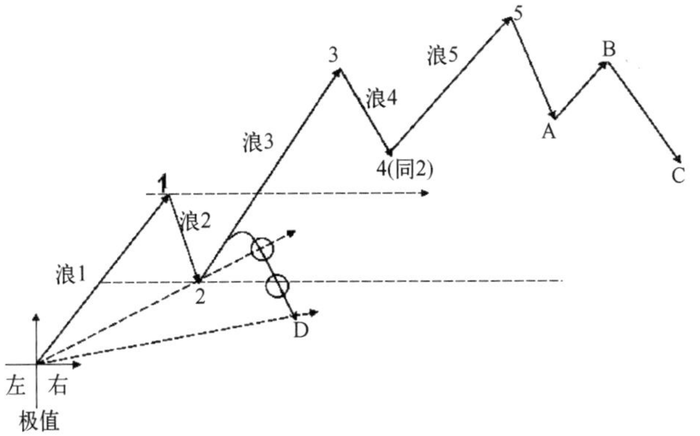

图 3-41

浪 1：只有小部分交易者参与，反弹力度通常较弱，此位置是原下行结构的终结点和新反弹结构的初期，有点边界的意思，属于三不管地带。此位置之所以只有小部分交易者参与，是因为市场大多数的投资者认为这个地方只是一个弱反，弱反后还会再向下，认为只有释放量能才会反弹延续，所以大多数的投资者看淡浪 1 反弹，甚至把浪 1 的高点定义为逃命点，认为不跑将再次被市场所套牢，所以大多数的投资者会在浪 1 位置选择被动等待底部放量(好好想想你辛辛苦苦等来的量是谁放出来的?)，你辛辛苦苦等来的量是底部抄底资金打出来的，成本上你就失去了优势。策略：①参与底部放量，不要被动等待底部放量；②不赚钱不加仓。

前面我们说过千人千浪，造成千人千浪的原因就是取点的乱象，比如 1 浪的起点如果取错了，后面的浪型全部错误，所以我们谈谈 1 浪的起点。

先看一个案例：贝达药业，如图 3-42 所示。我们要找一浪的起点，根据 1 浪的性质考虑，是小部分参与的极弱反弹，那么就从 MACD 的 0 轴线下开始找拐点，图中位置 A、B、C 是 MACD0 轴下的 3 个 DIF 拐点，那么该股的 1 浪起点无非就是这 3 个其中一个，而又根据 2 浪调整不能新低来排查，我们发现位置 A 和 B 的低点之后，都创了新低，所以 AB 不可能是 1 浪，如此位置 C 的低点，对应的就是 1 浪反弹，随后 2 浪调整正好是在能量守恒地方止跌，掀起大三浪。

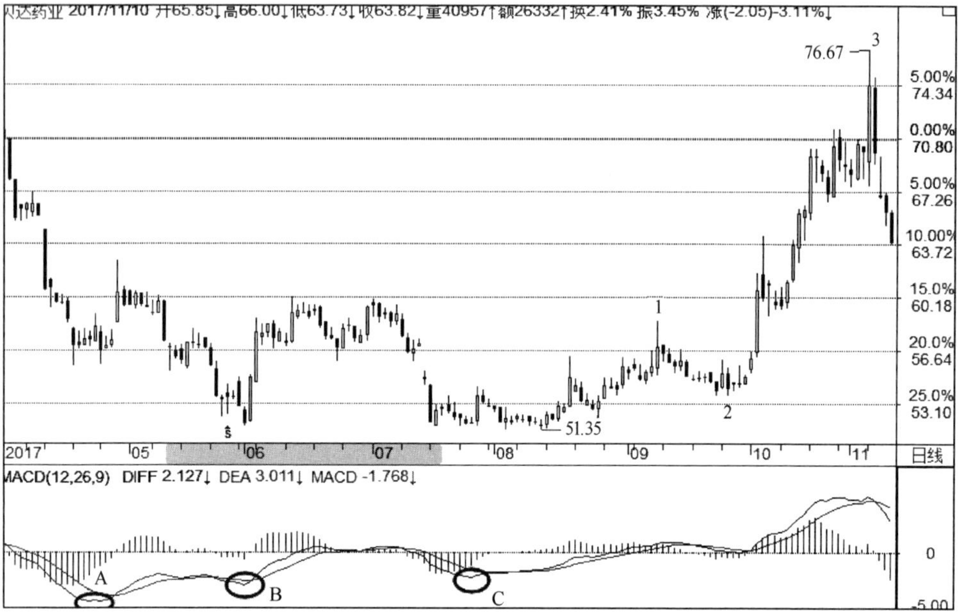

图 3-42

浪 2：漫长深度调整之后，导致交易者并未逃脱下跌结构的阴影，一有风吹草动就会换来巨大的抛压，短线获利筹码兑现，市场解读为逃命点，但不会创新低，与浪 1 的起点构成最低点和次低点，连接最低点和次低点，构成上行结构线，也是底部起涨的持股条件，线上坚持看多、做多，击穿时注意风险。而且 2 浪的低点，很容易在能量守恒地方产生。如图 3-42 所示，2 浪就是不再创新低，而且正好是在 DIF 回踩 0 轴线位置止跌，完美无瑕，大三浪掀起。

浪 3：浪 3 是主浪，一定要比浪 1 和浪 5 长，但浪 3 上升初期是缓慢的，所以并不确定浪 3 能不能成功。两条路线：①失败的浪 3：浪 3 反弹初期极容易形成弱反跳水结构，在图 3-41 中位置 D 上两个圆圈为卖出点；②如果并未夭折，那么 1 浪高点位置的突破将成为 3 浪的确认点，从这里展开大三浪反弹。

浪 4：浪 2 是比较凶狠的杀跌，浪 4 是正常的获利回吐。经过浪 3 的反弹，获利筹码开始纷纷兑现，保护自己的利润，这样就引发了浪 4 的获利回吐。但是 4 浪的低点必须比 2 浪低点高，而且通常比 1 浪高点也高。波浪理论的严格要求是必须比 1 浪高点高，而实际情况呢，尤其是在期货市场，4 浪低点比 1 浪高点低的情况很多见，我想这应该是和市场的成熟度有很大关系。所以，我认为 4 浪的低点必须比 2 浪低点高点，但是比 1 浪高点低也是可以接受的。

浪 5：原则上，浪 1 和浪 5 在速度相似的情况下，应该是空间对称的，即浪 1 运行多少空间，浪 5 也会运行多少空间，这样就可以在浪形完整的情况下，提前预期浪 5 的拐点。另外，浪 5 高点的形成可以配合速度，即速度筑顶的方式：缓涨筑顶、缓跌筑顶、急跌筑顶等。

明白了波浪的上涨推动浪型，我们就可以和背离结合起来判断背离的级别了。比如：顶背离和 3 浪高点吻合，顶背离和 5 浪高点吻合，顶背离和延伸浪高点吻合，自然会增加顶背离的级别。

我们继续看案例：西山煤电，如图 3-43 所示。浪型判断比较简单，1 浪是 DIF 从 0 轴线下向上的第一波弱反弹，2 浪低点并未创新低，但是无限接近 1 浪低点，很是凶狠，符合 2 浪的性格，3 浪是高于 1 浪的高点，也比 1 浪大，4 浪的低点比 2 浪低点高，与此同时，正好和 1 浪的高点吻合（这里特别注意，4 是略微切入了 1 的，前面说过这个细节），5 浪高点也就简单、清晰了，关键是 5 浪高点比 3 浪高点创新高还高的同时，我们看到 MACD 的 DIF 并未新高，这是背离的条件，随后 DIF 拐头引发了 MACD 顶背离，此顶背离级别就比较大了，因为背离的同时又是 5 浪高点，5 浪高点本身就是大高点，后面面临着 ABC 的调整周期，或大跌！

图 3-43

我们再看一个相反案例，天广中茂，如图 3-44 所示。该股筑顶回落走的是 5 浪结构，1 浪多个长下影线，2 浪快而急速，但是没有新高，3 浪击穿 1 浪的低点继续下杀，4 浪高点比 1 还低，更比 2 低，所以 5 浪低点是显而易见的。与此同时，5 浪低点正好和底背离配合，因为 5 浪低点的时候，随着 5 浪的股价新低，MACD 的 DIF 并未新低，当 DIF 金叉 DEA 时，底背离成立和 5 浪低点吻合，增加级别。

图 3-44

浪型，即便你不懂，也没关系，略懂一二即可，或者只要把我书中描述的要点记住就行，足够配合 MACD 的背离一起使用了，不是所有的股票，任何波段都可以画浪型的，所以当浪型不清晰的时候，你就不看即可！

第7节 能量柱背离

通常背离指的是股价和DIF的背离，但是MACD的能量柱背离，作用也非常明显，如图3-45所示，当指数是上涨的时候，而红色能量柱是缩短的，注意细节，红色能量柱中间无绿色能量柱，有点类似骆驼的后背，我称其为驼峰背离。因为红色能量柱是代表做多动能，红色能量柱的缩短，自然是证明做多动能在衰竭，对应的股价，也是比较容易形成高点的。反之，随着指数的下跌，绿色能量柱呈现缩短态势，这种驼峰背离是底背离，道理跟红色一样，说明做空动能正在逐渐衰竭，做空动能不足了，后面自然是容易形成低点的。图中要求能量柱中间不能有相反的能量柱，这个要求的含义是什么呢？举个例子，比如红色能量柱代表了做多动能，做多动能释放了一波后，红色柱子开始缩短，这个过程也代表了做多动能有所衰竭，但是没有出现绿色柱子都代表做多动能依然是主导地位，在不给绿色能量柱做空的机会为前提下，红色能量柱再一次放大，第二次放大是需要消耗更多的能量的，所以，虽然红色柱子勉强不让绿色柱子出现，重新放大了，但是整体的水平已经远远不如前一波，这个细节其实充分体现了做多动能的消耗和不足，而勉强放大红色能量柱也是强弩之末。绿色能量柱的逻辑是一样的，代表做空动能的强弩之末。

我们来看一个具体的案例：国新能源，如图3-46所示。该股止跌反弹后，DIF已经上穿到0轴线上方了，按理说该股有可能要走一波涨势了，可惜，随着股价的新高，下方对应的MACD红色能量柱呈现的是缩短的态势，说明做多动能已经不足了，可

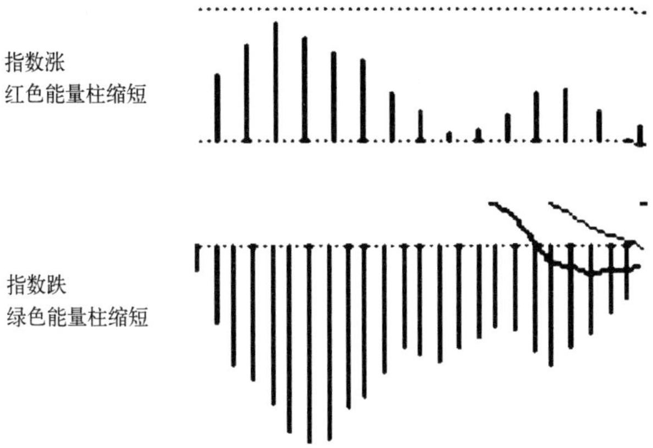

图 3-45

是此时如果我们从 DIF 的角度分析，是无法判断筑顶的，更不是顶背离，但是通过能量柱的背离，是可以轻松捕捉高点的。

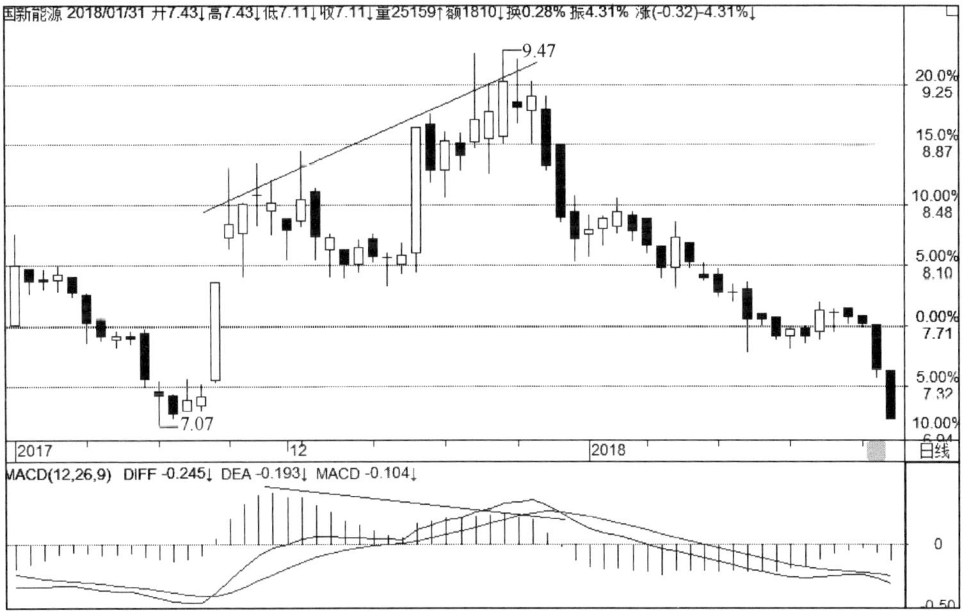

图 3-46

国新能源，该股其实已经逐渐进入到涨势了，这种背离还是好理解的。我们再看另外一个跌势里的能量柱背离，环旭电子，如图 3-47 所示，首先 DIF 整个都是在 0 轴线下方的，本身还是跌势，随着一波止跌反弹后，股价新高，而红色能量柱呈现的是缩短的态势，红色能量柱代表了做多动能，缩短代表了做多动能不足，关键是大环境是跌势，跌势里做多动能不足了，那随后的背离高点自然是容易形成高点的。另外，我们已经学习过能量守恒，位置 A 又恰好是能量守恒的高点，能量柱背离叠加了能量守恒的高点，股价构成高点的概率大增。该股的 DIF 都没有突破 0 轴线，用 DIF 背离高点规避风险更不可能了。

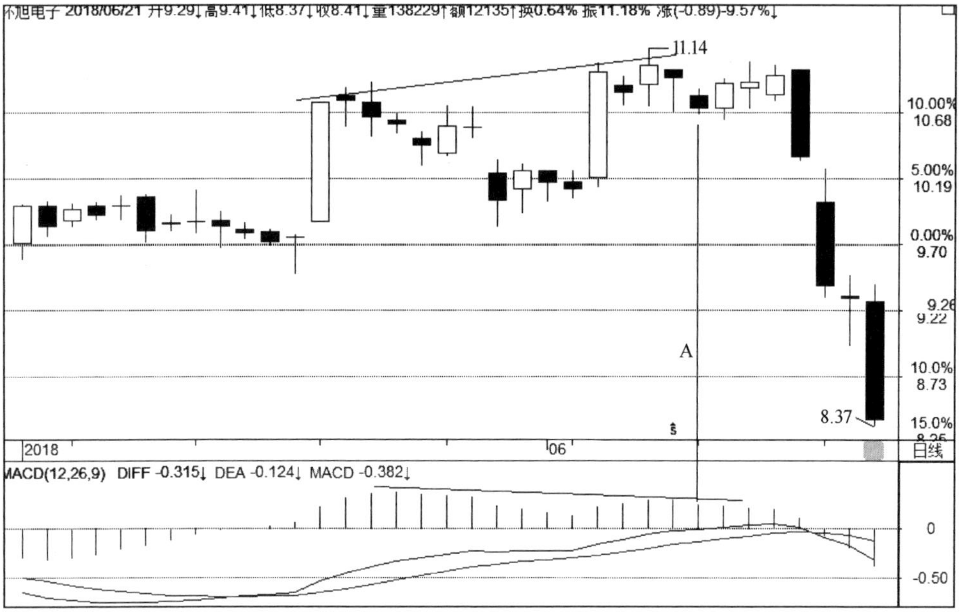

图 3-47

我们再看一个绿驼峰的案例：百利科技，如图 3-48 所示，首先该股已经是进入跌势了，DIF 下穿 0 轴线后并未止跌，随着股价的新低，绿色能量柱呈现缩短的态势，说明做空动能逐渐衰竭了，此时的 DIF 也是新低的，所以，股价新低，DIF 也新低，已经不可能构成 DIF 的背离低点了，但是能量柱背离是清晰可见的，随后的反弹也不错。

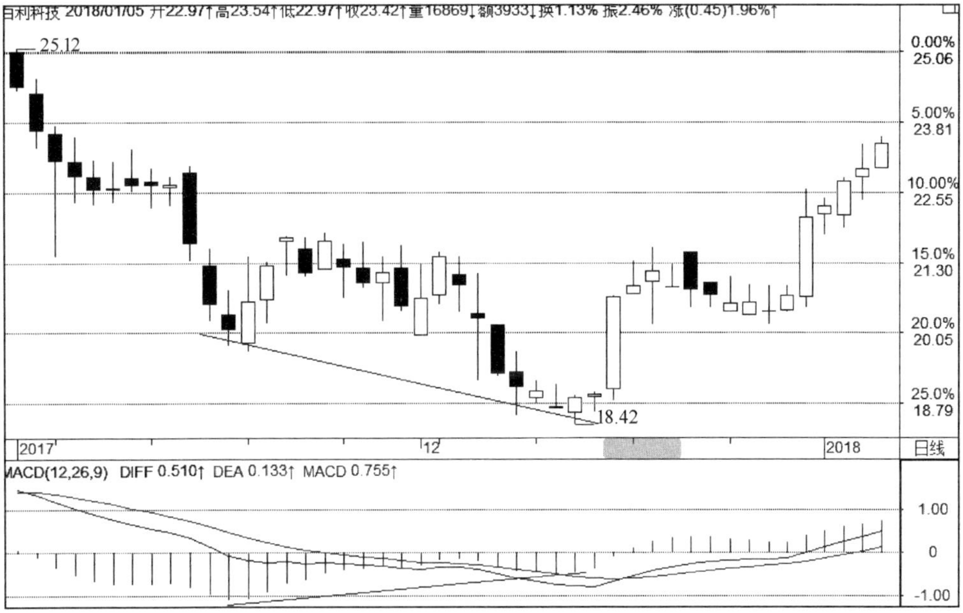

图 3-48

我们再看一个案例：浪潮信息，如图 3-49 所示，该股的跌势更加明显，最后一波跌势随着股价的新低，DIF 也跟着创了新低，说明 DIF 的背离是不可能了，但是我们发现绿色能量柱是缩短的，这就说明做空动能是衰竭的，随后的低点亦成为一波大底。

古井贡酒，如图 3-50 所示，首先该股是涨势，这一点毋庸

浪潮信息 2018/04/18 开24.89↓高27.10↑低24.46↑收26.55↑量969550↑额249714↑换7.55% 振10.57% 涨(1.57)6.29%↑
27.10
15.16
MACD(12,26,9) DIFF 1.255↑ DEA 1.123↑ MACD 0.264↑
日线

图 3-49

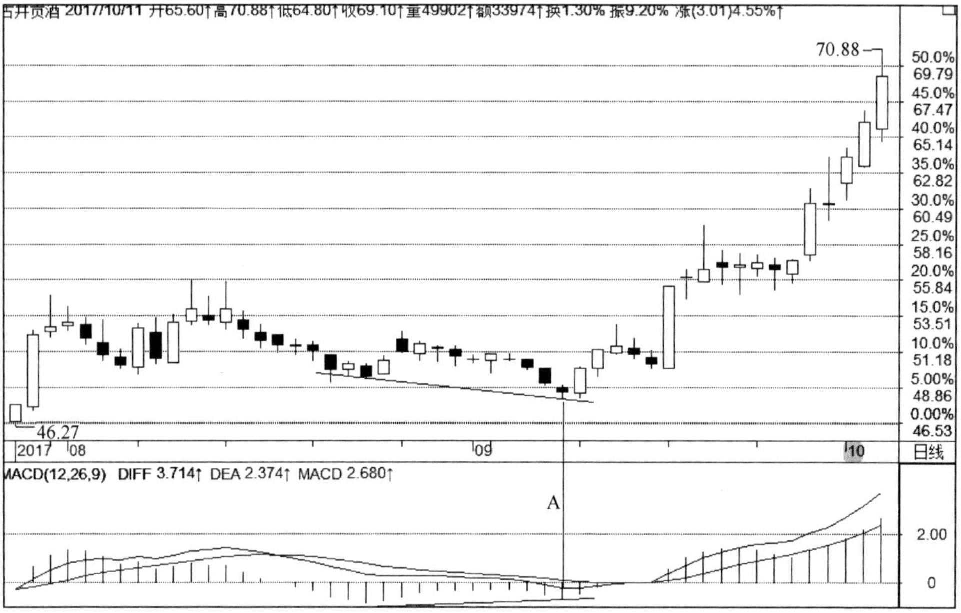
古井贡酒 2017/10/11 开65.60↑高70.88↑低64.80↑收69.10↑量49902↑额33974↑换1.30% 振9.20% 涨(3.01)4.55%↑
70.88
46.27
MACD(12,26,9) DIFF 3.714↑ DEA 2.374↑ MACD 2.680↑
A
日线

图 3-50

置疑的，DIF 大多数时间也都在 0 轴线上方的，涨势中遭遇调整波，而这个调整波我们是不能用 DIF 的底背离来捕捉的，因为 DIF 是在 0 轴线上方的，不存在 DIF 和股价的底背离，但是我们发现随着股价的新低，MACD 的绿色能量柱呈现了缩短的态势，本身就是涨势，涨势里的做空动能又提前衰竭，如此的低点成为涨势低点的概率就大增了，关键是，大家看图中位置 A，正是我们学习过的能量守恒，二者并非巧合，涨势能量守恒是助涨的，涨势里的能量柱背离更加是助涨的，二者的结合，增加了低点的级别。

我们在上面学习了能量柱背离时，要求能量柱中间不能有相反的能量柱，一根都不行，这个逻辑的意思是说，做多或做空动能的连续释放，更加是能量的一种消耗，代表了能量的强弩之末。而如果中间夹杂着相反的能量柱的话，又代表了什么呢？如图 3-51 所示，随着指数的上涨，红色能量柱缩短，但是中间有绿色能量柱(2 根及以上)，这个细节其实说明做空动能反扑成功过，但是做多动能又收复了，把做空动能一网打尽，这个走势是好事，如果红色能量柱能持续放大，这种涨势是可以延续的，就怕红色能量柱缩短，如此对应的就是高点。反之，随着指数的下跌，绿色能量柱呈现缩短态势，但是中间有红色能量柱(2 根及以上)，这个细节其实说明做多动能反扑成功过，但是做空动能又收复了阵地，把做多动能一网打尽，这个走势是坏事，如果绿色能量柱能持续放大，这种跌势是会延续的，但是绿色能量柱一旦是缩短的，如此对应的就是低点。

下面我们来看实际案例：盐湖股份，如图 3-52 所示，随着

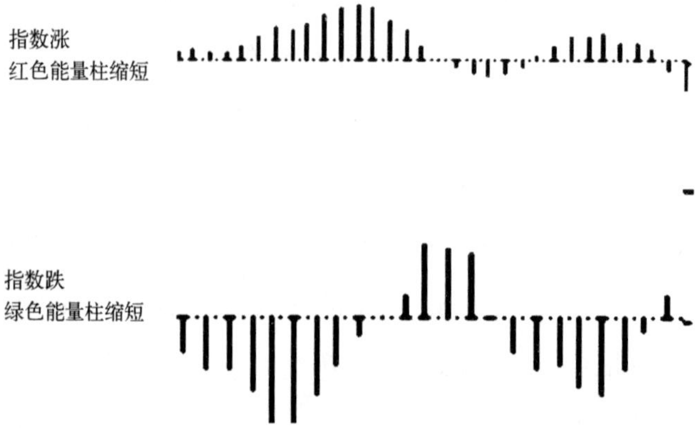

图 3-51

股价的新高，DIF 也创了新高，所以，DIF 是无法构成顶背离的，但是红色能量柱是缩短的，中间有 2 根以上的绿色能量柱，说明做空动能曾经反扑过，只是又被做多动能消灭了，可惜的是做多动能也不足，并未呈现继续的放大，所以，随着红色能量柱的再次缩短，顶背离成立，后面连跌。

酒鬼酒，如图 3-53 所示，随着股价的新低，DIF 也创了新低，所以，DIF 是无法构成底背离的，但是绿色能量柱是缩短的，中间有 2 根以上的红色能量柱，说明做多动能曾经反扑过，只是又被做空动能消灭了，所幸的是做空动能也不足，并未呈现继续的放大，所以，随着绿色能量柱的再次缩短，底背离成立，后面连涨。

以上的案例都是 DIF 非背离的情况下，能量柱的背离，这种背离的级别很小，不及 DIF 与股价的背离级别大，但是二者也是可以同时发生的，同时发生的话，级别更大，相当于技术共振了。

我们来看一个案例：北新建材，如图 3-54 所示，随着股价

盐湖股份 2018/06/19 开11.78↓高11.94↓低10.79↓收10.82↓量316352↑额35701↑换1.15% 振9.59% 涨(-1.17)-9.76%↓
14.65
20.0%
14.30
15.0%
13.71
10.00%
13.11
5.00%
12.52
0.00%
11.92
5.00%
11.32
10.79
10.0%
2018
03
04
05
06
日线
MACD(12,26,9) DIFF -0.279↓ DEA -0.194↓ MACD -0.171↓
0
-0.50

图 3-52

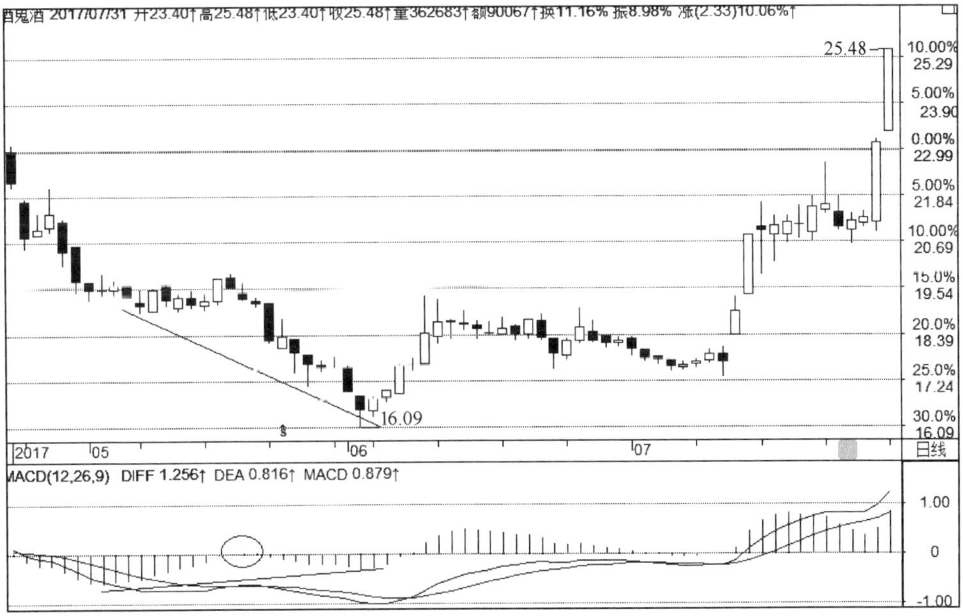
酒鬼酒 2017/07/31 开23.40↑高25.48↑低23.40↑收25.48↑量362683↑额90067↑换11.16% 振8.98% 涨(2.33)10.06%↑
25.48
10.00%
25.29
5.00%
23.90
0.00%
22.99
5.00%
21.84
10.00%
20.69
15.0%
19.54
20.0%
18.39
25.0%
17.24
30.0%
16.09
16.09
2017
05
06
07
日线
MACD(12,26,9) DIFF 1.256↑ DEA 0.816↑ MACD 0.879↑
1.00
0
-1.00

图 3-53

的新高，MACD 的 DIF 并未新高，中间有 2 根以上的绿色能量柱，当 DIF 死叉 DEA 时，顶背离成立，这是标准的 MACD 顶背离，无可挑剔，与此同时，对应的红色能量柱也是缩短的，红色能量柱缩短代表了第二波的反弹，做多动能已经不足，所以二者的背离是结合的，级别更大。

图 3-54

我们再看一个底背离案例：飞荣达，如图 3-55 所示，该股随着股价的新低，MACD 的 DIF 并未新低，而且中间有 2 根以上的红色能量柱，标准的 MACD 之 DIF 背离低点，当 DIF 金叉 DEA 时，底背离成立，与此同时，我们发现绿色能量柱也呈现了缩短态势，说明第二波的下跌，做空动能是不足的，如此二者叠加，增加了底背离的级别，后面气势如虹的大涨也可以诠释技术的共振威力。

图 3-55

第 8 节 背离转势

背离是左侧技术，以背离高点为例，背离高点形成后，股价有跌破趋势的，也有不跌破趋势的，背离成立时就有直接破趋势的，其操作是有很大不同的，我们先看一个模型图，如图 3-56 所示，位置 6 是一个背离低点的位置，随着股价的新低，DIF 没有新低，底背离成立，连接高点 1 和 2 构成下行趋势线，趋势线在背离低点 6 之后，完成突破(位置 5)，完成了背离后的转势动作。不是所有的背离都能转势的，只有能转势的背离，后面的利润空间才是最大的。

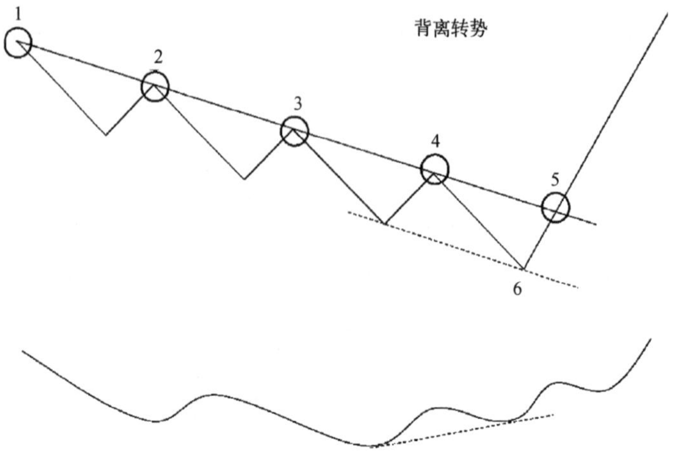

图 3-56

我们来看一个案例：秋林集团，如图 3-57 所示，图中位置 A，随着股价的新高，MACD 的 DIF 并未新高，顶背离是成立的，但是我们连接多个低点构成的上行趋势线，在位置 A 时并未打破，所以，位置 A 的顶背离是左侧卖出信号，要不要减仓呢？要减仓，但是左侧卖点只卖出该股的一半以内，即小于等于 5 成仓位，随后位置 B 有效击穿趋势线时，该股就不玩了，位置 C 反抽趋势不过也是一个风险点。

在该案例中很多投资者可能认为位置 A 直接一次性卖了得了，干啥还卖一部分呢？后来破趋势再清仓，损失了不少利润。我们再看一个案例：南极电商，如图 3-58 所示，图中位置 A 和位置 B 都是顶背离，随着股价的新高，MACD 的 DIF 并未新高，顶背离是成立的，卖不卖？卖，卖多少？小于等于半仓，因为位置 A 之后没有破趋势 L1，位置 B 的顶背离也没有破趋势 L2，如果你在位置 A 和位置 B 直接清仓了该股，后面就会变得很被动了，所以，首先要判断是不是顶背离，然后判断级别，然后再做出减多少的结论。

秋林集团 2017/12/05 开7.60↓高7.64↓低7.20↓收7.28↓量18286↑额1355↑换0.47% 振5.79% 涨(-0.32)-4.21%↓
9.28
C
B
A
6.63
MACD(12,26,9) DIFF -0.233↓ DEA -0.154↓ MACD -0.158↓
日线

图 3-57

南极电商 2017/10/16 开10.73↓高11.41↑低10.70↑收11.33↑量254186↑额28030↑换1.75% 振6.65% 涨(0.60)5.59%↑
11.41
B
A
L2
L1
7.09
MACD(12,26,9) DIFF 0.371↑ DEA 0.304↑ MACD 0.136↑
日线

图 3-58

背离形成时，有时候直接把趋势也逆转了，这种情况虽然不多见，但是也有不少。我们来看一个案例：西山煤电如图 3-59 所示，连接多个低点，构成上行结构线，位置 A 直接把趋势线 L 打破了，而位置 A 正好也是顶背离成立的位置，你看随着股价的新高，MACD 指标的 DIF 并未新高，标准的顶背离。所以，位置 A 是顶背离和趋势破位的叠加，此种情况难点是，如果你在背离之前没有卖过，这里应该是一次卖掉半仓及以上仓位，但是不构成清仓，如果你之前卖出过一部分，这里可以直接清仓该股了。为什么说如果你之前没有卖过，这里先做减仓呢？因为，涨势里的股票，急跌 15%通常是短线超跌，往往伴随着超跌反弹，你可以在超跌反弹后再清仓该股。该股破位后，就出现了一小波的反弹，虽然不大，但是也是不错的修复性反弹，给了你从容的离场机会。

图 3-59

我们再看一个相反案例：葛洲坝，如图 3-60 所示，连接多个高点，构成下行趋势线 L，位置 A 直接突破趋势 L，与此同时，随着股价的新低，MACD 指标的 DIF 并未继续新低，位置 A 构成底背离，巧合的是位置 A 既是突破趋势 L 的位置，又是形成底背离的位置，这种情况的买入，应该加大仓位，因为买点具备了双重属性。

图 3-60

我们再看一个案例：山东华鹏，如图 3-61 所示，首先连接多个高点，构成下行趋势线 L，随着股价的新低，指标 MACD 的 DIF 并未新低，当 DIF 金叉 DEA 时，底背离成立(位置 A)，位置 A 可以买，但是因为位置 A 是底背离，趋势还没有突破，所以，位置 A 的买入尽量不超过一半，小于等于一半为佳，位置 B 突破趋势时继续加仓即可。

图 3-61

趋势，可以有很多种，你可以用画线，也可以用前面讲过的小白龙，甚至其他一切趋势类指标，都可以和背离结合使用，巧妙、科学的控制仓位和买卖节奏。

第四章

MACD 选股

MACD 的能量守恒原理，决定了选股的位置，0 轴以下是跌势，在漫长的深度调整之后，首先选择偏离低点的股票，因为此类股票的 DIF 要回归 0 轴，此时的股价要么横，要么涨，继续跌的概率小；其次偏离后的反弹会形成底部 MACD 的金叉选股，一次金叉后如果再跌，就会触发底背离。偏离、金叉、背离都是左侧交易的最佳选择，然后就是 DIF 突破 0 轴，突破 0 轴是进入涨势的开始，此时相当于趋势突破选股法；进入涨势后，再选股就是涨势选股阶段，比如鱼跃龙门、小青龙、能量守恒空中加油等涨势选股类型。

第 1 节　选股逻辑

选股一直是困扰投资者的难题，其实万变不离其宗，股票的选股要么是极弱的，要么是极强的。极弱的股票，具备超跌反弹需求，是物极必反的原理；极强的股票，是强者恒强的原理。所以，明白了这一点，选股的大方向就清晰了，市场中任何一种选股方法都可以归为这两类，毫无例外。物极必反的超跌股，大多数是在跌势中产生的，偶尔也会在涨势的较大级别调整时产生；而强者恒强是在涨势中产生的，如图 4-1 所示。

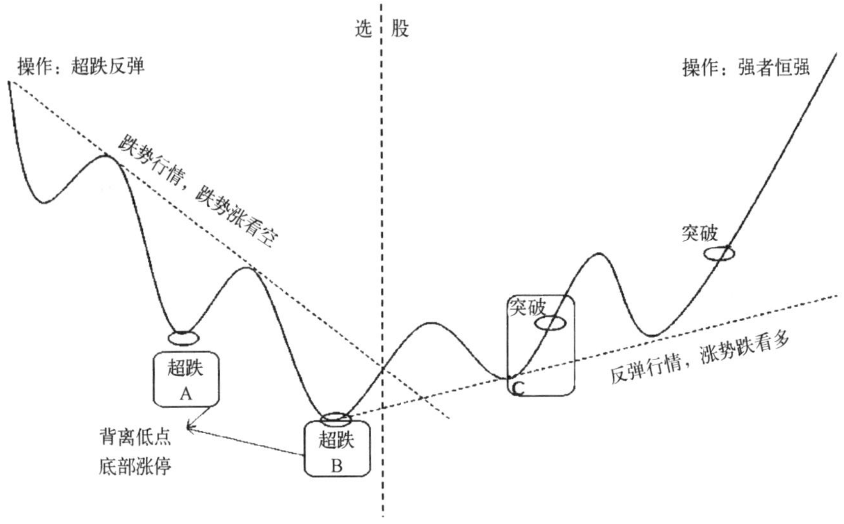

图 4-1

因为 MACD 指标是一个既能解决趋势问题，又能解决震荡问题的指标，其中当 DIF 大多数时间在 0 轴线上方的时候，意味着股价运行涨势，反之，当 DIF 大多数时间在 0 轴线下方运行的时候，意味着股价运行跌势。基于此，我们就可以简单把 MACD 的选股分为跌势里的选股和涨势里的选股，又或者说是 0 轴线下的选股和 0 轴线上的选股。如此选股逻辑也清楚了很多。图 4-1 左半部分就是跌势行情，跌势里不是没有机会，而是机会只存在于超跌股的自然反弹，不能追高，因为跌势策略是跌势涨看空策略，跌势的超跌反弹不过趋势的前提下，很容易再下，而如果追高很容易追买在高点上，所以左侧跌势选股就选超跌的、偏离的、底背离的、底部刚刚涨停的，他们的超跌反弹机会很大。

图 4-1 右半部分是涨势行情，涨势里的选股遵循强者恒强的逻辑，所以，涨势选股如图 4-1 中的位置 C，回踩趋势的位置或突破前高的位置，这个区间就是涨势选股的核心地带，选错这两个地方，涨势的选股也会出问题。

第 2 节　神龙抄底之背驰

我们在源码章节中了解过，MACD 是典型的趋势类指标，但是，MACD 除了趋势作用之外，还能解决震荡拐点问题，这是一般的指标所不能及的，在解决拐点问题上，MACD 有自己的独到之处。如图 4-2 所示，拐点捕捉需要 MACD 的能量柱和 DIF 配合，图中的 MACD 能量柱有一个细节，图中位置 0 的左边，随着 DIF 走低的同时，绿色能量柱持续放大，此周期就是跌势的延续，位置 0 的绿色能量柱达到了峰值，当然，我们在位置 0 当天是无法得知位置 0 就是峰值，因为下一个单位如果继续放大，也是有可能的，所以，我们只需要等待绿色能量柱缩短，图中位置 1 是继位置 0 绿色能量柱峰值之后，开始缩短，绿色能量柱缩短也代表了做空动能的衰竭，与此同时，你观察 DIF 的变化，如果绿色能量柱缩短的同时 DIF 依然下跌，此位置就有可能形成拐点，其实也是一种背离，为了跟 MACD 传统意义上的背离有所区别，这里的背离称其为背驰。

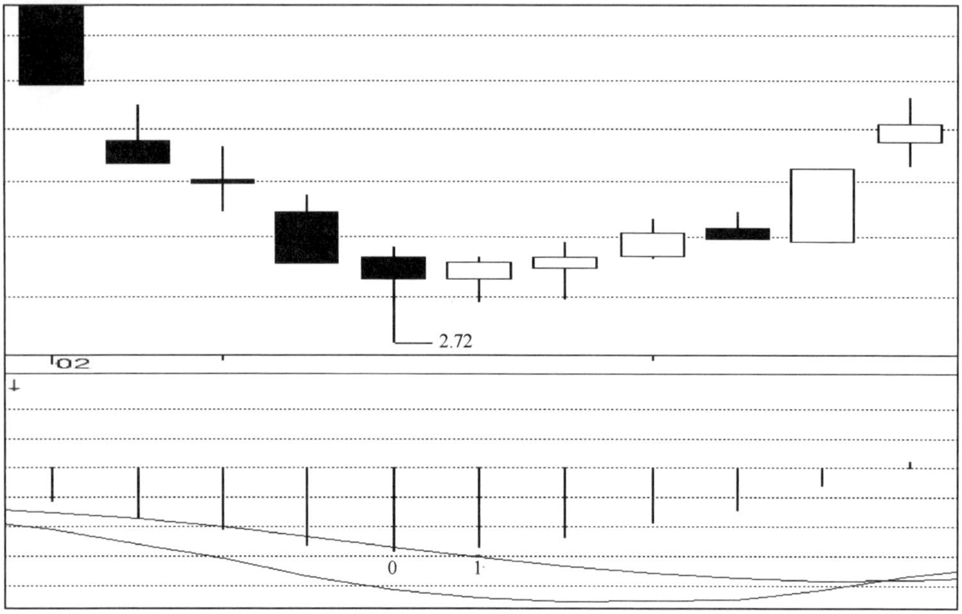

图 4-2

我们来看一个案例：海航创新，如图 4-3 所示，位置 0 抵达 MACD 的能量柱峰值后，次日（位置 1）MACD 能量柱缩短，此时 DIF 继续向下运行，此背离位置正好是该股的最低点，绝佳的拐点。你如果用背离，该股没有背离，所以背驰是不错的左侧选股之一，其成功率比背离还要高，尤其是叠加偏离元素之后，此类背驰的选股机会更大。

细心的读者，马上会发现一个问题，图 4-4 中位置 A 的绿

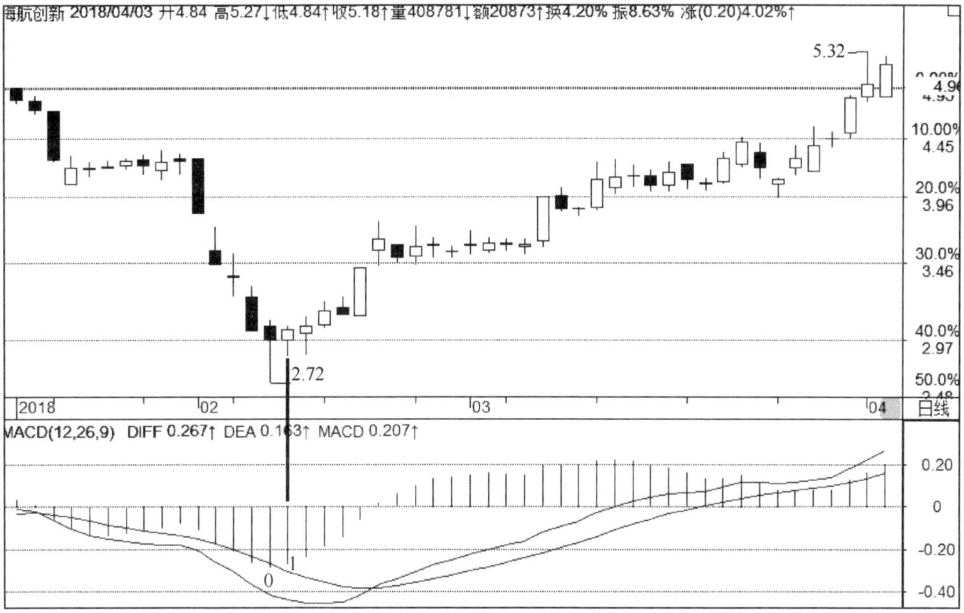
海航创新 2018/04/03 开4.84 高5.27↓低4.84↑收5.18↑量408781↓额20873↑换4.20% 振8.63% 涨(0.20)4.02%↑
5.32
10.00%
4.45
20.0%
3.96
30.0%
3.46
40.0%
2.97
50.0%
2.72
2018
02
03
04
日线
MACD(12,26,9) DIFF 0.267↑ DEA 0.163↑ MACD 0.207↑
0.20
0
-0.20
-0.40
0
1

图 4-3

海航创新 2018/04/04 开5.15↑高5.20↓低4.94↑收5.07↓量232983↓额11816↓换2.39% 振5.02% 涨(-0.11)-2.12%↓
5.32
10.0%
0.00%
4.66
10.0%
4.19
20.0%
3.73
30.0%
3.26
40.0%
2.80
2.72
2017
02
03
04
日线
MACD(12,26,9) DIFF 0.290↑ DEA 0.188↑ MACD 0.203↓
0.20
0
-0.20
-0.40
A
B

图 4-4

色能量柱是缩小的，同时 DIF 继续下跌，但是位置 A 并未构成低点，但是，位置 B 的绿色能量柱缩小，DIF 继续跌，就是低点。二者有什么区别呢？如果只考虑能量柱缩小和 DIF 放大，二者没什么区别，但是一个形成了低点，一个不是低点，二者的唯一区别就是 DIF 的偏离度不同，位置 A 的 DIF 距离 0 轴线较近，位置 B 的 DIF 距离 0 轴线比较远，所以位置 B 形成了拐点，从这一细节可以得到，能量柱缩短代表了做空动能衰竭，DIF 继续跌，代表了二者背驰，关键是 DIF 必须偏离 0 轴线才可以形成大级别拐点，DIF 偏离 0 轴线越远，这一点又要回到前面的能量守恒技术了，MACD 的能量守恒中，我们知道 DIF 严重偏离 0 轴线后，具备向 0 轴线回归的需求，从而实现能量守恒，如果偏离度不够，即便是出现 DIF 向下，绿色能量柱缩短，也不会构成拐点，道理很简单，因为回归 0 轴线的需求都不存在，DIF 怎么会形成拐点呢，想想，是不是？

我们再看一个案例：东软集团，如图 4-5 所示。图中我取了连续的三天数据，我们分别看，因为是 0 轴线下方，所以 DIF 和能量柱都是负数，图中第一天的 DIF 是-0.704 小于第二天的 DIF (-0.771)，第二天的 DIF 又小于第三天，即 DIF 三天是连续走低的过程，与此同时，我们再看 MACD 的数字(能量柱)，第一天是-0.431，大于第二天的 MACD(-0.453)，第二天的 MACD 又大于第三天的，很明显，随着 DIF 新低的同时，绿色能量柱是在缩短中，这就是典型的背驰。

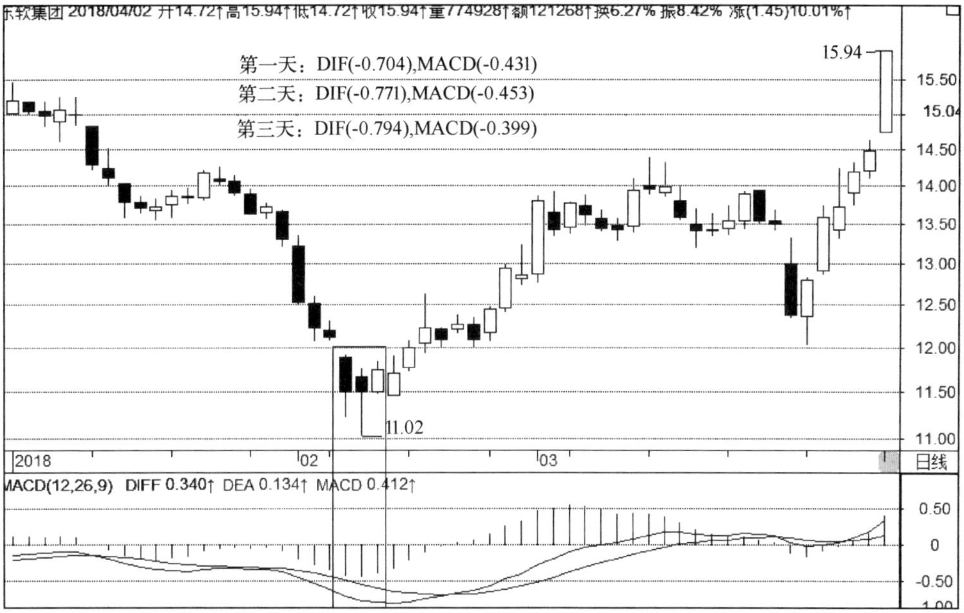

图 4-5

第3节 神龙抄底之金叉

MACD 指标备受交易者青睐，而大多数人理解的 MACD 就是死叉、金叉，其实死叉和金叉并不错，而核心是金叉死叉的位置。如图 4-6 所示，奥飞娱乐，0 轴线下方一共有 2 个金叉（DIF 上穿 DEA），但是位置 A 的金叉之后，马上形成高点，之后大跌，并没有金叉后的反弹。位置 B 同样是 DIF 金叉 DEA，但是位置 B 之后股价出现了波段的连续拉升，这个道理何在呢？如果只考虑金叉，二者没有区别，但是位置上，位置 B 的 DIF 严重偏离 0 轴线，距离 0 轴线的距离比位置 A 要远很多，这就是金叉的同时附带偏离，所以，位置 B 的反弹意愿比位置 A 大很多倍。

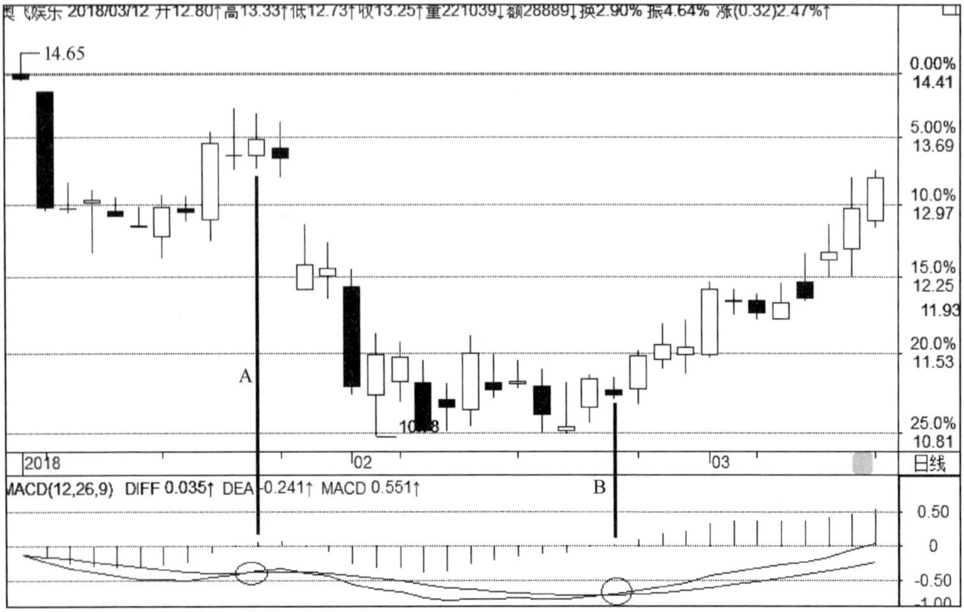

图 4-6

如图 4-7 所示，星网锐捷。该股在跌势里一共有 4 个金叉，A、B、C、D，其中前 3 个金叉都没有很好的反弹，为什么？我们纵观 4 个金叉的位置，很明显发现位置 D 的金叉偏离 0 轴线是最远的，至少是比前 3 个的偏离都要远，因为 MACD 的 DIF 偏离 0 轴线越远，其向上回归 0 轴线的需求越强烈，所以，位置 D 的金叉回归 0 轴线的需求最强烈，股价对应的反弹意愿也是最强烈，事实也是如此，ABC 都没有反弹，只有位置 D 股价出现大涨。这 4 个地方，其中 C 容易混淆，因为 C 当时的位置也比 AB 偏离得多很多，其实 C 的位置还是不错的，只可惜 C 之前的那波急跌，惯性太大，所以止跌后并未马上反弹，而是惯性到 D，从 D 金叉开启反弹。

图 4-7

第 4 节　神龙抄底之背离

MACD 的背离那么重要，背离的选股自然也非常重要了，案例：同有科技，如图 4-8 所示。随着股价的新低，下方指标 MACD 的 DIF 并未新低，随着 DIF 金叉 DEA，底背离成立，这是典型的底背离。同样道理，我们要选出带偏离度的底背离，即偏离元素也要加进去，因为决定股价涨跌的核心元素是能量守恒，背离也好、金叉也罢，都有可能直接筑底反弹，背离只是其中一条。

图 4-8

如图 4-9 所示，是上证指数 90 分钟的走势图，图中不难发现，自从 2015 年股灾大跌以来，所有的底部，MACD 技术基本上可以一网打尽。因为跨度比较大，我把背驰、金叉、背离做成了一个指标，直接在图中标注出来，便于大家理解。位置 A 是金叉和背离相继成立的底部，也是 2015 年第一次股灾的底部。位置 B 是底背离自己发出信号，正是股灾的最后低点；再有就是 C、D、E、F 位置清一色都是底背离信号，基本上用 MACD 可以完美捕捉了股灾以来的所有底部。

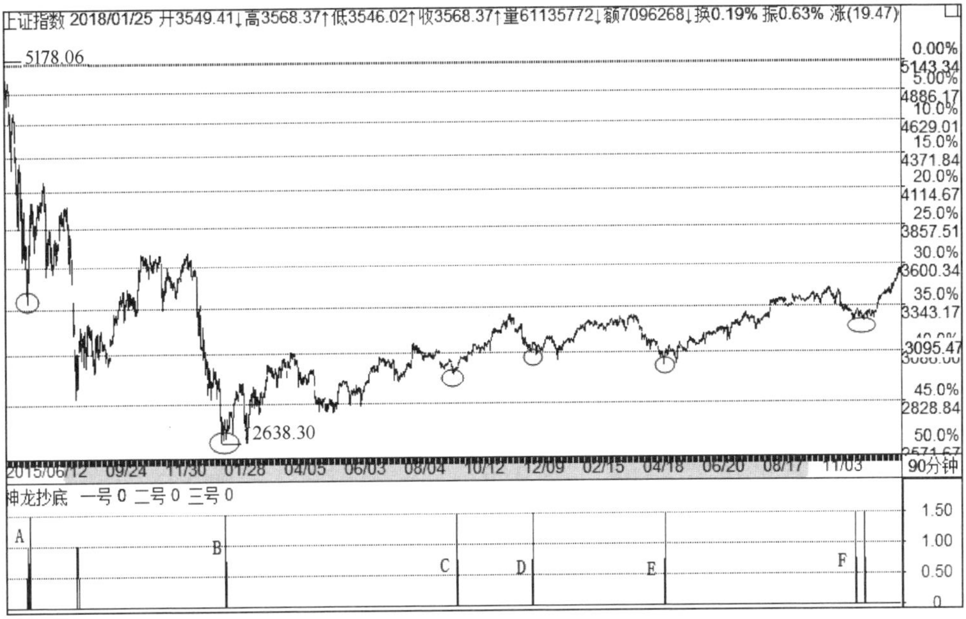

图 4-9

第5节　突破0轴

前三节的选股都是在MACD的0轴线下方选股，属于弱势选股，也是超跌反弹的选股，主要搏击跌势里的超跌反弹利润。本节我们学习过渡阶段的选股，即DIF向上突破0轴线的选股方法。此方法略显复杂，因为DIF突破0轴线分为好几种方式，而且不突破或假突破，都意味着高点，我们一个一个通过案例来进行讲解！

第一种，DIF从漫长深度调整后的底部，首次向上突破0轴线的选股。此类突破形态的核心是，漫长深度调整为前提，而DIF突破0轴线也视为趋势的突破，说白了，就是对趋势进行量化的一个选股技术，所以，要求比较高。趋势，我们都知道不可违背，也明白顺势而为可以事半功倍，但是，站在趋势的末端，回眸趋势，那只能是事后诸葛了。所以，趋势开始的量化显得尤为重要，因为 MACD 具备趋势的功能，当 DIF 大多数时间在 0 轴线上方的时候，就意味着涨势，那么 DIF 上穿 0 轴线的时候，也就存在一定的概率，成为趋势的开始。所以，与其说用这种方法来选股，不如说是选出趋势刚刚开始的股票。

我们前面讲过 MACD 的 0 轴线近似于 MA55。如图 4-10 所示，启迪设计，我们调用 MA55 后发现，DIF 下穿 0 轴线正是股价下穿 MA55 的位置，DIF 上穿 0 轴线，正是股价上穿 MA55 的位置，DIF 回归 0 轴线正是股价回踩 MA55 的位置。从这个角度，我们就不难理解了，其实 DIF 上穿 0 轴线的选股，近似等于股价突破 MA55，而 MA55 线又近似等于 MA60 生命线，所以，技术就豁然开朗了，DIF 上穿 0 轴线的选股，是短线趋势的突破选股法！

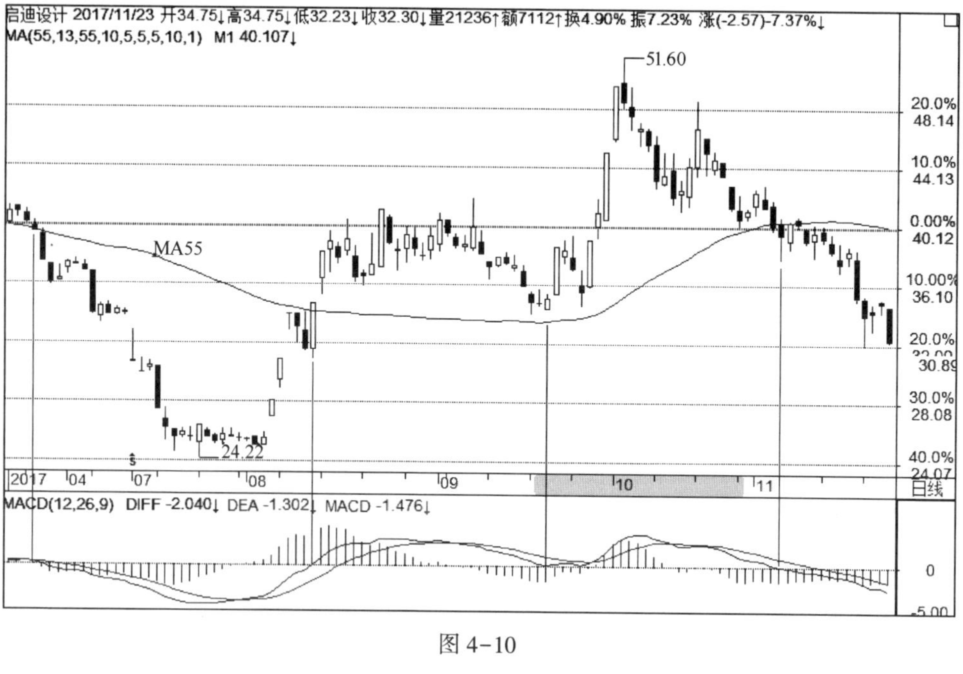

图 4-10

如图 4-11 所示，凯盛科技，图中位置 A 左边，股价经历了漫长深度调整，DIF 也一直在 0 轴线下方运行。股价呢？更是依附于 MA55 线顺势走低，一直到位置 A 改变了一切，位置 A 我们看到 DIF 从下向上突破了 0 轴线，股价突破了 MA55，我们虽然不确定是否能一击即中，毕竟这里如果不能突破或假突破，同样会跟之前的高点一样，成为跌势的高点，而未必会成为趋势的起点，所以，我们选出来 DIF 上穿 0 轴线的股票不难，难的是判断突破 0 轴线的趋势开启有效性。

图 4-11

其实，趋势开启的有效性判断，也就是 DIF 突破 0 轴线的有效性，我们要思考两个维度。首先，是底部越强越好，因为只有大底才有可能会把趋势给突破，如果底部不够坚固，小低点，即便是反弹了，也未必能突破趋势，最多是反抽趋势就会再次向下，所以，要想选出 DIF 突破 0 轴线有效性强的，就要先分析趋势突破前的底部级别。其次，维度是趋势的有效性，因为我们定义 DIF 突破 0 轴线就是 MA55 的突破，就是趋势的突破，那么突破的位置是否伴随着其他趋势的突破呢？比如是否同时也突破了画线趋势，通道趋势等等。如果底部级别很大，突破的时候也伴随着其他趋势技术的突破，那么这个 DIF 上穿 0 轴线成为趋势起点的概率就会倍增。

如图 4-12 所示，凯盛科技，我们来分析该股 DIF 突破 0 轴线时的有效性，首先看该股突破前的底部够不够坚固，其实底背离是存在的。随着股价的新低，DIF 没有新低，金叉位置是底背离，这个底背离隔山了，如果只考虑底背离信号的话，级别是不大的，而且底背离的反弹指标任务中，我们讲过 DIF 回归 0 轴线存在结束反弹的可能，所以底背离只代表了底部坚固，但是还远远不够突破趋势。我们再看涨停位置，是以底部涨停的方式实现的底部背离，底部第一个涨停板的出现其意义是很大的，因为涨停非散户所为，又是漫长深度调整之后的底部第一个涨停板，附带向上的缺口，这些信号都意味着底部级别是较大的，后面突破趋势的概率也是较大的，那么突破趋势的意义自然很大。涨停板之九龙戏珠选股技术是我的第一本书《双龙战法》里的选股技术，很经典。我们再看图 4-12 中另外一个维度，连接多个高点，我画了一条趋势线，该趋势线过的高点很多，有效性也很强，当股价突破 MA55 时(DIF 上穿 0 轴线时)，股价也正好突破了画线，这不是巧合，这是趋势的共振，突破也意味着趋势突破的有效性在增强。不仅如此，该股是跌势到涨势的循环，我们先看跌势的部分，位置 D，DIF 从下向上反抽 0 轴线位置恰好也是股价反抽 MA55 的位置，筑顶，典型的跌势涨看空高点，位置 E 重复了位置 D 的故事，位置 D 和位置 E 的高点作用更加说明 MA55 和我画的趋势线是有效果的。此效果分两层含义理解：①跌的时候，趋势助跌，这是效果；②突破跌势的时候，突破也会比较有效。所以位置 A 突破 MA55，同时突破我画的趋势线，DIF 上穿 0 轴线，底背离、底部涨停，继而突破趋势。我们再看涨势的部分，位置 B 和 C 再一次诠释了 MA55 作为趋势的作用，因为股价刚刚回踩 MA55 马上止跌反弹，两个位置也正好是 DIF 回踩 0 轴线的位置。

图 4-12

趋势突破的股票，固然重要，但是底部级别的判断和趋势突破的有效性，是有难度的，一旦失败，意味着这里就是跌势的某一个高点，所以，要及时止损。下面我们再来学习 DIF 突破 0 轴线的另外一种形态，也是安全性较高的一种形态。

我们来看案例：卧龙电气，如图 4-13 所示，图中位置 A 信号就是刚刚讲过的技术，DIF 从 0 轴线下向上突破 0 轴线的案例，这里我们重点看位置 B 和位置 C 信号的意义。位置 B 和位置 C 也是 DIF 突破 0 轴线的位置，只是有一个大前提：位置 B 和 C 本身已经在涨势里了，因为位置 A 突破 0 轴线不跌，有效突破 0 轴线就视为涨势的起点了，所以位置 B 和 C 就是涨势里的回踩点，这里引入一个理念“涨势跌看多”，即涨势确定的环境里，跌到重要支撑，应该看涨做多，那么位置 A 确定涨势，位置 B 和位置 C 就是涨势的回踩，并且获得支撑，什么支撑呢？如果你只看 MACD 似乎看不太明白，但是你看近似的 MACD 的 0 轴线均线：MA55，你就会恍然大悟，位置 B 和位置 C 的地方，恰逢股价回踩均线 MA55，即便是你考虑 DIF 上穿 0 轴线，股价回踩 MA55 止跌也是具备重大意义的，这一点我们在第二章格兰维尔八大法则中是学习过的，不熟悉的话，请回看！所以，相比位置 A，位置 B 和位置 C 的判断更简单，级别也相对较大。

图 4-13

第 6 节　鱼跃龙门

神龙抄底是跌势的选股技术，鱼跃龙门是涨势的选股技术，我们先看图 4-14 的右半部分（涨势），涨势的选股人原则是强者恒强，而股票的具体选择，请参考模型图中位置 C 的小矩形，这个小矩形就是涨势的选股核心地带，也是买点的密集地带，涨势里的机会基本都在这个小矩形里，这个小矩形分为两个核心点：①位置 C 就是趋势的回踩点，根据涨势跌看多的原理，涨势里的下跌，跌到趋势止跌看涨做多，所以位置 C 就是非常不错的看涨做多的点，此位置也可以理解为能量守恒的点；②小矩形突破前高的附近，这是开启反弹浪型的关键，不突破都意味着反弹浪型的夭折。所以，位置 C 到突破就成了选股和买点的黄金地带，选股、买入、机会就从这里找，而且你别管是几浪，爱几浪几浪，反正要想涨就得从这里出发。

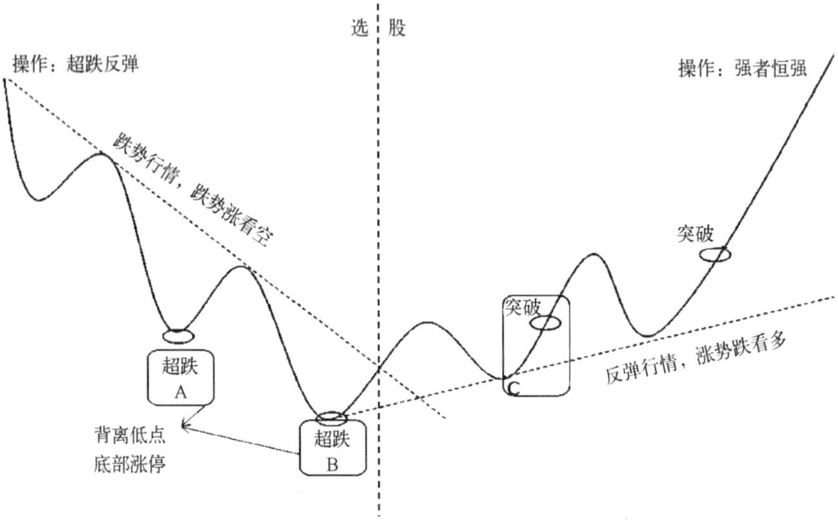

图 4-14

我们来看一个案例：二三四五，如图 4-15 所示，图中位置 A，这是典型的能量守恒低点，MACD 的 DIF 回踩、下穿 0 轴位置股价见低点，位置 A 到位置 C 类似图 4-14 中的矩形，该股要想选出来、买进去，也就只能在 AC 之间找机会，其他地方都不安全。位置 A 是能量守恒的低点，是个机会，其次位置 B 是 MACD 在 0 轴线上方，并且在 0 轴线附近的金叉，而且还是 DIF 从 0 轴下到 0 轴上的第一个金叉，此金叉就是鱼跃龙门，有点小可惜的是位置 B 鱼跃龙门的地方并未新高，新高是次日的位置 C，不过也没关系，ABC 三个位置组成了该股的机会区间。从该案例中我们可以总结一下鱼跃龙门的要点：

(1)MACD 在 0 轴线上方的金叉，视为鱼跃龙门；

(2)此金叉最好是 0 轴线上方的第一个金叉，跟三浪标配；

(3)此金叉最好是无限靠近 0 轴线的，有利于反弹的延续；

(4)此金叉如果是突破前高的，最好是放量突破。

图 4-15

我们再看一个案例：牧原股份，如图 4-16 所示，位置 A 是 DIF 从 0 轴线下向上突破 0 轴线的位置，这是转势的开始，说明从位置 A 进入涨势。位置 B 是 0 轴线上方的第一个死叉，股价对应采取横而不跌的方式来实现位置 B 的能量守恒需求，位置 C 完成能量守恒的时候，我们发现 B 和 C 的区间，DIF 完成了能量守恒，而同期的股价是横而不跌的，这是最好的走势，说明股价以横盘的方式来实现指标的守恒，为的就是后面的继续拉升。位置 D 是该股的关键了，因为位置 D 有 3 个元素：

(1)放量；

(2)金叉；

(3)突破。

鱼跃龙门信号是 MACD 的 DIF 在 0 轴线上方金叉 DEA，如果伴随着放量、突破前高、金叉，此位置是直接开启了浪型的，比如该股位置 A 那波是 1 浪反弹，位置 B 之后是 2 浪调整，位置 C 和 D 就是开启了大 3 浪反弹的，所以鱼跃龙门伴随着放量、突破、金叉，同时也开启了大 3 浪，机会自然是在这里。

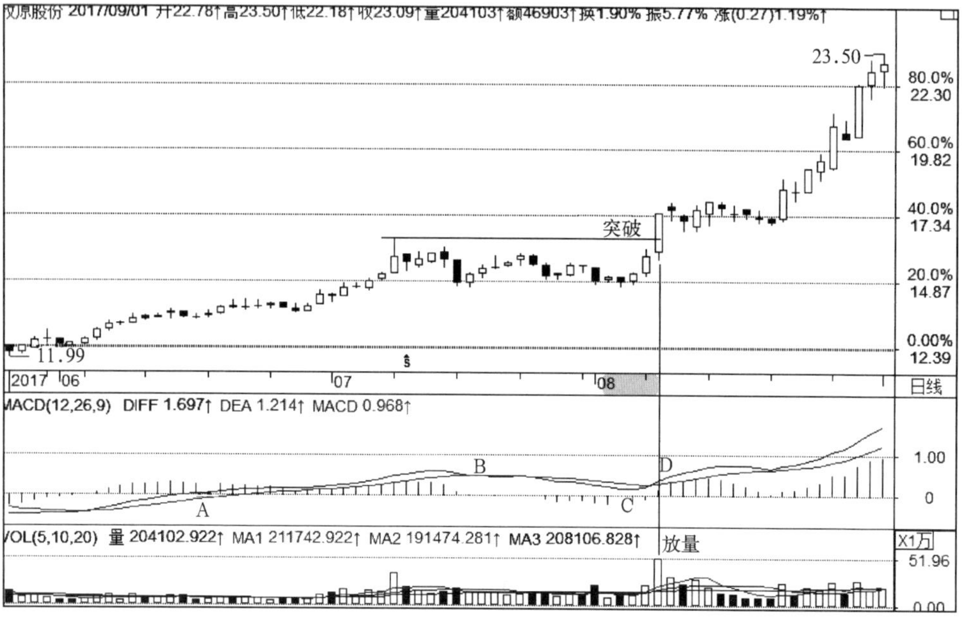

图 4-16

基于此，我们再看一个模型图，如图 4-17 所示。我们把 MACD 的鱼跃龙门和波浪理论对比起来看，大家又会有惊奇的发现，MACD 的 A 到 B 相当于波浪的 1 浪反弹，而此过程就是 DIF 从 0 轴线下向上突破 0 轴线的第一波反弹，像极了 1 浪反弹的定义：只有小部分交易者参与，反弹力度通常较弱。MACD 的 B 死叉到 DIF 回归 0 轴线就类似波浪的 2 浪调整，因为波浪理论要求 2 浪的低点不可以低于 1 浪的起点，而 MACD 的 DIF 从位置 B 向下到 0 轴线正好是能量守恒的低点，很容易激活 2 浪低点的止跌；MACD 位置 C 的金叉跟波浪的大 3 浪又完美的契合了，而且不仅如此，波浪里有 3 浪、5 浪、延伸浪，鱼跃龙门呢？鱼跃龙门其实不管你几浪，爱几浪几浪，反正是 0 轴线到金叉就是鱼跃龙门的机会区间。

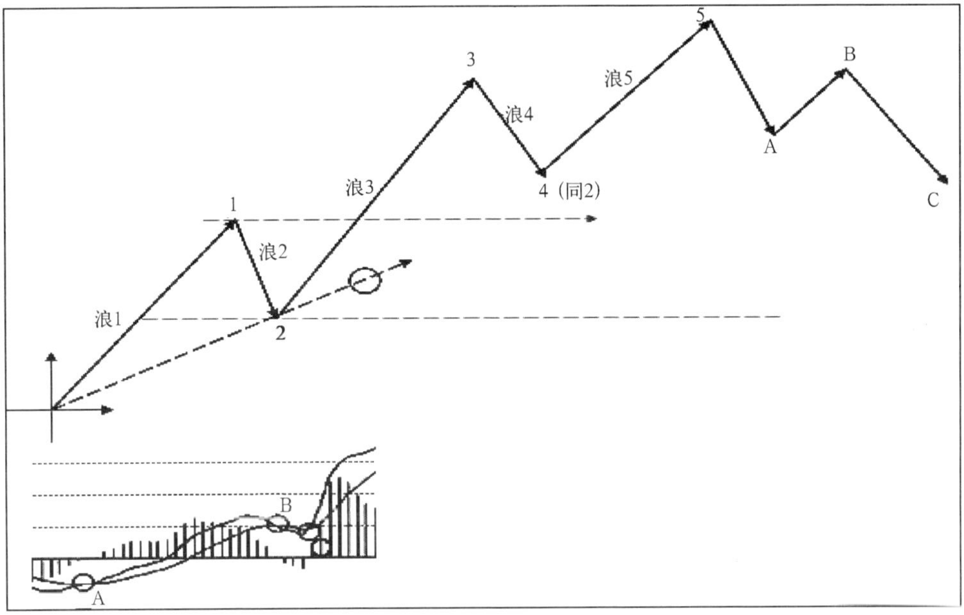

图 4-17

我们再看一个案例：金圆股份，如图 4-18 所示，该股在位置 D 出现过一个鱼跃龙门（金叉），位置 E 出现过一个鱼跃龙门（金叉），但是二者的差距好大，为啥呢？带着问题我们一起来看案例：位置 B 的矩形是选股和买入的机会区间，这在模型图里给大家讲解过，为啥不是位置 A 呢？位置 A 不是股价的最低点吗？虽然位置 A 是股价的最低点，但是位置 A 的 DIF 并没有回归 0 轴线，还有一定距离，位置 C 时 DIF 才是无限靠近甚至下穿 0 轴线的地方，也是能量守恒的起点，所以位置 C 到位置 D 才是机会区间，位置 D 是 MACD 的 DIF 金叉 DEA 的地方，鱼跃龙门实现完美的起涨。那么问题来了，为啥位置 E 的金叉不涨，反而成了高点呢？在图中其实可以一眼看出来，位置 F 对比位置 C，你就明白了，位置 C 实现了完美的能量守恒，而位置 F 呢，根本还在高位，能量守恒的调整需求依然很强大，所以该案例只有区间 B 才是机会，F 和 E 相反是风险的累加。这一点我会在后面失败案例再精讲。

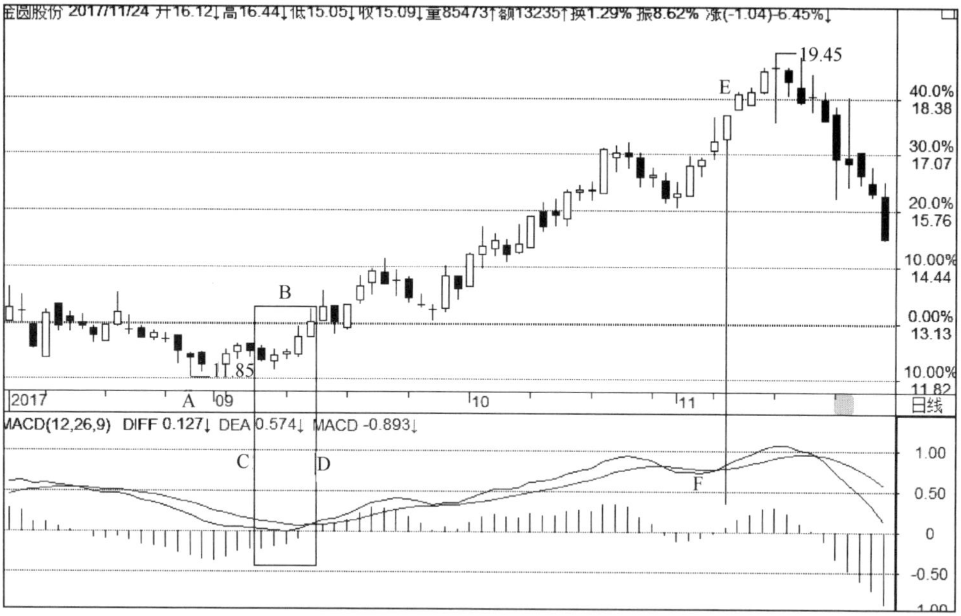

图 4-18

另外，鱼跃龙门，不用担心失败，图 4-18 中的第二个金叉（位置 F），如果你不小心买入了，怎么办呢？其实也没关系，我们先看一个模型图 4-19，我们模拟一个 3 浪反弹，位置 A 到位置 B 等同于 1 浪反弹，位置 B 到位置 C 相当于 2 浪调整，位置 C 的金叉开启 3 浪反弹。可是我们知道 MACD 金叉的时候未必股价新高，即不排除在新高之前，位置 C 的金叉会失败，失败是可以被理解的，波浪理论里也存在失败 3 浪的情况，所以 MACD 位置 C 金叉后，不排除后面是一个失败的 3 浪，那如果已经买了，怎么办？在图 4-19 中大家注意看 MACD 的鱼跃龙门有一个天然优势，那就是位置 A 对应的低点是固定的，位置 C 金叉之前也有一个低点，因为位置 C 的金叉需要股价反弹后才会成立，所以位置 C 前一定有一个低点，所以，链接位置 A 的低点和位置 C 附近的低点，一定会有一个上行结构线，这条线就是天然的持股条件，线上坚定看涨做多，破位走人不玩了。而且，除了画线的护航之外，还有一个护航点，那就是位置 C 是金叉，如果后面走失败的 3 浪，必然会跟随一个死叉，所以，死叉卖出同样不会有大的损失，基本上就是成本损失。

我们再看一个案例：贵阳银行，如图 4-20 所示，该股位置 A 是一个金叉（鱼跃龙门），可惜基本是最高点了，我们不分析为什么是最高点，我们直接看措施，链接位置 A 旁边的低点 4 向前链接 3，然后我们看到 1 和 2 的低点正好也在线上，这就说明线的有效性很好，所以，位置 B 破位止损，基本就是损失手续费，而且该股的案例位置 B 破画线的地方，也正好是 MACD 死叉的位置，纠错点是很清晰的。

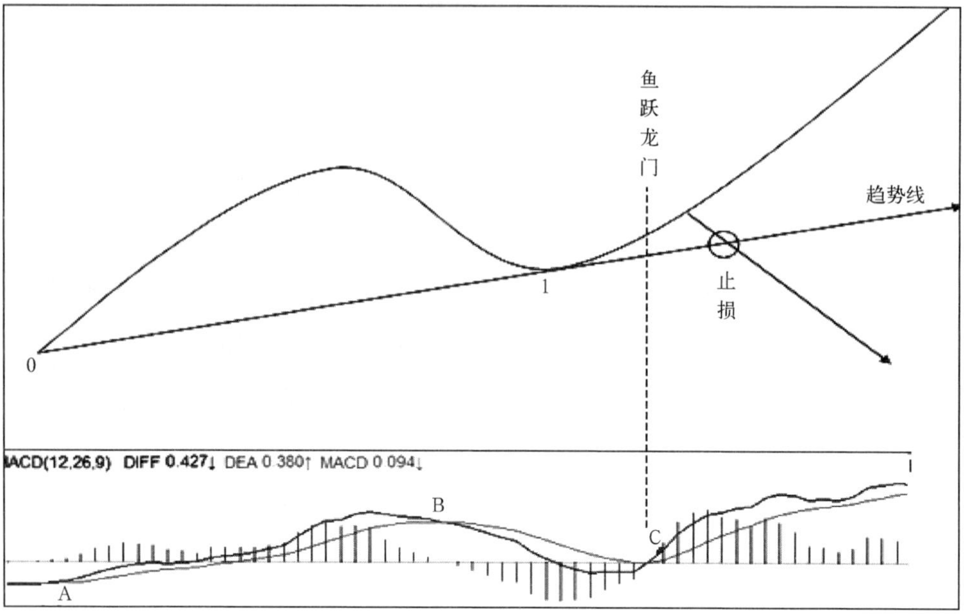
鱼跃龙门
趋势线
止损
0
1
MACD(12,26,9) DIFF 0.427↓ DEA 0.380↑ MACD 0.094↓
A
B
C

图 4-19

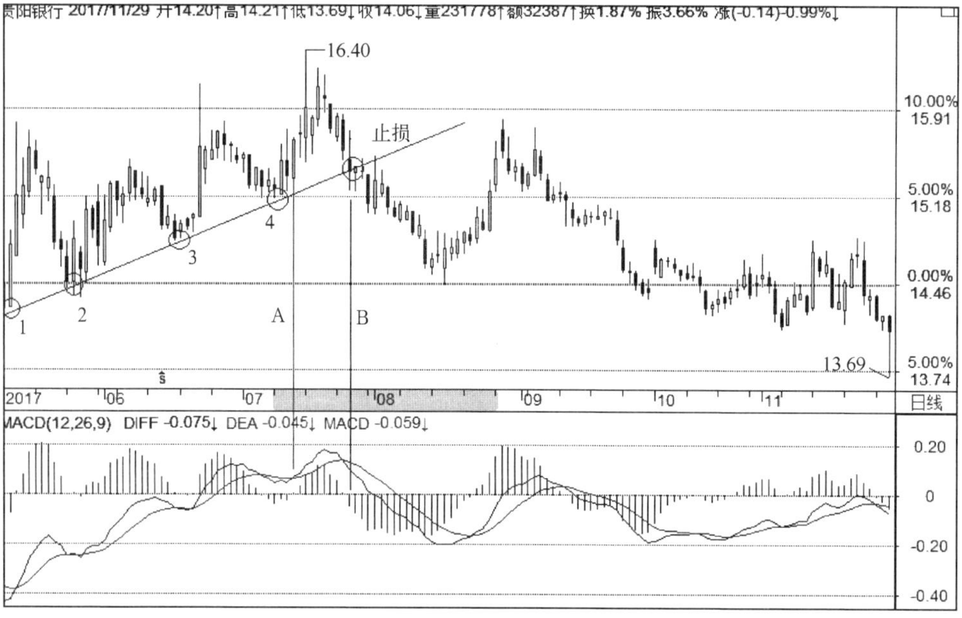
贵阳银行 2017/11/29 开14.20↑高14.21↑低13.69↓收14.06↓量231778↑额32387↑换1.87% 振3.66% 涨(-0.14)-0.99%↓
16.40
止损
1
2
3
4
A
B
13.69
10.00%
15.91
5.00%
15.18
0.00%
14.46
5.00%
13.74
2017
06
07
08
09
10
11
日线
MACD(12,26,9) DIFF -0.075↓ DEA -0.045↓ MACD -0.059↓
0.20
0
-0.20
-0.40

图 4-20

第7节 小青龙

小青龙也是为了便于记忆，我们直接来看图4-21大东海A。图中DIF在0轴线的上方，确保该股正在运行涨势，因为0轴线是涨跌分水岭，涨势里的小青龙才有意义，小青龙指的是MACD的绿色能量柱，涨势里小于等于4根绿色能量柱视为小青龙。首先是涨势里，其次是小于等于4根绿色能量柱(越少越好)。因为绿色能量柱代表了做空动能，小于等于4根绿色能量柱，很明显告诉我们做空动能是不足的，关键又是在涨势里，那就相当于寥寥无几的做空动能直接落入做多动能的包围圈，试想做空动能很容易就被灭掉了，所以，涨势作为大环境，小于等于4根绿色能量柱作为小青龙的核心。位置B是买点，即小青龙结束的时候，绿色能量柱变成红色能量柱的单位就是买点，这里既说明做空动能已经消耗殆尽，同时也宣告做多动能已经开始反扑，买点成立。位置C红色能量柱缩短是第一卖点，刚才说该类股的大环境是涨势，尤其是主升的股票，一旦出现红色能量柱缩短，那么该股就要警惕风险了，即便是不马上清仓，也应该是减仓了。位置D是最后的风控点，红色能量柱再度变绿，说明做多动能不足的同时，做空动能开始反扑了，不管当时赚钱与否，都要走人，不玩了，谁爱玩谁玩。

我们再看一个案例：大烨智能，如图4-22所示，该股的DIF是运行在0轴线上方的，是涨势周期，然后位置A只有2根绿色能量柱，符合小青龙的要求，涨势2根绿色能量柱，位置B

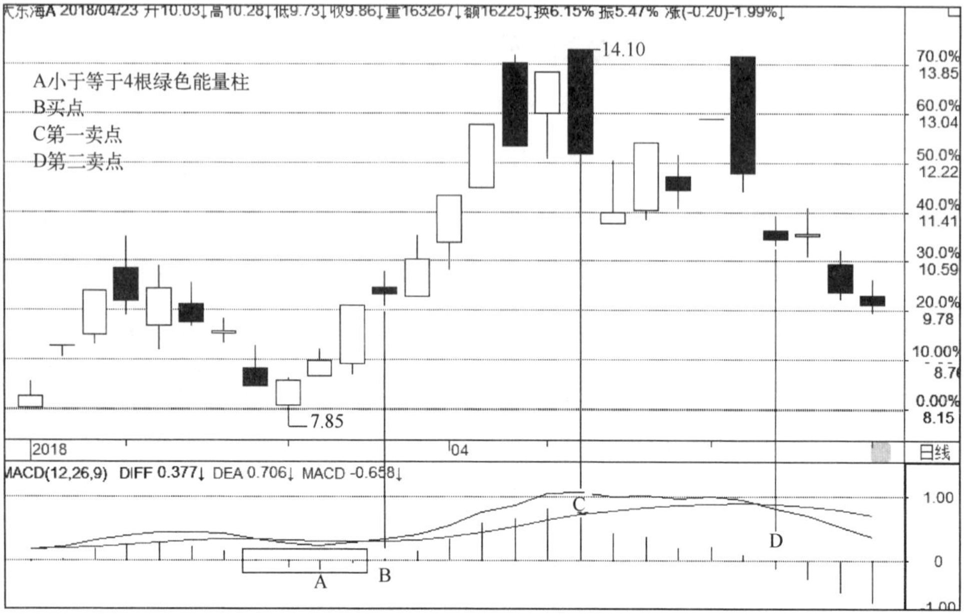

图 4-21

随着红色能量柱的出现，买点成立，位置 C 红色能量柱缩短，第一卖点成立，位置 D 绿色能量柱出现，第二卖点成立，我们发现，即便是按照第二卖点走人，也不会有很大的问题，所以该技术的优秀之处在于，要么赚钱，要么平局，基本不会大亏，而交易真正赚钱的秘诀就是赚大亏小。

我们再看一个案例：海利生物，如图 4-23 所示，该案例有两个小青龙，如图位置 A 是小青龙，位置 B 是买点，位置 B 附带鱼跃龙门金叉信号，位置 C 也是小青龙，位置 D 是买点，随后的位置 E 和 F 卖点还是不错的，那么问题来了，为啥都是小青龙，一个带鱼跃龙门一个不带鱼跃龙门呢？问题就要回到本章第 6 节，鱼跃龙门要求是在 0 轴线附近，如果远离了 0 轴线，鱼跃龙门就不会发信号了，所以，小青龙填补了鱼跃龙门的不足，关键

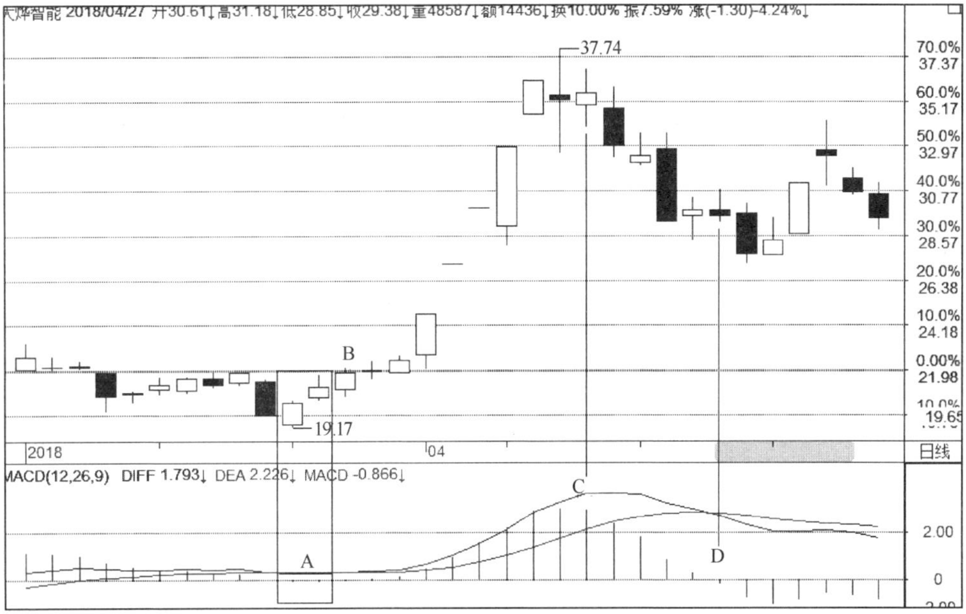
天牌智能 2018/04/27 开30.61↓高31.18↓低28.85↓收29.38↓量48587↓额14436↓换10.00% 振7.59% 涨(-1.30)-4.24%↓
37.74
19.17
A
B
C
D
2018
04
日线
MACD(12,26,9) DIFF 1.793↓ DEA 2.226↓ MACD -0.866↓

图 4-22

海利生物 2018/06/19 开13.70↑高14.24↑低12.74↓收13.28↓量73441↑额9971↑换1.14% 振10.77% 涨(-0.64)-4.60%↓
16.32
9.72
2018
05
06
日线
MACD(12,26,9) DIFF 0.122↓ DEA 0.391↓ MACD -0.538↓
A
B
C
D
E
F

图 4-23

是不用担心小青龙失败，因为小青龙最坏的结果，无非就是不亏。

我们来看案例：强力新材，如图 4-24 所示，该股位置 A 是不错的小青龙，DIF 也在 0 轴线上方，涨势小青龙完美无瑕，位置 B 是买点，可是很尴尬，因为位置 B 买点成立后，几乎没有怎么涨，就开始跌了，几乎买在最高点，但是不要紧，位置 C 红色能量柱缩短，卖点成立，几乎是没有什么损失，即便是按照第二卖点位置 D，也只是亏损一个手续费罢了，依然符合交易的逻辑，亏小！

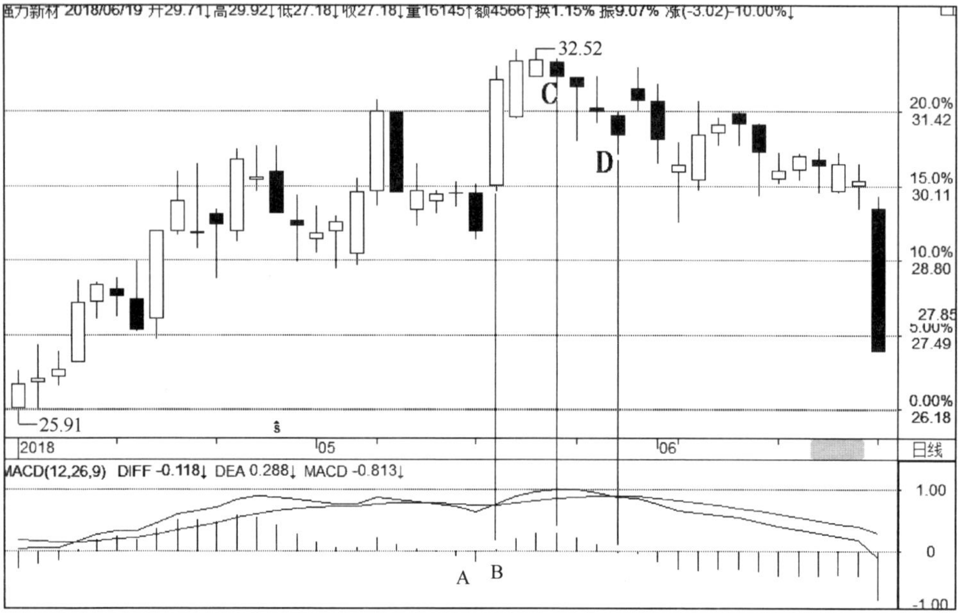

图 4-24

刚才我们特别强调了涨势里的小青龙，马上有人会联想到，跌势难道不行吗？我们来看一个案例：沙河股份，如图 4-25 所示，该股位置 A 是小青龙，只是当时 DIF 是在 0 轴线下方，不在涨势周期，所以，位置 A 的小青龙是否有效呢，其实你如果仔细想想的话，不难理解，跌势里如果形成小青龙，通常就是底背离，想想是不是，小青龙是绿色能量柱小于等于 4，跌势里绿色能量柱小于等于 4 的情况肯定是先涨一波后又下跌，下跌的时间短才会造成小青龙，而这个路线正是底背离的路线，所以，跌势的小青龙不这么理解，直接跟踪底背离即可。

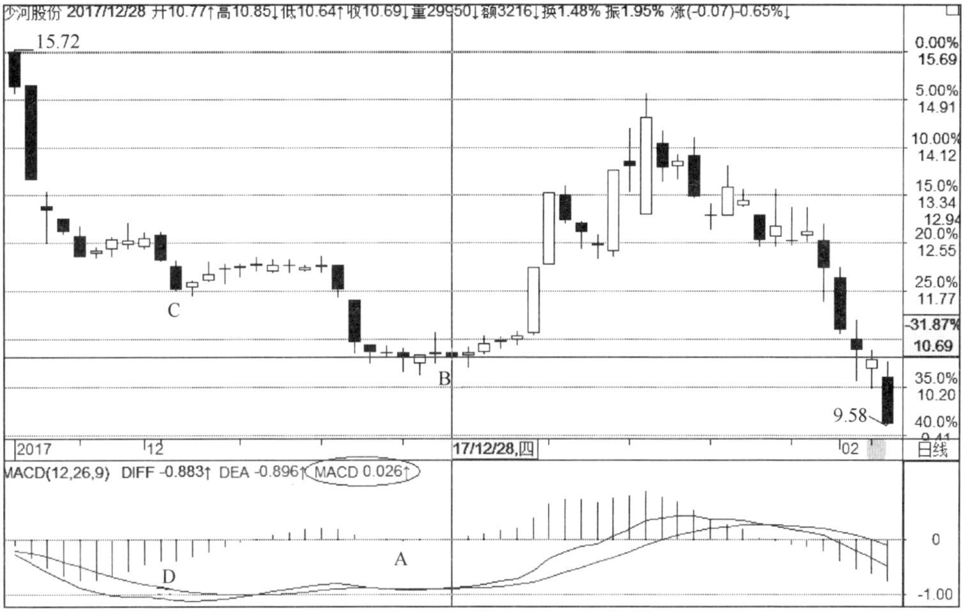

图 4-25

第 8 节　能量守恒选股

我们在能量守恒章节已经详细研究过该技术，的确是非常不错的技术，但是我们知道 DIF 在实现能量守恒的时候，分为几种情况，有的时候，DIF 击穿 0 轴线的地方就是最低点，有的时候击穿 0 轴线后又跌了一点，但是跌的不多，马上就止跌了，还有的情况是无限靠近，但是并不击穿，股价也完美止跌了，能量守恒的选股到底应该选哪一种呢？带着这问题，我们继续来研究。

因为 MACD 的能量守恒是 DIF 回归 0 轴线附近，相当于股价回归 MA55 的意思，所以，把二者结合起来，进行能量守恒的选股，就显得容易多了。大概分为三类：①DIF 下穿 0 轴线；②DIF 刚下穿马上又上穿 0 轴线；③无限靠近 0 轴线。下面我们分别来讲解一下。

我们来看一个无限靠近 0 轴线完成能量守恒的案例：沪电股份，如图 4-26 所示，图中位置 A 是股价上穿 MA55 的地方，也是 DIF 上穿 0 轴线的位置，自此股价开始运行涨势了，我们通过突破 0 轴线选股的话，位置 A 就是此类选股。图中位置 B，我把十字光标放在这里，你看当时的 DIF 数值是正 0.035，虽然近乎等于 0，但是并未破 0 轴线，很明显是无限靠近 0 轴线的，但是如果你看股价和 MA55 的关系的话，股价是提前 3 天回踩了 MA55 并且完成了止跌，所以细微的差异化，让我们把二者结合起来看，更加有把握来确定能量守恒的价值。

图 4-26 中 DIF 回踩 0 轴线时，股价已经先涨 3 天了，判断低点相对容易点。我们再看一个案例：天孚通信，如图 4-27 所示，位置 A 是 DIF 上穿 0 轴线，也是股价上穿 MA55 的地方，进入涨势，我们还是重点看位置 B 的 DIF，我把十字光标放到位置 B，当时的 DIF 是 0.047，尽管也无限靠近 0，但是并不是负数，而是正数，很明显是无限接近于 0，而当时的股价呢，正好回踩 MA55，也是股价的最低点，完美契合。

沪电股份 2018/10/16 开6.22↑高6.39↓低6.01↓收6.14↓量327186↓额20194↓换1.95% 振6.10% 涨(-0.09)-1.44%↓
MA(55,55,20,30,60,120,240,360,2) M1 5.711↑ M2 5.711↑
8.40
A
3.51
MA55
MACD(12,26,9) DIFF 0.035↓ DEA 0.136↓ MACD -0.203↑
B

图 4-26

大字通信 2018/10/09 开19.84↑高20.28↓低19.31↑收19.34↓量12941↓额2548↓换0.79% 振4.89% 涨(-0.50)-2.52%↓
MA(55,55,20,30,60,120,240,360,2) M1 19.403↑ M2 19.403↑
27.37
A
16.79
MACD(12,26,9) DIFF 0.047↓ DEA 0.392↓ MACD -0.692↓
B

图 4-27

我们再看 DIF 下穿 0 轴线，正好对应股价也是低点的案例：嘉凯城，如图 4-28 所示，位置 A 是 DIF 上穿 0 轴线的地方，也是股价上穿 MA55 的地方，从此该股进入涨势。位置 B 是 DIF 下穿 0 轴线的地方，我特意把十字光标放到这里，你注意看当时的 DIF 数值是-0.002，虽然很小，几乎是 0，但，确是负数，意味着击穿了 0 轴线，前一天和后天的 DIF 都是正的，恰好这一天 DIF 下穿了 0 轴线，而股价呢，也恰好从这里构筑低点，不偏不倚，正好。

图 4-28

我们再看一个刚刚下破又上穿的案例，就是假破位的案例：汤臣倍健，如图 4-29 所示，位置 A 是确定了进入涨势的，随着 DIF 上穿 0 轴线，股价上穿 MA55，进入涨势。位置 B 是关键，位置 B 是 DIF 下破 0 轴线的第一天，按照刚才我们讲的案例，下破 0 轴线马上见低点，也是可以的，当然该案例正是 DIF 破 0 轴线马上见低点的案例。但是当时我们无法确定这个止跌的安全，为什么呢？因为当时和随后的DIF已经运行在0轴下方了，如果绿色能量柱持续放大的话，这有可能就跌破趋势了，进入跌势了，对不对？但是我们仔细观察位置B视为0，向后数0、1、2，数三个单位，DIF下破0轴线的单位视为起点0，向后1、2来数数，到2的时候，如果绿色能量柱是持续缩短的，那么该股就不算进入跌势，继而可以寻找DIF上穿0轴线的机会，该股在位置C的时候，DIF重新上穿0轴线的。当然，我们用突破0轴线来选也可以把此类股选出来，但是这里的这个案例，不仅仅是突破0轴线了，而是附带了能量守恒的关系。于是乎，B到C之间的趋势判断就是核心了，牢记0、1、2的法则，0是DIF下穿0轴线的位置，1、2看能量柱是否放大，案例中如果0、1、2的绿色能量柱持续放大的话，就定义为进入跌势了，就不能简单定位为能量守恒的股票了，请牢记。

图4-29

第 9 节 空中加油选股

什么叫空中加油？从字面意思来理解，就是飞机在空中进行加油，为了飞得更高，更远，不需要飞回地面加油。在股市里，就相当于股价涨了一波之后，在涨势里完成上涨接力，不需要跌回来再涨。MACD 里的空中加油形态，就要用到红色能量柱的递增了，如图 4-30 所示，海川智能，该股图中位置 A 是股价突破 MA55 的地方，也是 DIF 上穿 0 轴线进入涨势的地方。先确定涨势这是很关键的，因为跌势里那不叫空中加油，只有涨势里才有空中加油，然后位置 B 是能量守恒的地方，属于 DIF 无限靠近 0 轴线类型的，更加确定了该股的涨势环境，位置 C 是关键，位置 C 之前是一波上涨，对应红色能量柱的放大，这是涨势里的红色能量柱放大，股价涨到位置 C 的地方时，股价不涨了，但是也不跌，DIF 回踩 DEA，但是也不击穿，红色能量柱无限缩小但是不翻绿，千钧一发的时刻，红色能量柱继续放大，再次连续放大就是空中加油的形态。这是涨势红色能量柱的连续放大，本身就是涨势，红色能量柱又代表了做多的动能，做多动能不给做空动能前提下，再涨自然是要大涨的。

我们看一个相反的案例：奥康国际，如图 4-31 所示，图中位置 A 的红色能量柱也是经过了一波放大，然后缩小，然后再放大，如果只看红色能量柱的话，好像这也是空中加油，可是大环境出了问题，该股从位置 B 股价下穿 MA55（DIF 下破 0 轴）后，就进入了跌势，跌势里何来空中加油，本身就在地上，甚至在地底下了，何来空中，不在空中更不可能有空中加油的概念了。该股位置 A 之后一直是维持 0 轴线下方的颠簸，最终在无力向上突破的情况下，只能向下发力。

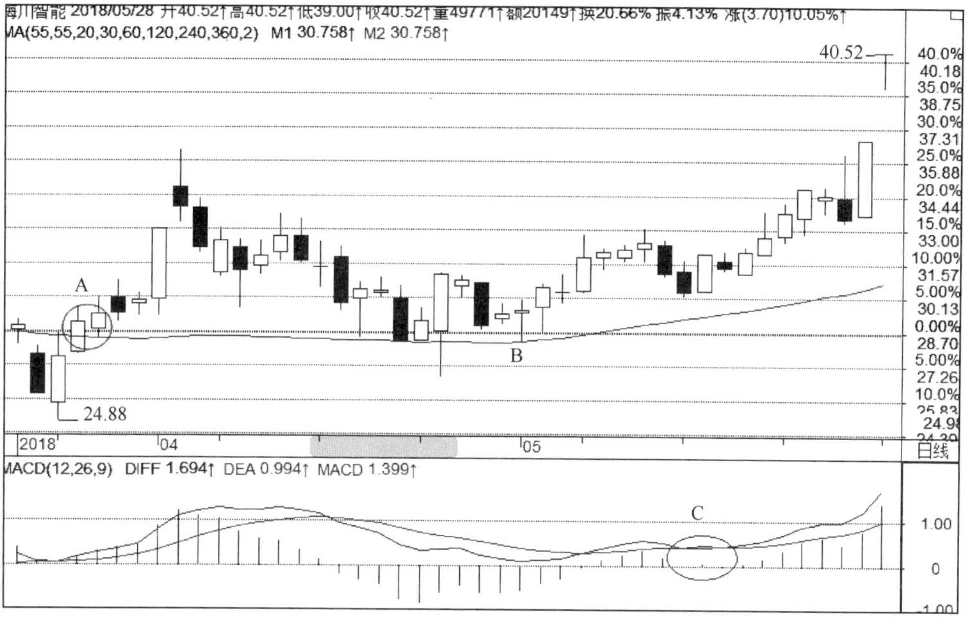
海川智能 2018/05/28 开40.52↑高40.52↑低39.00↑收40.52↑量49771↑额20149↑换20.66% 振4.13% 涨(3.70)10.05%↑
MA(55,55,20,30,60,120,240,360,2) M1 30.758↑ M2 30.758↑
40.52
A
B
24.88
MACD(12,26,9) DIFF 1.694↑ DEA 0.994↑ MACD 1.399↑
C

图 4-30

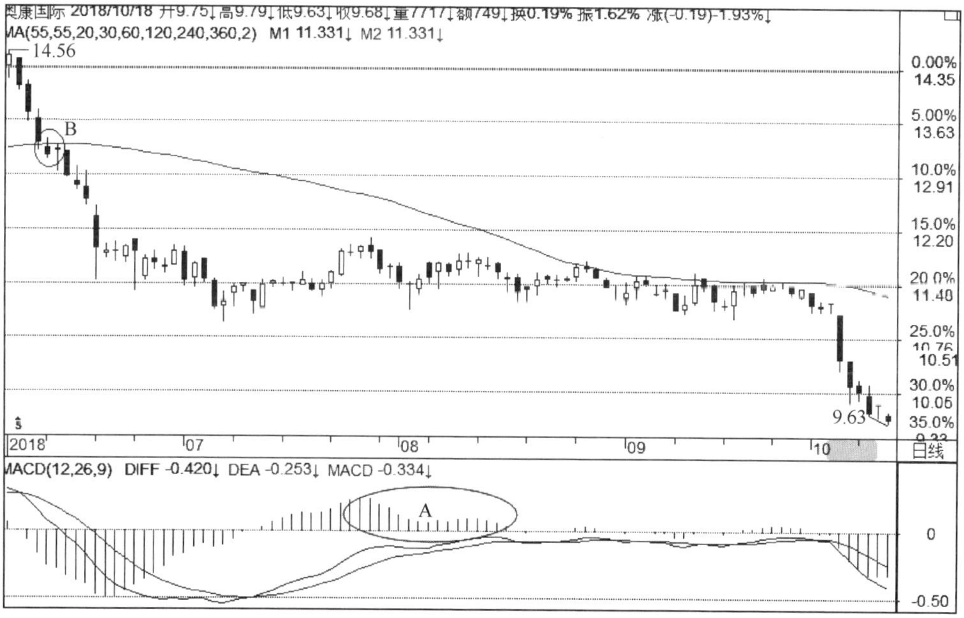
MA(55,55,20,30,60,120,240,360,2) M1 11.331↓ M2 11.331↓
14.56
B
9.63
MACD(12,26,9) DIFF -0.420↓ DEA -0.253↓ MACD -0.334↓
A

图 4-31

第五章

MACD 经典

MACD 指标的使用群体很大，各式各样的技术很多，本书仅讲解了常用的几种经典技术：欲擒故纵是背离的一种变异形态；双龙合一是 DIF 和 DEA 黏合发散类型；水上漂是能量守恒的一种类型；0 轴引爆大行情强调了 0 轴的重要性；假摔是 MACD 股价和能量柱的一种小周期背驰；主升浪是 MACD 指标特有的技术等。

第 1 节　欲擒故纵

股票筑顶的时候，大前提是实现高位众资金的套牢，否则，顶部是不可能形成的，没有人接盘，高点无法成立，所以是不是高点的判断方法，其实应该多角度分析是否具备高位筹码的套牢，如果根本不可能实现高位筹码的套牢，即便是高点，也是小高点，基本上就是洗盘，洗盘结束后就会重拾升势。相反，如果高点实现了高位追涨筹码套牢目的，此高点就是大高点，不得不防。所以，诱多形态一旦成功，是最容易形成大高点的。

我们来看一个案例：喜临门，如图 5-1 所示，随着股价的不断新高，MACD 指标的 DIF 并未跟随新高，当 DIF 死叉 DEA 的时候，顶背离成立，所以位置 A 是标准的顶背离。按照惯例，顶背离成立，后面就一路下跌，但是我们发现，位置 A 到位置 B，事实上并没有跌，而且还伴随着一波小反弹，位置 A 顶背离是100%写死的，按照惯例，顶背离成立后，大家都会蜂拥出逃，但是股价为何此时此刻并不着急跌呢？而真正崩塌的地方是位置 B，带着这个问题，我们从博弈的角度来分析。MACD 的顶底背离是传统指标，可以说对 MACD 稍微有一点技术的股民，都能轻松判断出来顶底背离，这几乎是没有难度的，除非是完全的、干净的小白，真的是刚入市什么也不知道的小白，除此之外，位置 A 顶背离成立的时候，大家都知道顶背离成立了，要跌了，就是因为大家都这么认为，所以，从博弈的角度，就不会让股价马上下跌，而上演了位置 A 到位置 B 的反弹波段，此反弹会导致什么呢？导致场内资金警惕心理放松，导致顶背离减仓的人或场外的人又买回来，导致顶背离没卖的继续侥幸持股，而一旦达到了此目的，位置 B 后面的轰然倒塌就都蒙圈了，甚至悔恨，可惜位置 B 的高点形成后，一路狂跌，不会给你太多的机会了。所以 A 和 B 之间就是一波顶背离后的诱多走势，骗你没商量，当卖的人重新买回，没卖的人继续持股时，一个大跌就实现了高位筹码的终极套牢，但是细心的读者会看到位置 B 下方对应的 DIF 和 DEA，巧妙地出现了一个将要金叉而不金叉的形态，即将金不金，诱多加此形态就构成了一个减仓点，我称其为欲擒故纵，欲跌先涨，这个涨就是诱多，DIF 反抽 DEA 不过，反身向下拐头，股价重心回落，减仓即可。其实，此形态的大前提是顶部的确有调整需求，只是起跌点没有从顶背离开始，而是先诱多再跌，所以，大环境的分析也是前提，本身如果没有调整需求，后面一切都是空谈。

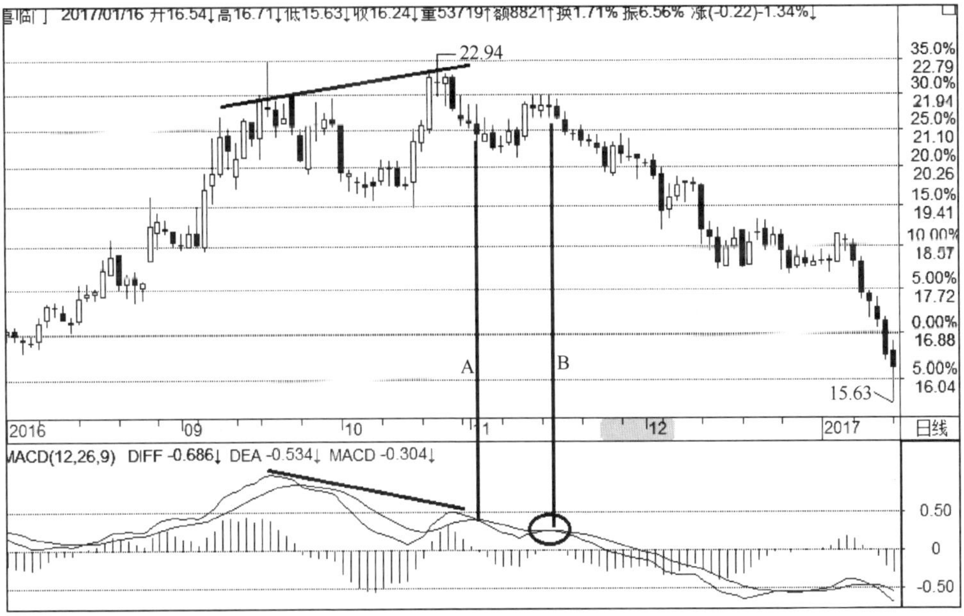

图 5-1

我们再看一个案例：生意宝。刚才案例中其实谈到了欲擒故纵形态的核心，即，本身是有下跌的强大需求，只是采取诱多的方式实现高位筹码套牢，所以，出现了 DIF 反抽 DEA 不过的形态，那么顶背离只是一种跌的表现形式，那也就意味着，不是顶背离，只要有下跌需求的顶部，都有可能采取诱多的方式来筑顶，对吧，那么欲擒故纵的形态都可以帮助我们逃顶，抄底。如图 5-2 所示，位置 A 就不是背离高点，但是位置 A 的 DIF 已经严重偏离了 0 轴线，具备回归 0 轴线的强烈需求，而后位置 B 还完成了高位 DIF 死叉 DEA，尽管不是顶背离的死叉，高位偏离状态下的死叉也不是好事，说明 DIF 是具备 0 轴线回归的需求，而同期的股价，自然具备调整需求，要么横、要么跌，位置 B 其实已经诱多了一次，此形态在《双龙战法》一书中叫“回光返照”，属于结构篇内容，学员区最喜欢的技术之一。既然位置 A 有调整需求，位置 B 又死叉了，也回光返照了，按照道理，后面赶紧跌呗，还犹豫什么呢？可是我们看到 B 到 C 之间居然还是出现了一波反弹，而且还挺强势，乍一看似乎风险不大，让人放松警惕，但是细心的读者已经发现了，位置 C 的反弹连位置 B 的诱多高点都不突破，位置 C 的高点风险是很大的，与此同时，下面的 DIF 反抽 DEA 不过，不是巧合，欲擒故纵，欲跌先涨，让你防不胜防啊！

我们再看一个相反的案例：中房股份，随着股价的新低，MACD 指标的 DIF 并未新低，当 DIF 金叉 DEA 时，如图 5-3 所示，图中位置 A，底背离成立，底背离成立后，按照道理，那就涨呗，可是我们发现股价并未从位置 A 马上拉升，而是又跌了一波，跌到位置 B，我们依然从筹码博弈的角度来分析一下，MACD 指标的顶底背离尽管经典，但是用的人还是很多的，所

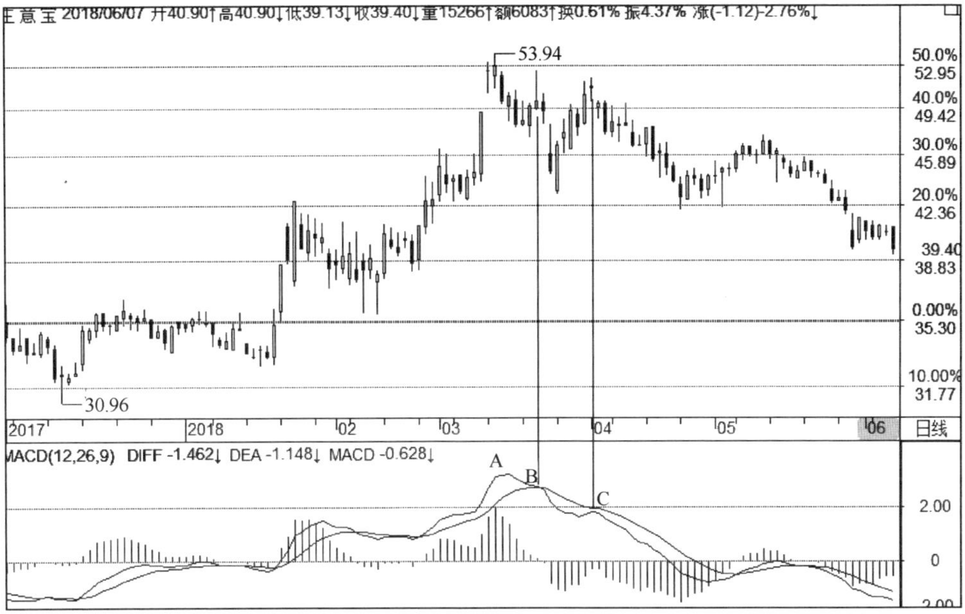

图 5-2

以，当底背离成立的时候，你知，我知、他知，大家都知道，股市永远遵循少数人获利的法则，当大家都知道这是底背离，后面要涨了，那么涨就没有那么容易了，所以，底背离成立后，当你买入之后，先跌一波，图中位置 A 到位置 B 的下跌，会导致什么情况呢？会导致位置 A 底背离买的人，经不起颠簸而出局，会导致位置 A 没买的人庆幸自己没买，从而放松警惕，当买的人止损了，没买的放弃了，这个时候再拉升，该股的拉升就轻松了，毫无浮筹，拉升以后获利盘抛压也少很多。而位置 A 到位置 B 的下跌，很巧合的是 DIF 回踩 DEA，但是并不击穿，同理，这不是巧合，而是一种默契，我称其为欲擒故纵，欲涨先跌，先跌就是一种诱空。这个案例还算好的，欲擒故纵的过程，股价并未新低，如果是遇到新低的案例，更麻烦，因为新低有可能涉及纠错，如果按新低纠错的话，这种路线就尴尬了，除非在欲擒故纵位置再买回来，否则就完美地被洗出去了。

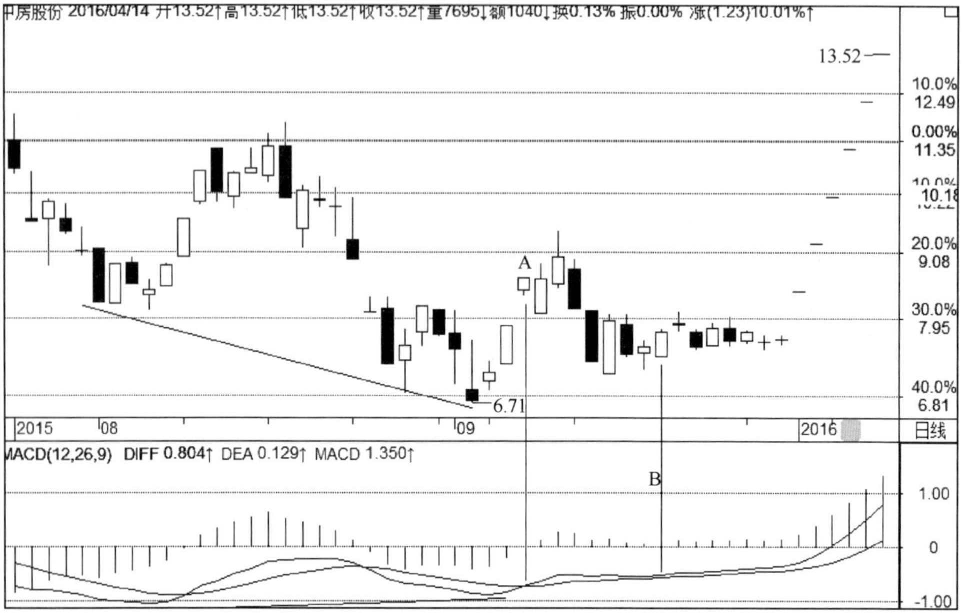

图 5-3

底背离是底部反弹的一种形式之一，所以，底部的欲擒故纵形态，不仅仅是底背离后才可以，只要是有反弹需求的底部，后面都有可能用诱空手段，而诱空就有大概率会发出欲擒故纵的技术形态。我们再看一个案例：蓝黛传动，如图 5-4 所示，该股从位置 1 开始 DIF 就已经严重偏离了 0 轴线，已经具备强烈的回归 0 轴线的需求，可是位置 1 的 DIF 刚金叉 DEA，没等涨呢，紧接着位置 2 的 DIF 又死叉 DEA，如此循环了多次，位置 3 的 DIF 刚金叉 DEA，还没等涨呢，紧接着位置 4 的 DIF 又死叉 DEA，位置 5 的 DIF 刚金叉 DEA，还是没等涨呢，紧接着位置 6 的 DIF 又死叉 DEA，很崩溃吧，与此同时，股价也是连跌的，但是我们清晰的知道，该股的超跌反弹一触即发，图中的 1、3、5、7 任何一个金叉都有可能成为起涨点，但是都没涨，提前抄底该股的人，经过几次止损，后面肯定不敢买了，没买过的，也不可能一击即中，所以，该股位置 8 重复着 2、4、6 的下跌，可惜指标不会骗人，位置 2、4、6 的 DIF 都死叉了 DEA，唯独位置 8 的 DIF 回踩 DEA 不破，止跌了，这里就是我们讲的欲擒故纵，欲涨先跌的买点，所以位置 8 的 DIF 重新向上拐头，股价止跌时，大胆买入。

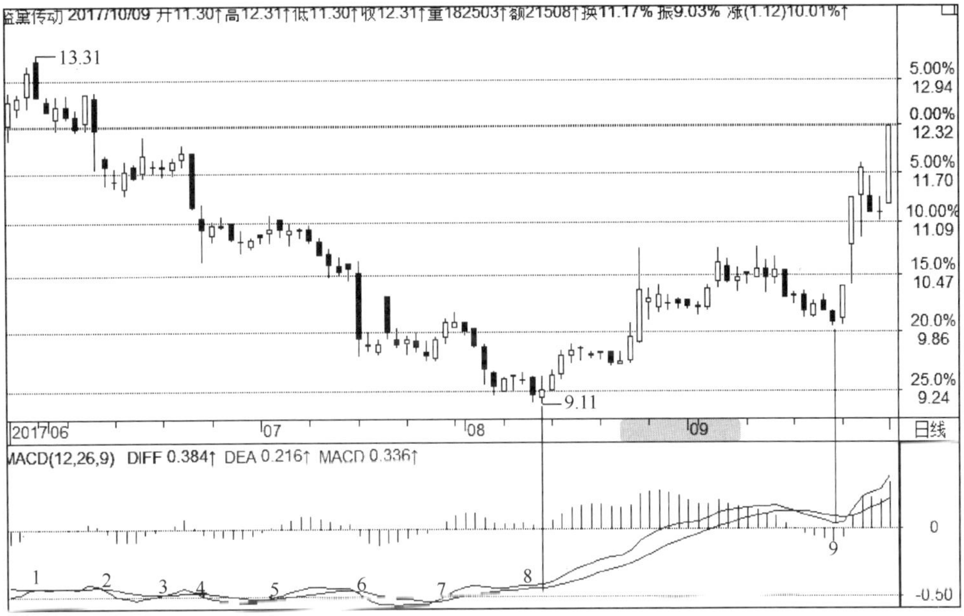

图 5-4

蓝黛传动有点复杂了，我们再看一个简单的案例：奥康国际，如图 5-5 所示，该股经过一波漫长深度地调整之后，位置 A 完成底部的一次金叉，我们在选股中学习过，底部一次金叉只要配合超跌元素，也是具备反弹需求的，所以，位置 A 的金叉之后，直接反弹也是大概率的，也是理所当然的。可是，我们发现位置 A 之后，并未如期反弹，而是又跌了一波，不明原因的人会很崩溃，跌了这么多，底部好不容易出现的金叉，怎么又跌了，而细心的读者会发现，又跌的这一波，股价没有什么特别的，似乎跟之前的下跌一样，看不出要止跌的意思，但是 MACD 指标的 DIF 说明了一切问题，DIF 回踩 DEA 并未破位，形成了欲擒故纵的低点，所以，大胆买入即可。

其实还可以畅想一下，图 5-5 中位置 B 的股价已经新低了，如果位置 B 的 DIF 稍微再跌点，实现 DIF 死叉 DEA，那是不是随着股价的新低，DIF 没有新低，这是底背离的条件哦，没错，一旦走这条路线，DIF 再金叉 DEA 就是底背离了。因为，欲擒故纵的形态其实是背离技术的一种变异形态，所以，不要拘泥于简单的背离，背离只是反弹或下跌的形式之一，而不是唯一。

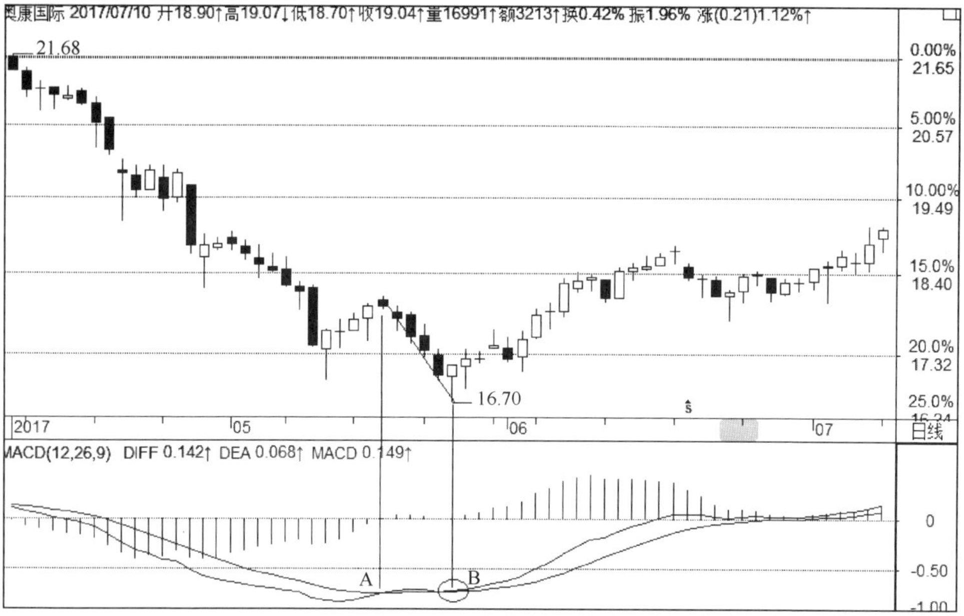

图 5-5

第2节 双龙合一

欲擒故纵的要求较为严格，因为DIF回踩DEA不击穿，马上止跌反弹，而事实上欲擒故纵是一种状态，有时候略微击穿，难道就不能算是欲擒故纵了吗？也不尽然，如图5-6所示，吉林化纤，图中位置A是一个类似欲擒故纵的形态，但是又有不同，因为DIF并不是回踩DEA后就马上止跌反弹，而是回踩DEA后直接趴窝了，形成了DIF和DEA的黏合周期。当然，该案例DIF依然是没有击穿DEA，较为接近欲擒故纵的形态，而且同期的股价是跌的，这个图形其实更能体现资金博弈的状态，股价连续跌了7天，而DIF回踩DEA后拒绝下跌，而是与DEA黏合运行。如果只是一天的回踩不破，马上止跌反弹，我们都还不能说什么，也许是巧合，可是随后股价的下跌，而且连跌7天，DIF回踩DEA后直接黏合了，拒绝继续下跌，这一细节说明调整已经是强弩之末，秋后的蚂蚱了，后面大概率是要形成股价的低点的，因为指标已经跌不动了。当然，我们还可以从能量守恒的角度去理解，DIF黏合DEA拒绝下跌，其实也说明DIF具备强烈的回归0轴线需求，即便是股价继续跌，连跌7个交易日，都无法改变DIF回归0轴线怀抱的决心，可见回归0轴线之心日月可鉴，我们在能量守恒章节学习过，DIF回归0轴线的过程，股价多半是横盘或反弹，所以，双龙合一的位置，股价是很容易构筑拐点的，止跌反弹。

双龙合一的位置是关键，前一个案例吉林化纤的黏合是发生在漫长深度调整之后的底部，伴随着强烈的超跌反弹需求，所以

图 5-6

成功率很高。那么黏合周期如果发生在 0 轴线上方可不可以呢？当然也可以，只是发生在 0 轴线上方的话，要求又不同了。我们再看一个案例：通威股份，如图 5-7 所示，位置 A 是股价的一个横盘周期，此周期中出现了 DIF 和 DEA 的黏合过程，我们打开鱼跃龙门选股指标，发现是有信号的，这就说明此黏合周期中 DIF 是击穿过 DEA，然后再上穿才会有鱼跃龙门信号，但是我们如果不仔细看，是很难发现这里 DIF 下穿过 DEA，基本黏合。所以，这个过程也是双龙合一的过程，配合鱼跃龙门一起来使用，安全性更高。从这个案例也能告诉我们一个细节，双龙合一如果是发生在 0 轴线附近的话，最好是在 0 轴线上方，靠近 0 轴线的位置，在 0 轴线下方的话，就要借助偏离了，否则 0 轴线下方的不如在 0 轴线上方的更安全。

图 5-7

我们再看一个黏合时间较长的案例：阳光电源，如图 5-8 所示，位置 A 价格是一个横盘周期，略微向上倾斜的，而同期的 DIF 和 DEA 犹如两条龙一样纠缠嬉戏，称其为双龙合一，此过程越靠近 0 轴线，有效性越大。我们在能量守恒中讲过，股价横盘或下跌往往是 DIF 回归 0 轴线的表现形式，而我们看到位置 A 的横盘周期，DIF 和 DEA 居然是黏合的，并未向 0 轴线去靠拢，当然，本身也是无限靠近 0 轴线的。这个现象说明：股价的横而不跌是为了更好地上涨，DIF 拒绝下跌，也是为了向上进一步偏离 0 轴线，所以，这种形态的后续涨是大概率的，即便是跌，此类黏合周期后，DIF 回归 0 轴线止跌也是大概率事件。

是否有更好的解释呢，当然有。技术都是相通的，我们再看案例：阳光电源的成交量，如图 5-9 所示，价不跌，在 DIF 和

阳光电源 2017/11/13 开20.92↑高22.59↑低20.73↑收21.65↑量387848↓额84220↓换3.67% 振8.97% 涨(0.91)4.39%↑
22.59
8.54
A
140%
21.27
120%
19.50
100%
17.72
80.0%
15.95
60.0%
14.18
40.0%
12.41
20.0%
10.01
0.00%
8.86
2017
06
07
08
09
10
11
日线
MACD(12,26,9) DIFF 1.259↑ DEA 1.030↑ MACD 0.457↑
1.00
0

图 5-8

阳光电源 2017/11/13 开20.92↑高22.59↑低20.73↑收21.65↑量387848↓额84220↓换3.67% 振8.97% 涨(0.91)4.39%↑
22.59
8.54
价不跌
140%
21.27
120%
19.50
100%
17.72
80.0%
15.95
60.0%
14.18
40.0%
12.41
20.0%
10.01
0.00%
8.86
2017
06
07
08
09
10
11
日线
VOL(5,10,20) 量 387848.406↓ MA1 296925.5↑ MA2 282212.875↓ MA3 261738↑
X1万
量缩
50.00
0.00

图 5-9

DEA 双龙合一的过程中，我们还发现另外一个技术形态：量缩而价不跌！上升途中的横盘，本身代表了调整，只是调整的很弱罢了，调整的弱也意味着背后的大周期依然是向上的，所以调整周期用横盘代替了空间下跌，一旦横盘结束，后续自然是要重归背后大周期的反弹，而且此周期的成交量是要萎缩的，不能放量，即形成量能缺口（这是我的第一本书《双龙战法》中的经典技术，这里不赘述），量缩意味着横盘周期的资金是没有出逃的，资金没有出逃，背后又是上升周期，横盘结束后自然是要重拾升势的，而此缩量过程中，任何一个极度缩量后的次日都有可能大阳、涨停、跳空缺口的方式起航，所以，捕捉涨停板多在这种形态中捕捉。

我们再看一个 0 轴线下方双龙合一的案例：新疆天业，如图 5-10 所示，在漫长深度调整之后的底部，位置 A 股价继续下挫的同时，我们看到下方 MACD 指标的 DIF 和 DEA 黏合横盘，股价整整跌了 13 个交易日，同期的 DIF 和 DEA 只是黏合横盘，并未向下继续运行，这种情况只说明股价的下跌是强弩之末，兔子的尾巴——长不了，所以随后形成拐点的概率就非常大！根据能量守恒的技术原理，DIF 和 DEA 黏合周期并未随着股价的下跌而继续跌，就说明 DIF 已经具备了强烈的回归 0 轴线需求，而 DIF 回归 0 轴线的过程中，股价要么横盘，要么涨，这是大概率，所以你会发现 DIF 和 DEA 黏合的末端，向上发散，起涨！

图 5-10

第 3 节　水上漂

当 DIF 大多数时间在 0 轴线上方运行时，我们称其为涨势。涨势的过程，我们可以用水上漂来形容，0 轴线视为水平线，0 轴线上方称其为水上，0 轴线下方称其为水下，所以，水上漂的意思就是 DIF 在 0 轴线上方运行，而且是 DIF 每次回踩 0 轴线都不破位，或不有效破位，或刚刚碰触立刻止跌反弹，这个过程就是水上漂的过程。我们来看一个模型，如图 5-11 所示。0 轴视为水平面，DIF 一直在 0 轴线上方运行，途中经历 A、B、C、D 四个位置的 DIF 回归 0 轴线，但是并未击穿 0 轴线，一直到最后有效击穿 0 轴线后进入水下(跌势)，我们今天研究的就是水上漂，是一个让利润无限奔跑，又可以捕捉涨势买点的技术。

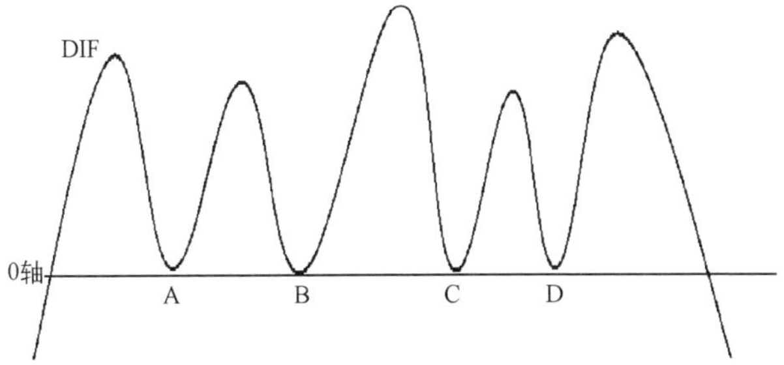

图 5-11

我们来看一个案例：上海机场，我们调用 MA55 均线，因为 MA55 均线约等于 0 轴，因为 MACD 指标用的是 EMA，所以，MA55 和 0 轴是约等于的关系，而不是完全等于，但是调用均线可以辅助 MACD 指标一起使用，不多余。如图 5-12 所示，图中位置 E(DIF 上穿 0 轴开始)一直到位置 F(DIF 下穿 0 轴)，整个过程其实就是水上漂的过程，整个过程是涨势的过程，主人翁是 DIF，在哪里？在水上(0 轴线上方)，做什么呢？(漂呢)，即 DIF 在 0 轴线上方漂的过程就是涨势的延续过程，而我们要做的就是持股的同时，捕捉图中的所有买点。图中位置 A、B、C、D 都具备同样的特质，即 DIF 回踩 0 轴线，股价回踩 MA55，然后止跌反弹。所以，从 E 到 F 的涨势周期里，你要做的事情很简单：第一，持股，一直持有到 F；第二，买入，图中位置 ABCD 四个位置，任何一个都是买点，都是涨势跌看多的买点。

我们再看一个风险累加模式的案例：健友股份，为什么称其为风险累加模式呢？如图 5-13 所示，股价反弹到 D(同期 DIF 上穿 0 轴线)，然后展开调整了，可是调整的并不充分，我们在

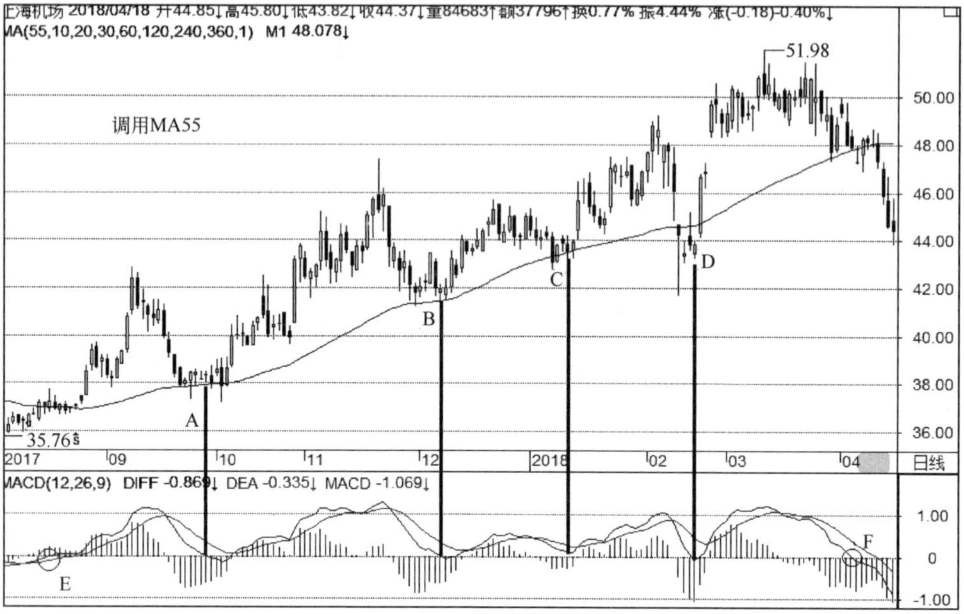

图 5-12

能量守恒章节中学过，位置 A 的指标调整任务是 DIF 回归 0 轴线，可是我们看到位置 A 的 DIF 并未回归 0 轴线，然后股价就提前起涨了，很明显是调整不充分的情况下，继续拉升，那么，就意味着位置 E 的压力更大了。同理，位置 B 调整也不充分，又涨到位置 F，压力逐级增强，一直到位置 G，其调整的压力都在持续加强，而整个上涨周期中的 ABC 都没有完成调整任务，所以，后面对应的高点压力都在增强，即风险一直在累加的水上漂模式。截至发稿时，位置 2 我们还不能认为是进入跌势，因为位置 2 也许是水上漂的回踩低点，这个案例就留给读者来印证吧，更具备实战化意义。当然，我们可以做个预测，ABC 都是风险累加过程，风险累加的过程视为泡沫，泡沫不破是没有关系的，但是泡沫被刺破的时候，一定是大跌，所以位置 2 要么是 0 轴的能量守恒低点，要么就是开启大跌的起点，让我们拭目以待吧。截止我发稿就到位置 2，后面的走势我也不知道，只是从风险累加的技术分析，2 一旦跌破，必然是大跌。但是，风险累加模式大家也不要害怕，风险累加的过程，相当于泡沫累积的过程，有泡沫虽然意味着风险，但是风险是在泡沫破裂之后才会发生，而泡沫如果不破裂，泡沫是会持续的。举个例子：比如房地产的黄金十年，10 年前就有人认为地产泡沫很严重了，可是呢，泡沫持续放大了 10 年，10 年中，任何一个低点都是水上漂的买点，而不是风险，所以，风险累加的模式，也不用伤春悲秋，你只需要用趋势护航即可，趋势破了方可离开，所以，趋势破了视为泡沫的破裂，趋势完好，风险累加也没关系的。

图 5-13

我们再看一个案例：金牌橱柜，如图 5-14 所示，图中位置 0 到位置 1 是一个完整的涨势周期，也是水上漂的过程，而此案例的水上漂又有不同。我们发现，随着股价的新高，DIF 的峰值一直在向下走，此跟上一案例健友股份完全不同，健友股份的股价新高同时，DIF 的峰值也是不断新高的，但是金牌橱柜随着股价的新高，DIF 出现连续的、多次的顶背离信号，但是顶背离也不能导致股价下跌，而是图中所有的水上漂位置 A、B、C、D、E、F 都是调整的低点，而后继续新高，顶背离都不起作用的原因就是水上漂的趋势力量，这不难理解吧，顶背离在什么情况下才没有作用，答：涨势！只有当行情运行涨势的时候，顶背离的作用才会降低，或者只有最后一个顶背离才会终结趋势，终结趋势之前的顶背离都是降速作用。这种图形，你根本不知道哪个背离高点是最高点，所以你也不可能一击即中卖在最高点，两个办法可以解决：①涨着卖着，卖着涨着，涨着继续卖，即所有的背离高点，你都象征性的减仓，但是不大减，一直到最后最高点的时候，你的仓位也就没有多少了，趋势破位，全走了；②趋势上坚定看涨做多，一直到趋势破位再卖。该案例位置 1 之后也没有马上大跌，我先抛砖引玉下一节的 0 轴线引爆大行情，位置 1 后面的小反弹，DIF 刚好在 0 轴线反抽了 DEA 不过，翻身再次向下，大跌，此为下节课的 0 轴线欲擒故纵引爆大跌行情。

最后，我们再列举一下这种图形的机会点，上海机场，我们看水上漂的其中一个环节，如图 5-15 所示，位置 A 到位置 B 就是水上漂过程中的买点密集地带，其中的机会点我们如数家珍：

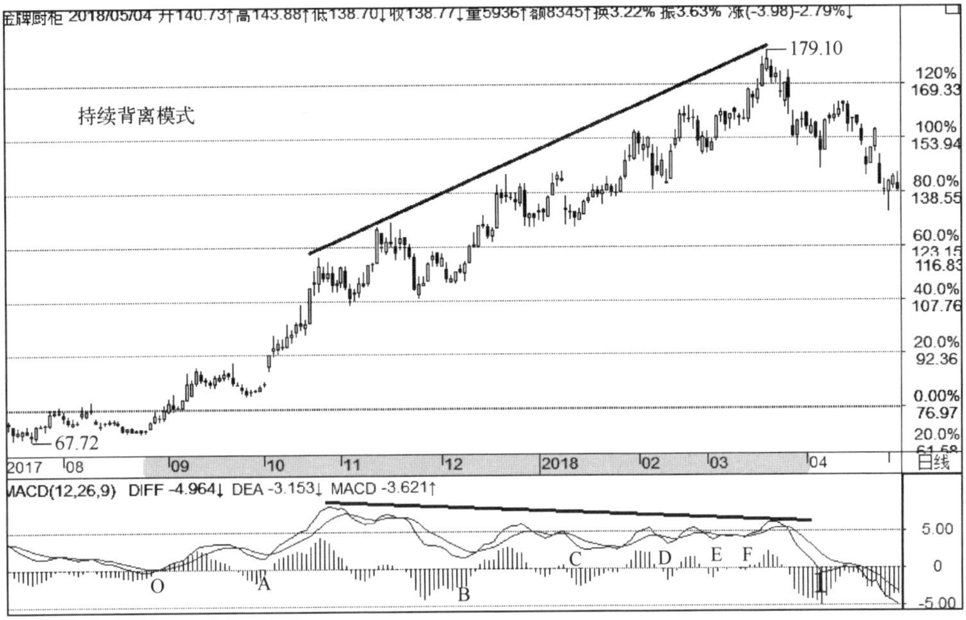
金牌厨柜 2018/05/04 开140.73↑高143.88↑低138.70↓收138.77↓量5936↑额8345↑换3.22% 振3.63% 涨(-3.98)-2.79%↓
179.10
持续背离模式
67.72
MACD(12,26,9) DIFF -4.964↓ DEA -3.153↓ MACD -3.621↑
O
A
B
C
D
E
F

图 5-14

上海机场 2017/11/06 开43.05↑高45.17↑低42.69↑收44.33↑量138386↑额61249↑换1.27% 振5.78% 涨(1.39)3.24%↑
MA(55,10,20,30,60,120,240,360,1) M1 39.512↑
45.17
能量守恒
0轴（下穿、上穿）、鱼跃龙门
突破0轴
36.08
MACD(12,26,9) DIFF 1.124↑ DEA 0.795↑ MACD 0.658↑
A
B

图 5-15

(1) 下穿 0 轴或无限靠近 0 轴的能量守恒买点；

(2) DIF 上穿 0 轴的买点；

(3) 鱼跃龙门买点。

此 3 个买点基本上涵盖了水上漂的所有情况，即 DIF 回踩 0 轴线时如果下穿了 0 轴线，基本上用买点 1 和 2 就可以了。如果没有下穿 0 轴线，就用买点 3，如此不会有漏网之鱼。所以，水上漂技术的核心就是：①趋势护航；②涨势买点。而涨势买点又量化以上 3 点，简单吧！

第 4 节　0 轴引爆大行情

我们在第一章就学习过，0 轴线相当于 MA55 均线，0 轴线上方对应的是涨势，0 轴线下方对应的是跌势，可以说 0 轴线相当于趋势的分界线，所以，0 轴线附近无小事，皆大事。比如：0 轴线附近的能量守恒、金叉死叉、欲擒故纵、背离等等，我们具体来看一些实际案例。

高新兴，如图 5-16 所示，位置 A 是 DIF 回踩 0 轴线的位置，此技术不难理解，我们之前学过了，正是涨势的能量守恒，0 轴线引爆的一波强反。区域 C 是形成背离高点的过程，但是，背离后并未马上大跌，区域 C 也没有怎么释放风险，而真正的风险是在位置 B 的欲擒故纵位置，而位置 B 正是 0 轴线附近发生的技术形态，位置 B 欲擒故纵（欲跌先涨），所以位置 B 是一个风险点，而这个风险点发生在 0 轴线，一旦风险点成功，那么势必是要破趋势的，因为位置 B 距离 0 轴线太近了，顶背离成立，都有可能在 DIF 回归 0 轴线结束调整，但是 0 轴线附近的欲擒故纵一旦成功，破趋势就是大概率了，因为距离趋势太近了，而破了趋势就不排除进入跌势，因此，一旦发力，就是大行情，所以，我为什么叫0轴线引爆大行情，就是这个道理。反之亦然，比如0轴线附近的金叉，尤其是0轴线上的金叉，也是容易点燃大三浪反弹的，记不记得，鱼跃龙门二号在0轴线附近发生，一旦起航就是大三浪，你说是不是0轴线引爆大行情。

图 5-16

我们再看一个案例：黄山旅游，如图 5-17 所示，位置 A 不难理解，是跌势的能量守恒，助跌作用，也是发生在0轴线的技术，所以也属于0轴线引爆大行情的技术。位置B是跌势里的死叉，其实也是助跌作用，而且也是在0轴线附近，这个死叉也赋予了其价值——助跌。所以，MACD的金叉和死叉，你要看发生在什么位置，不一样的位置，价值是不同的。位置C的金叉是个悲剧，因为虽然是金叉，但是发生在0轴线下方，如果是0轴线上方，那么这个金叉就有可能是鱼跃龙门了，也会演变成0轴线引爆大行情的技术，可惜了，也是因为这里的可惜，所以位置D的死叉变本加厉地成了助跌的元素，一发不可收拾，从位置D的死叉开始，跌穿趋势进入大跌之中。而我们整体看区域E，其实ABC的位置都没有怎么跌，一直到位置D的死叉，引爆了大行情，当然，位置A和位置B也是具备直接开启大行情的能力的，只是位置C不忘来一个诱多罢了。明白了这层关系，所以，区域E，其实你更看重的是位置ABD的0轴线风险，而不是位置C的金叉。

图 5-17

我们再看一个案例：开山股份，如图 5-18 所示，位置 A 是涨势能量守恒位置，不难理解，发生在 0 轴线的技术，向上引爆大行情，涨势能量守恒助涨的作用。位置 B 也是涨势能量守恒，也是助涨的作用，这两个位置都是涨势回归 0 轴线又引爆了大涨的案例，很完美诠释了 0 轴线的意义。位置 C 是鱼跃龙门，此鱼跃龙门的位置绝了，刚刚在 0 轴线上方一点点，恰如其分，开启了大行情，位置 D 是欲擒故纵，相当于位置 C 的鱼跃龙门起涨初期，向下又来一个诱空，DIF 回踩 DEA 并不破位，但是整体还是在 0 轴线附近，实现涨势中 0 轴线附近的欲擒故纵。大家会发现，位置 ABCD 分属于能量守恒、鱼跃龙门、欲擒故纵，但是他们都在 0 轴线附近起到了助涨的作用，尤其是位置 D 在经历了 B 和 C 缓涨之后，位置 D 暴涨。

图 5-18

我们再看一个案例：荣盛发展，如图 5-19 所示，位置 A 是能量守恒，具备引爆大行情的潜质，但是位置 B 出卖了位置 A 的能力，位置 B 的金叉是在 0 轴线下方的，说明涨势延续的概率在降低，而位置 C 的出现就要重视了，0 轴线附近的死叉，一旦成功，那是要进入跌势的，不排除直接引爆大跌行情，事实如此。而且区域 D 尽管也有不少风险，但是都很温柔，一直到位置 C 的 0 轴线死叉，彻底不矜持了，一路大跌。细心的话，你会发现，位置 C 之前也在筑顶，可是都没有怎么跌，一直纠结震荡到位置 C 才彻底放弃抵抗，彻底崩塌，为何呢？就是 0 轴线引爆了大行情。

图 5-19

第5节 假摔

假摔的意思就是假装要跌了，实际上是要上涨，所以，从K线和指标上，就要做出“摔倒”的样子，同时还不能真的摔倒，这是有难度的，高难度动作，表现在技术上，基本需满足以下几个元素：

(1)重心回落的小阴线；

(2)缩量；

(3)MACD的能量柱放大；

(4)大原则：定势之后，主升之中。

我分别来解释一下：重心回落就是“摔”的动作，即不再创新高了，那些日日新高日日持股的人，遇到不新高的时候，势必就开始筹码动摇了，甚至减仓，所以，重心回落是一个摔倒的动作。小阴线其实诠释了“假”，小阴线说明并不是真要跌，如果是真要跌，来个龙头斩的大阴线岂不快哉，因此，第一个元素“重心回落的小阴线”就诠释了假摔的意义。然而这还不够，成交量的要求是萎缩，缩量很关键，如果是借助小阴线放大量，也有资金出逃的可能，所以缩量再次加强了“假”的含义，如果量太大，假摔就可能要失败，后面可能是真要跌，因为资金已经出逃。与此同时，MACD的能量柱是放大的，MACD的红色能量柱本身也代表了做多动能，股价虽然是重心回落的小阴线，但是能量柱是放大的，做多的能量并未衰竭，这个细节也诠释了“摔”是假的。以上三个元素都满足的情况下，还有一个大环境，假摔通常发生在定势之后或主升之中(下节课主升浪还有案例)。定势之后是说在刚刚脱离底部的初期，假摔洗盘后重拾升势是大概率；主升之中的首阴线，往往是靠惯性继续上冲的，首阴线后多半还有继续的拉升。如果你的股票根本就在谷底，就趴在地上，何来假摔？我在学员区语音讲这个技术的时候，就曾遇到过有同学找了个案例，问我是不是假摔，我一看股票根本就是在地上趴着睡觉呢，都没有涨起来，还摔什么？对吧？所以，假摔一定是发生在涨势中，可以是涨势初期，也可以是主升之中。

我们来看一个案例：蓝光发展，如图 5-20 所示，该股是发生在主升之中的，所以，主升中的首阴线之后，多半是有惯性拉升的，因此位置 A 的首阴线是存在机会的。位置 A 的首阴线是重心回落的阴线，什么是重心回落呢？不再创新高的阴线，这个不再创新高是最高点不再创新高，因为这里的假摔毕竟是要起到“摔”的效果的，所以，不管怎么，也要洗掉一点浮筹才行，因此，重心回落是洗掉少量浮筹的关键，但是位置 A 的阴线是小阴线，这也很关键，因为本身是主升，如果伴随着大阴线，不排除是龙头铡或直接高位套牢筹码的方式筑顶，所谓的尖顶就是这么来的，大阴线+次日向下跳空缺口，跑都跑不掉，那就不是假摔了，那是真摔，不摔骨折不罢休的那种，所以位置 A 首先是满足了重心回落的小阴线，我们理解为假摔（如果是新高的小阴线，牛股首阴也可以，但是底部初期的尽量不要用，牛股尚且有惯性，底部初期的话，放宽了条件，失败率就会大增），但是假摔是不是成立呢？我们进一步看位置 B 的成交量，量是很关键的，缩量，缩量的标准有两个：①低于 5 日均量；②比前一天有明显缩量。满足这两条的量基本就是缩量的标准，该股很明显满足了比前一天缩量的标准，但是不满足低于 5 日均量的条件，图中 MA1 线就是 5 日均量线，所以，该股的成交量其实出卖了 K 线，说明假摔是不假，但是已经有资金开始出逃了，后面的涨幅空间并不大了。事实如此，又涨了 3 天后，筑顶了，但是没关系，因为该股是在主升之中的，我们要的其实就是惯性利润，要的就是牛股的主升惯性利润。也有读者不理解，既然成交量说明假摔有问题，为何还会有 3 天的拉升呢？除了刚才说的惯性之外，我们再看位置 C 的 MACD 能量柱，是持续放大的，红色能量柱代表了做多动能，做多动能是放大的，为何要跌，没有道理啊，这一点其实也说明位置 A 的重心回落小阴线是假摔。有同学又不理解了，如果后面的 3 天也是正常的涨，那么最高点资金如何撤退呢？案例中假摔的成交量略高已经说明资金在走了，只是惯性导致了后面会有新的上升，我们做的就是这个牛股的惯性短线利润，不谋求大利润，然而，最高点的后面还有一个次高点，那么此高点是典型的诱多形态，逃顶来用的。

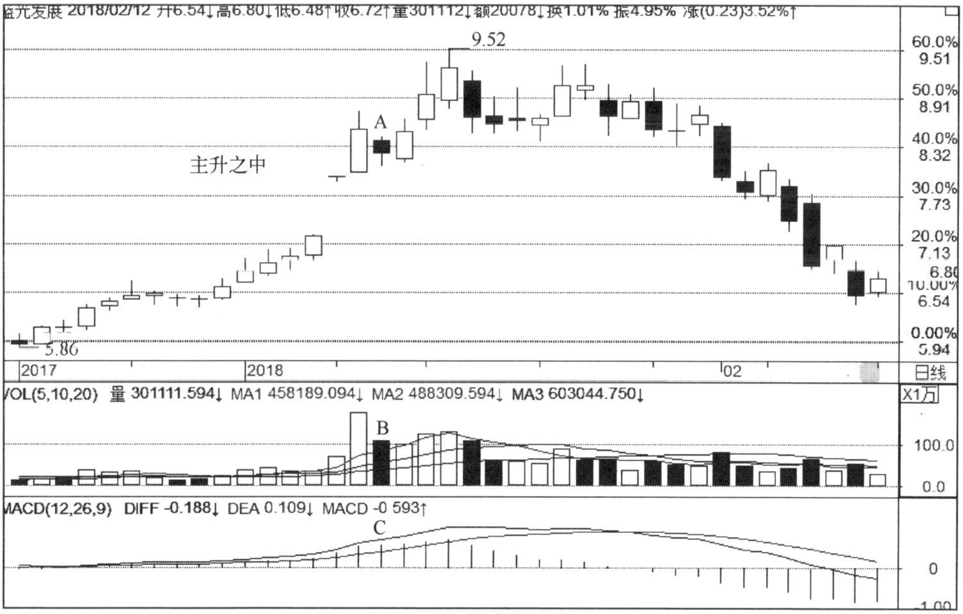

图 5-20

我们再看一个案例：光明地产，如图 5-21 所示，位置 A 假摔之前首先是完成了转势，即终结了原来的跌势行情，这个元素其实也是有利于后续的假摔能继续展开反弹的，如果一个跌势的股票，你很难跟假摔联系起来，对吧？都快摔骨折了，不可能是假摔了，那是真摔。位置 A 重心回落小阴线，不创新高的重心回落诠释了“摔”，而小阴线诠释了“假”，尤其是刚过趋势后就来一个假摔，还可以实现底部初期的一个小洗盘，再看位置 B 的成交量，是明显萎缩的，而且满足低于 MA 的 5 日均量，而且低于前一天的成交量，缩量意味着没有资金出逃，说明假摔的概率大，与此同时，我们再看 MACD 的能量柱也是持续放大中，所以定势之后，加上重心回落小阴线，加上缩量，加上 MACD 能量柱放大，基本宣告了假摔成立。

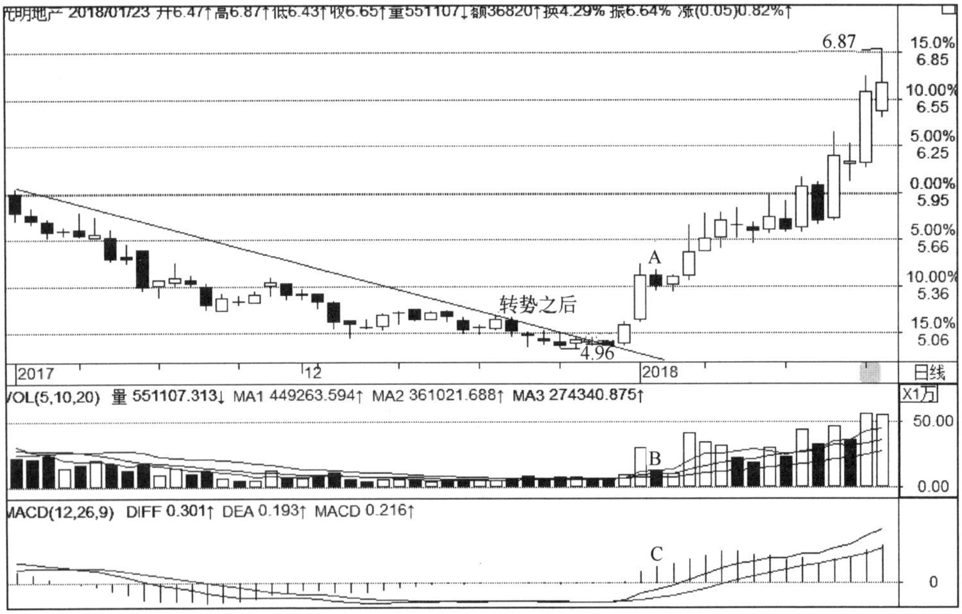

图 5-21

假摔，通常在6小时内止跌，6小时的时间基本牵扯3根K线，我们放大看案例光明地产，如图5-22所示，位置A的上影线，已经开始消化假摔时间了，比如位置A如果中午开始跌，到收盘就先跌了2个小时，才有上影线的，位置B的全天4小时下跌，都满足了6小时，这种情况基本上在位置B收盘前或次日开盘，就是买点。反之，如果位置A没有下跌周期，位置B是4小时下跌，位置C的中午收盘前是容易构筑买点的。6小时的假摔时间是标配，因为如果超过6小时还不止跌，MACD的能量柱很难继续放大，所以，如果超过6小时，MACD能量柱还是放大的，那么依然可以理解为假摔。图中位置C对应的MACD能量柱也是放大的，这就是超过6小时的案例，比较少见，可遇不可求。但是如果超过6小时还不止跌通常会演变成另外一个形态，那就是我经常说的：量缩而价不跌，这个技术是第二节的重点，这里不赘述了，所以，技术之间是相辅相成的。

既然讲到这里了，不妨多说一点，牛股的首阴技巧，也是跟假摔可以结合使用的，图5-20其实就是牛股首阴的案例，同时恰好跟假摔结合了，只是这里要注意，牛股的首阴是不要求重心回落小阴线和缩量及MACD能量柱放大的，但是如果配合了假摔的元素，牛股首阴线技术成功率会更高。说白了所有靠惯性来实现短线利润的技术，假摔都是百搭技术，假摔的元素适用于所有玩短线牛股的人，而牛股首阴的持股条件是MA5，还是那句话，别怕失败，有规则者胜出。

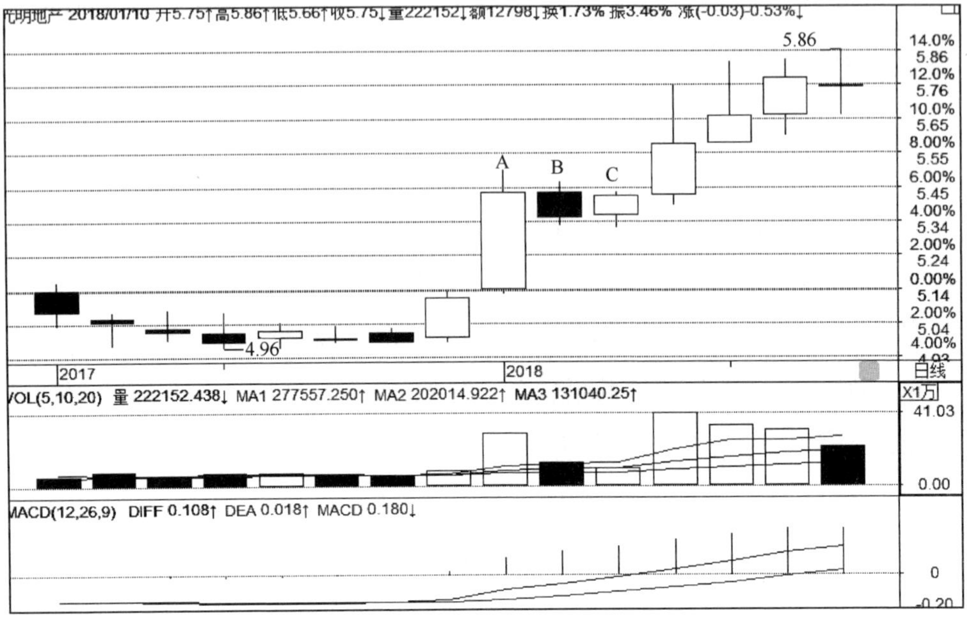

图 5-22

第 6 节　主升浪

MACD 的能量柱和 DIF 之间存在着一种情况，尽管不多见，但是遇到了就是一种机会，而且是容易爆发主升浪的机会，这种情况就是，当 DIF 依附于红色能量柱持续爬升的时候，股价容易引发主升。此走势成立的前提，必然是涨势，因为红色柱子是 DIF 金叉 DEA 形成的，如果当时 DIF 在 0 轴线下方，那是不会出现这种情况的，红色能量柱犹如一双手一样，托着 DIF 向上爬升，所以涨势是大前提，涨势里 DIF 依附红色能量柱爬升 ，红色能量柱递增，此过程的股价多半是主升，而且未来红色能量柱缩短，也不会马上筑顶，多半有向上的惯性，依赖的还是速度的惯性，而且主升浪里如果出现前一节假摔形态的话，是最佳的入场点，因为假摔的前提就是涨势，涨势里假摔当然助涨，如图5-23所示。

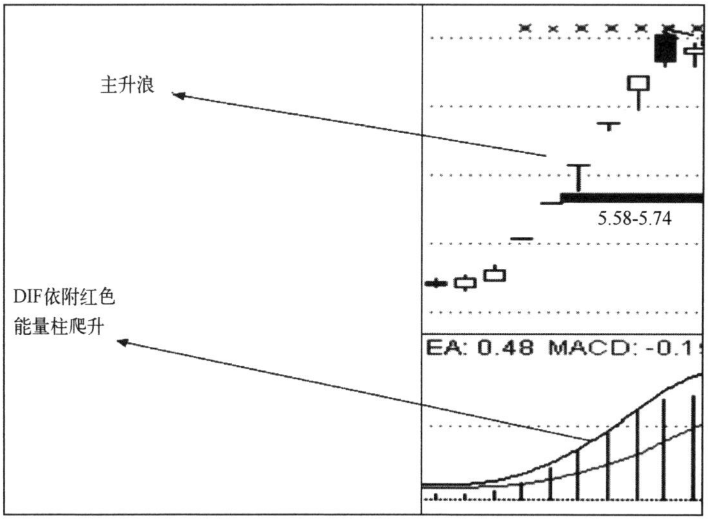

图 5-23

我们来看一个案例：万科，如图5-24所示，该股的主升浪是很典型的，主升浪之前是能量守恒，DIF回踩0轴线完美止跌，主升浪的起点正是0轴线上方的金叉，鱼跃龙门成立。掀起了一波主升浪，这一点也不奇怪，尤其是能量守恒、鱼跃龙门之后的反弹中，DIF依附于红色能量柱，这就诠释了主升的预期，大概走了7天左右，这里特别注意，引入时间周期概念，神奇的周期数字7。自然界的规律很有意思，7星瓢虫、一周有7天、7个小矮人、7色花、水的pH值、彩虹的颜色有7种……7在自然界里是很神奇的高频率数字，一切自然属性的物质都遵循周期数字7的规律，股市也不例外，所以，主升周期通常在7个交易日左右结束，该股的主升周期也大概是7天，当然，有的股票可能就见顶了，但是主升浪的股票，会在主升结束后，出现一波惯性，如图惯性周期，DIF 逐渐向上拉开红色能量柱距离了，已经不满足主升浪的条件了，但是红色能量柱也在涨，DIF 也涨，股价也涨，这就是惯性周期。最后一个周期是预警，图中预警周期的细节是 DIF 继续新高，但是红色能量柱开始逐级缩短，这是预警周期，随时准备着离场，但是预警周期会是一个时间段，不会马上戛然而止，但是我们要提前预警。

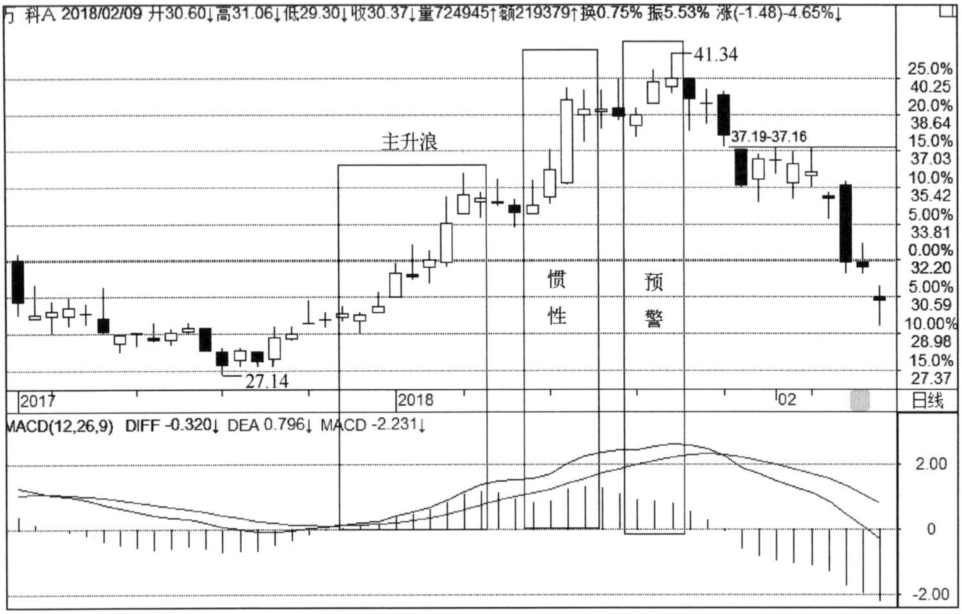

图 5-24

我们再看一个主升中有假摔的案例：康美药业，如图 5-25 所示，我们先看主升浪的位置，主升浪之前也是刚刚涨势的能量守恒，拉升周期 DIF 依附于红色能量柱爬升，很标准的主升逻辑，而且你数一下主升浪的时间，恰好也是 7 个交易日，这不是巧合，而是规律，主升浪的过程中有 2 个地方类似假摔，我为什么说类似呢，因为那两根小阴线，高点稍微地新高了一点，摔的效果不好，放宽条件的话，就需要其他元素来加强，因为这两根小阴线是发生在主升浪里的，所以小阴线尽管略微新高了，不影响主升的惯性，而且这两根小阴线的成交量是萎缩的，当时的红色能量柱也是放大的，所以主升浪周期的假摔，是非常不错的切入点，不管是假摔，还是真摔，主升的惯性也是足够该股继续拉升的。第二个阶段是惯性，一共 3 天的惯性拉升，DIF 也在涨，股价也在涨，红色能量柱也在涨。第三个阶段是预警，DIF 也在涨，股价也在涨，但是红色能量柱递减，这就是预警周期，之后巨阴大跌，那个巨阴直接吞噬了整个预警周期的涨幅，你注意到了吗？预警周期说白了有点类似最后的诱多周期，如图 5-25。

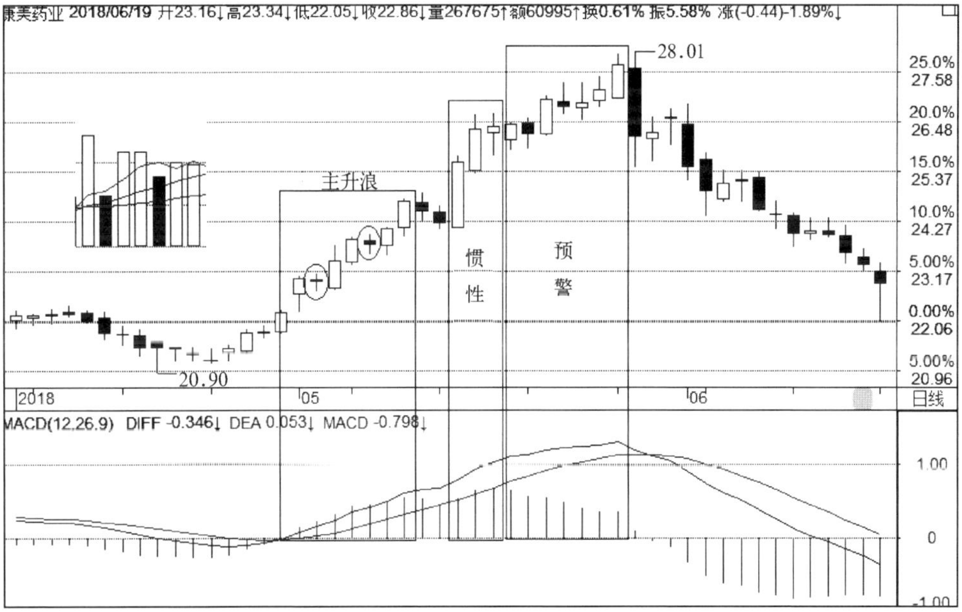

图 5-25

第六章

MACD 失败案例

股市没有一剑封喉的绝技，也没有一劳永逸的技术，所有技术都是基于“概率取胜”四个字。所以我常说：交易=大概率+小概率风控，坚持做大概率事件，同时做好小概率的风控，这就是交易。成功的案例千千万，但不好复制；失败的案例也不少，我们尽可能地规避掉，剩下的自然就是利润。

第 1 节　鱼跃龙门失败案例

指标，都存在滞后的问题，比如 MACD，从源代码里，我们知道，MACD 是以收盘价格“C”为计算标的的，所以价格肯定是在前，指标肯定是在后，价格的变化，自然会影响指标的走势，基本上完全决定了指标的走势，因为收盘价上涨或下跌之后，MACD 才会根据收盘价格来做出反应，滞后是铁定的事实，任何一个技术类指标都摆脱不了滞后的尴尬。但是，这并不是说指标没用了，指标是价格的一种反应，而这种反应，反过来也可以反推价格的变动趋势，但是又不能决定价格的趋势，所以我们按照指标去做，会有成功率和失败率的两个问题，这种成功率和失败率的产生，主要有两个原因。

第一，因为你以滞后的结果来预测价格，这本身是存在逻辑关系的，正确的因果关系是这样的：先有价格，才有指标，而你以指标去预测价格，很明显是不合逻辑。比如，价格跌，MACD 死叉，而不是死叉引发了价格跌，只是我们认为死叉后，价格的下跌会持续而已，但是并不能决定价格必须持续下跌，所以概率就出来了。学技术，如果你根本不认可“概率取胜”，那就没有必要继续谈下去了。

第二，就是骗线，散户信以为真的金叉啊、背离啊，这些技术点，可以通过一些骗线的手段来呈现给你，如果你不加思索、机械化地用指标，就无法避免骗线。讲到这里，大家可能害怕了，书快读完了，难道前面的技术都有可能是骗线形态吗？如果是，那怎么办呢？

别害怕骗线，股市本身就是博弈的市场，什么是博弈？假如这个市场就你和我两个交易者，那么你亏的钱必然是被我赚走了，我亏的钱势必是被你赚走了，而且这还没有算上手续费，算上手续费的话，我们俩的本金总和是减少的，所以，博弈的本质决定了，这个市场就是充满了尔虞我诈，充满了陷阱、诱惑。如何解决骗线的问题呢？主要有以下两个办法：

第一，严格按照规则去做，即便是骗线，你也不怕，因为你有严格的风控标准，骗线也不会伤害你太深。骗我可以，请注意次数。比如，诱多让你进去，只要跌破你的持股底线，必然走人，这个诱多的骗线，再骗你，对你而言，风险额也是固定的，所以骗线的伤害降到了最低。这么多年来，为什么量化投资已经提出这么些年了，始终无法占领高地呢？也是因为量化投资就是规则的完美坚持，无情绪化坚持，所以也会遇到各种骗线，最后呢，基本上是忽略了骗线，靠概率取胜，以“赚大亏小”为概率取胜的核心。例如，去医院看病，医生通过机器是可以分析出来病人得了什么病的，但是，经验丰富的医生和经验一般的医生，通过机器得出的结果和解决方案，仍然会有一些差异化。因为指标是滞后的，所以骗线就成了必然，规则坚持是不考虑你骗不骗我的，你骗我，我的规则会把你的欺骗伤害降到最低，你不骗我，规则自然是可以取胜的。交易＝大概率+小概率风控。牢记这个公式，交易等于坚持做大概率事件，同时做好小概率失败的风控。

第二，骗线不是随随便便，就去骗线的，没事人家也不骗你，骗你就是为了出货或为了入场才会去骗，所以，获利盘重的附近，容易出骗线形态，让你追买来实现获利盘的落袋为安。套牢盘重的地方，容易出骗线形态，让你追买来解放套牢盘。起涨初期，容易出骗线形态，让你踏空行情，涨的时候轻松自如，所以，技术点发生的位置，也是考虑骗线的关键。

鱼跃龙门是涨势里的一种选股技术，但是鱼跃龙门就比较容易通过骗线的形态诱多，从而买在最高点。我们来看一个案例：东旭蓝天，如图 6-1 所示，位置 5 恰好是 MACD 金叉的位置，0 轴线上方的金叉，股价还新高了，典型的鱼跃龙门形态，可惜，此鱼跃龙门即便是发出信号，也是假信号，为什么呢？主要有以下几个因素：

图 6-1

（1）鱼跃龙门之前的调整，DIF 并未充分回归 0 轴线，没有完成能量守恒的前提下，这种拉升是风险的累加，本身就是一种风险形态，相当于高点 3 的下跌任务并未完成的情况下，就掀起了另外一波反弹，风险自然是累加的。在风险累加的位置发出鱼跃龙门买点，此买点多半就是诱惑你做多了。所以，压力位置诱多是惯用的手法。

(2)因为鱼跃龙门之前的调整没有完成能量守恒，所以，鱼跃龙门的金叉反而成了顶背离的条件要素，新高又不加速拉升就会导致高位的顶背离预期，随着股价的新高，DIF 并未新高，这种情况下的鱼跃龙门是打不过背离高点的风险的，因为此背离是叠加了两波拉升的风险，所以，典型的借助 0 轴线上方的金叉(鱼跃龙门)骗线，诱多。所以，顶背离级别大的预期，鱼跃龙门就过滤掉吧！

(3)从波浪理论上分析，鱼跃龙门的核心是捕捉大 3 浪，当然也兼顾 5 浪和延伸浪的利润，但是别忘记了，大 3 浪是利润最丰厚的，5 浪和延伸浪的利润都是很小的，或者不敢奢求大利润。而案例中，鱼跃龙门的位置已经是 5 浪反弹了，5 浪的反弹等同于 1 浪，利润是比较小的，再加上鱼跃龙门前的 4 个交易日，已经透支了 5 浪的利润，所以，鱼跃龙门的金叉并不能带来更大反弹，相反换来的是高点。所以，在浪形高位也是容易诱多的，不诱多资金入场，如何实现 3 浪、5 浪的高点呢，是不是？

(4)鱼跃龙门的经典形态是 0 轴线附近的金叉，股价也基本上是起涨的初期，而图中位置 5 的鱼跃龙门位置，股价既不是低位的起涨初期，DIF 也不在 0 轴线附近，而且鱼跃龙门成立的前 4 天还是快速拉升的 4 天。这些元素都表明了鱼跃龙门是一个形态，而并没有反弹的原动力，这个时候很容易被利用！

(5)综上所述，无论是从背离、能量守恒、浪型等各个角度分析，这里都不大可能是机会，相反是风险，诱多的概率要大一些。顺理成章的，信号骗你没商量了。

我们通过一系列的技术来分析，是可以判断出来是不是骗线，但是，有时候如果我们判断不出来，或者判断失误，或者纯机械化的按照规则买卖的话，是不是这个鱼跃龙门就会大亏、巨亏呢？答案是否定的，按照规则去做交易，尽管无可避免会被骗线、诱多所伤害，但是只要你按照规则买，也按照规则卖，诱多也伤害不到你什么！如图6-1所示，鱼跃龙门之后，很快DIF死叉DEA，顶背离就成立，按规则，卖出即可！我统计了一下，案例中亏损-2%，这个风险的控制还是很不错的。即便是你按照趋势破位卖出，损失也不会很大。

博弈的市场，骗线是常态，谁都不是傻子，谁都想多赚钱，但是我们只要擦亮双眼，要么慧眼识珠，发现骗线，拒绝诱多，要么按照规则买，按照规则卖，再大的骗线，对你也无济于事，因为你的风险是固定化的、量化的。

我们再看一个鱼跃龙门的案例：华侨城A，如图6-2所示，图中一共有3个鱼跃龙门位置，如图位置A、B、C，但是效果不太一样。我们先看位置A的鱼跃龙门，位置A的鱼跃龙门基本就是高点了，理由很简单：①前高位置的压力临近，容易发出骗线诱多；②位置A当时MACD的DIF偏离之后，并未向下回归0轴线，基本上是在高位完成的金叉（鱼跃龙门），按照能量守恒的理论，位置A的DIF是具备强烈的回归0轴线需求的；我们再看位置B的鱼跃龙门，位置B之前完成了几个事情：首先，DIF回归了0轴线，你看，基本上是DIF碰触到0轴线后完成的止跌，能量守恒完美，然后触发了位置B的金叉（鱼跃龙门）。其次，因为位置A已经提前消化了前高的压力，所以位置B第二次挑战前高，压力小了很多，自然是为了真突破。再次，位置 C 的出现也证明了位置 B 的成本定位，位置 C 的止跌恰好在位置 B 的买点位置，说明这是成本线，轻易不会打破。我们再看位置 C，位置 C 的 DIF 虽然没有完全碰触 0 轴线，但是回归的也不错了，而且股价回踩到了位置 B，也是位置 A 的高点，说明股价并不想向下破位，继而位置 C 的金叉(鱼跃龙门)是要涨的。

图 6-2

我们再看一个案例：高争民爆，如图 6-3 所示，该股位置 D 的鱼跃龙门也是典型的诱多骗线形态。我们先分析诱多骗线的逻辑：首先，位置 A 是一波大顶，套牢盘很多，尤其是位置 A 的小低点还诱多拉升了一下，套牢盘轻不了，这样就为后面的鱼跃龙门失败打下了基础，埋下了伏笔。其次，位置 B 之前也是一波急速拉升，4 天 28%的涨幅，这也太吓人了，问题是如此快的拉升之后，位置 B 马上抵达了位置 A 的套牢盘位置，这就尴尬了，抛压太重了，所以，位置 B 逼空拉升之后，就开始选择了资金的撤退。再次，位置 C 又是一个小的诱多，类似位置 A 的形态，我称此形态为“回光返照”，位置 C 小的诱多之后，开始了下杀，但是杀的并不充分，你看位置 D 的 DIF 就能看出来，杀得很勉强，指标 DIF 都没有回归 0 轴线，能量守恒任务并未完成，在这种情况下，很着急的样子，又来了一个位置 D 的大阳拉升，直接触发了 MACD 的高位金叉，此金叉就是陷阱了，位置 A 的套牢盘有压力，位置 B 那么快的拉升都过不去，位置 C 又诱多套牢了一把，位置 D 同样是为了进一步诱多，好全身而退。不去详细分析的话，位置 D 很容易中招。

图 6-3

很多读者马上想到一个问题，图中位置 A 和位置 B，跨度好几个月呢，而且位置D发出了鱼跃龙门的信号，如果我们不加思索，只完全按照金叉买，位置D是不是就会死得很惨。我们前面讲过，骗线固然可恨，但是我们通过分析避让，也可以通过规则护航，图6-3中位置D金叉如果买入，也没关系，因为位置F死叉就又卖出了，也就是说你如果机械化的用规则去交易，同样可以让骗线无计可施，问题就是很多人误入歧途，又不舍得纠错，就会麻烦很大。所以，我经常说：交易，有规则者胜出。

红灯停、绿灯行，这是基本的交通规则，不遵守交通规则，轻者罚分、扣钱，重者车毁人亡。我记得我刚开始学开车的时候，每天都会查看违章记录，每次查到违章记录的时候，我并不烦恼，反而很庆幸，因为罚款、扣分的惩罚，会让我进一步遵守交通规则，也会让我一点点远离更大的风险。而现实生活中，不遵守交通规则的人，依然很多，我上下班路上有一个红灯，是没有摄像头的，遵守交通规则的人，到这里红灯时都会停下来，但是呢，我经常看到闯红灯呼啸而过的车辆。有人是老老实实遵守规则等待，有人是不遵守规则的闯红灯，侥幸闯红灯成功的，只会让你下一次过红绿灯时更接近于惩罚，无限靠近重罚。而遵守规则等红灯的，也许浪费了一点时间，但是让自己远离更大的灾祸。所以，一定要遵守规则，哪怕有人侥幸获利，哪怕自己被规则所伤。

尊重规则，会有两个小尴尬：①被规则所伤；②不守规则的人，小人得志。这两个尴尬都是小尴尬，不会有大的伤害，比如，你等红灯变绿才走，有人闯红灯也没被惩罚，这无非心里有一点不舒服罢了，绝不会有大伤害，而不遵守规则伤害是巨大的，比如闯红灯有可能车毁人亡，这样的代价就太大了。你遵守规则，浪费了一点时间，换来的是安全；你不遵守规则，虽然早一分钟过了红灯，换来的有可能是灾难。孰轻孰重，不言而喻。

此前有一则新闻，一个30多岁的年轻人，两个孩子的父亲，天天拼命工作，熬夜到凌晨，加班到深夜，陪客户喝酒到大醉，最后30多岁身体不行了。你是一个为了家庭拼命工作的人，精神可嘉，问题是你违背了“日出而作，日入而息”的自然规则，自然是要受到规则的惩罚，所以，借此也奉劝那些深夜不睡觉，刷手机的人，尊重自然规则吧，不要让自然规则狠狠地惩罚你，为时晚矣。眼睛、身体，还要不要了。

野生动物园老虎袭人事件，是前几年的事情了，后来我想了想，依然是不守规则造成的。“严禁下车、锁好车门”的规则写得很清楚，总有人不守既定规则，最终酿成大祸。坚守规则，不会创造额外的价值，但是可以避免灾祸。很多人都在追求自由，什么是真正的自由呢？真正的自由是在规则范围内的自由。

交易，亦然！有规则者胜出。这个胜出，不仅仅是抄底成功后的加仓，也包括失败后的认错和纠错，因为没有规则的话，错了，你都不知道应该在哪里纠错，对了，你也不知道在哪里加仓。死抗不叫规则，规则必须是买卖点的精确化、量化、可视化。比如，我之前给大家讲解的双十法则：买了，涨了，最高点向下10%止盈，解决赚钱的交易永远不会亏着钱出来；买了，跌了，成本向下10%止损，解决永远不会深度套牢。对于以上这两点，有人不满意，不喜欢，认为这不是我炒股的目的，可是同学，仔细想想吧，大多数交易者都做不到这两点，大多数交易者都是赚钱的交易，亏着钱出来；亏钱的交易，越套越深。所以，别看不上我的双十法则，关键时候，能救命！

做人，只要有原则，就什么也不怕；炒股，只要有规则，就什么也不怕。

第 2 节 涨势买点失败原因

一只股票，一波行情，压力来自两点：

(1) 原套牢盘；

(2) 新获利盘。

当这两个压力同时共振的时候，就是需要考虑风险的时候，换句话说，如果原套牢盘不存在或很轻，新获利盘不存在或很轻，那么继续涨就是大概率事件。相反，如果二者压力都很大，就需要消化压力，而消化压力的方式有两种：①横而不跌；②空间下跌。此两种方式，自然是横而不跌最好，尤其是量缩而价不跌。

举个例子，很多人喜欢玩新股、突破类股票、超跌股，为什么呢？都是跟压力相关的，新股没有套牢盘啊，很干净。突破类股票至少说明无套牢盘压力，充其量是有获利盘压力。超跌股是因为距离套牢盘很远，也不会有套牢盘抛压，也不会有获利盘抛压。仔细想想，对不对。

如图 6-4 所示，我们看深证成指日线。位置 A 是一个套牢盘的区域，跌势的低点附近往往是有套牢盘的，所以高点 1 和高点 2 都是反抽了位置 A 之后，翻身下跌的。抛压重的同时，又没有新的做多动能承接，就会出现新的高点，反抽不过的高点，这也是趋势得以延续的根本。

位置 B 是价格反复出现的区域，这个地方的支撑是明显的，

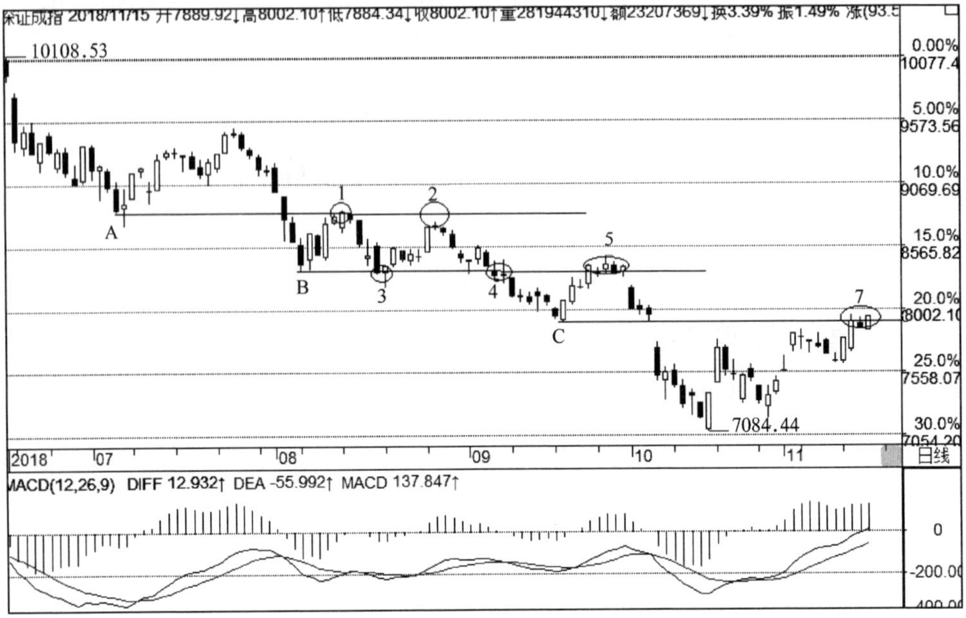

图 6-4

图中位置 3 和 4 的低点都说明位置 B 是有支撑在，但是支撑和压力又是相互转化的，股价在上，价格反复出现的位置就是支撑，反之就是压力，所以位置 4 破位之后，位置 5 的压力就变成了高点。位置 C 的压力，位置 7 也明显体现出来了。

套牢盘的下移，是跌势延续的关键；获利盘的上移，是涨势延续的关键。所以，并不意味着跌势不会消除，当套牢盘释放之后，原套牢盘就会变成支撑了，踩着支撑就会向上走趋势行情。

如图 6-5 所示，图中一共 6 种类型，我们分别来看。

回光返照：顾名思义，由于日落时的光线反射，因而天空又短时间地发亮。也比喻旧事物灭亡前表面上的短暂繁荣。股市里自然是比喻即将下跌的行情，又出现了短暂的上涨。回光返照行情主要由 3 个细节构成：①是一波大涨后出现的最高点 A；②稍微出现调整后出现一个小低点 B；③紧接着又上涨形成次高点 C，次高点就是回光返照高点，也是诱多形态。他们之间的关系是：A 最高，C 次之，B 是小低点，所以，A 到 B 不能大跌，只要营造成要跌的意思就行了，而 B 到 C 的拉升，又不能新高，只要营造出要涨的意思就行。此行情直接造成的结果是：①麻痹，让高点 A 没卖的人，在位置 BC 拉升中麻痹大意，不会考虑风险，甚至高兴，认为还要新高；②诱多，让提前下车的人，或想上车的人，都会选择位置 C 买入，错过了 A 之前的拉升，不能再错过 C 之后的行情了，结果追买诱多。位置 C 到位置 B 之间的下跌也许还会温柔，但是击穿位置 B 的时候往往是惨烈的，不惜采取大阴线和缺口的组合来击穿位置 B，直接实现高位 A 和 C 的套牢盘。所以，当股价后期涨到这里的时候，容易发出骗线形态，所有的买点失败率就会激增。

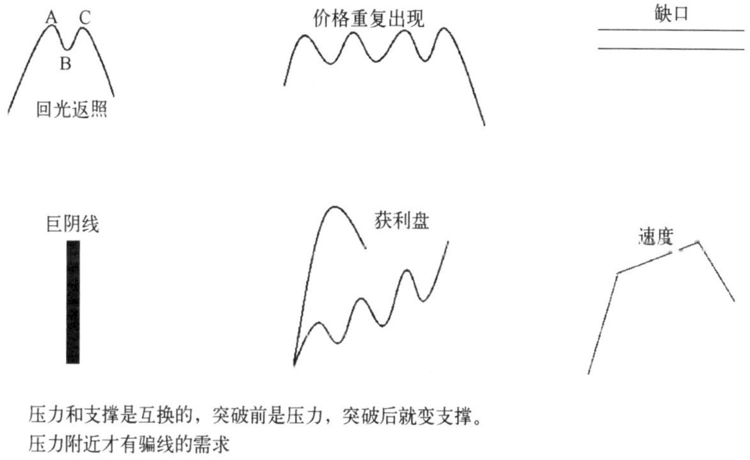

图 6-5

价格重复出现：图 6-5 第二个形态是价格的反复出现，价格的反复说明买卖交投很活跃，筹码密集，这个地方的压力和支撑效果就会很明显。图 6-4 的深证成指日线图就是价格的反复出现一种案例，价格的反复出现之后，一旦股价向上或向下打破平台，此平台的压力和支撑效果就会凸显。比如，价格向下破平台，平台所有的密集筹码都被套牢，当股价再次反弹到平台附近的时候，就会遇阻，此时形成的买点失败率就会很高。

缺口：高位向下缺口的作用是借助缺口实现快速筑顶，从而以迅雷不及掩耳之势完成高位筹码套牢！常见的形态：缺口+巨阴！比如 2010 年 4 月 19 日缺口+巨阴构筑 3067 点大顶！谨记：这样的缺口不会在短时间内回补，而且短期压力巨大，反弹不能回补立刻离场观望。包括 2015 年股灾前的顶部，也是这么成立的，当时的一幕，大家应该记忆深刻，我当时从外地出差回到北京，坐在北京首都机场的地上给大家写了《缺口不补后患无穷》的博客，后来的事情大家都知道了，爆发了股灾。所以，高位向下的缺口都是采取迅雷不及掩耳之势实现高位筹码套牢的手段，所以，当股价反弹到此类缺口附近，发出的买点，安全性都会降低。

巨阴：巨阴线的杀伤力也是很大的，尤其是和缺口叠加使用的时候，其杀伤力无敌了，缺口+巨阴组合，发生在高位的话，直接实现高位筹码套牢，你跑都跑不掉，所以，此类形态当股价反弹遇到的时候，也容易出现骗线的诱多形态，让你接盘，买入。

获利盘：除了套牢盘之外，获利盘太大也是造成诱多的原因，获利盘太大的时候，要想落袋为安，就得有人接盘才行啊，没人接盘盈利都是假象，只有高位卖了才是真的赚钱。而获利盘有两种形态：一是尖底爆拉，此类图形通常是尖底尖顶，当股价反弹到的时候，压力很大，容易诱多；二是边涨边洗，涨到高位后就需要诱多了。但是第二种的获利盘不算大，毕竟边涨边洗，此类多和套牢盘共振使用。

速度：在背离成因的章节，我们讲过速度，速度的急速拉升到缓涨之后，往往是背离的前提，所以，缓涨后的下跌往往是套牢盘较重的地方，就是顶背离，所以股价反弹到这里也是容易出现诱多形态的。做交易，有时候我们不知道应不应该买，或者应不应该卖，但是谨记一个总原则：避开明显的错误，就会无限接近于成功，比如上面图形中的那些位置，当买点出现的时候，我们就应该规避掉。

给大家讲个故事：有一道中文测试题，是外国人学中文的一道选择题，原题是这样的：小红和小李在聊天，聊到了小花，正聊着呢，小花来了，小红说："哟，说曹操曹操到啊！"请问：题目中的曹操是指谁？(单选题)

(1)小红

(2)小李

(3)小花

(4)曹操本人

大家看了题目，肯定笑了，这题也太简单了，没错，对我们而言，这道题是非常的简单，曹操是小花，而对于不了解中国文化的外国人而言，这道题就难了去了，不排除有人会选择 D 哦！道理很简单，我们学英语，很多英语题，在外国人眼里也是简单得要死。

那么，我们可以采取"避开明显错误，就会无限接近于成功"

的方法来做这道题，首先因为小红和小李正在聊天，所以，说曹操曹操到这句话，基本上可以排除小红和小李了，因为他们俩已经正在聊天中，那么 4 个答案中，避开了两个明显的错误，还剩两个了，如果剩下的两个答案中，你实在不知道应该选哪个？你蒙一个，成功率也要比 4 选一的成功率高很多。

所以，有时候，我们可能并不知道真正的答案是哪个，但是我们发现其他 3 个是明显错误的，那么不知道是不是正确答案的这个选项就是唯一趋近于成功的选项，能理解吧！所以，通向成功的路，不要一根筋，换一个角度，你会发现"蓦然回首，成功却在灯火阑珊处"。

交易亦然，有时候我们不知道该不该买？该不该卖？那么就反过来思考一下，避开明显的错误，就会无限接近于成功。比如：在背离高点的位置，我们要做的就是卖或不买，而买是明显错误的。再比如：背离低点的位置，我们要做的是买或不卖，而卖是明显错误的。再比如，不玩 ST 的股票，不玩弹性差的股票，不玩杠杆(小散户)，不高位追买，不低位杀跌，涨停不卖股等等，避开明显错误。

我最近对健康也非常重视，我们都想有一个健康的身体，可是我们不知道应该怎么做才是健康的。比如：什么时间睡觉最合理呢？你知道吗？8 点、10 点、还是 12 点？我相信大家的答案都是不同的，又或者说大家都没有正确答案。那么，我们还用这个方法：避开明显的错误，就会无限趋近于成功！深夜 12 点以后睡觉那是明显对健康不利的，避开；熬夜到深夜 1、2 点不睡觉，那更加是明显错误的，避开。

有人说，这些明显的错误，不用提醒吧，谁不知道啊！可问题是，现在太多的人就是迷失在明显的错误里。比如，深夜不睡觉，玩手机玩到1、2点的，早上不起床，不吃早餐的，过马路闯红灯的……

要健康，就要远离不健康的东西。

要自由，就要远离违法乱纪，规则内的自由，才是真正的自由。

要快乐，就要远离不快乐的事情。

要成长，就要远离负能量的东西。

所以，成功的法则千万条，我认为最简单的一条就是：避开明显的错误！

我们来看一个案例：恩捷股份，如图6-6所示，图中一共有3个鱼跃龙门的信号，其中位置1的鱼跃龙门失败了，为什么呢？因为速度的因素，位置1的鱼跃龙门是急涨到缓涨的过程，此过程是风险酝酿的过程，也是容易发出顶背离的位置，这个时候的鱼跃龙门就得谨慎了，避开明显的错误，不仅如此，位置1的鱼跃龙门附近MACD的DIF根本没有完成能量守恒，这是风险的累加过程，买点发生在风险的累加过程里，安全系数很低。另外，位置B，也就是位置1鱼跃龙门后不久，我们看到典型的回光返照形态，这更加证实了我们刚才的分析，这不是买点，这是回光返照诱多，非但不能买，还得赶紧跑才是。当然，按照规则，你如果位置1买了，也没关系，后面死叉再卖出，也不会亏损很多，用画线规避也可以。所以风险的规避，用分析法可以，用规则同样可以护航。

图 6-6

我们再看图 6-6 中的位置 2，也是鱼跃龙门信号，此鱼跃龙门也是失败的，为什么呢？位置 2 的鱼跃龙门我们先看下面的 MACD，跟位置 1 是一样的问题，能量守恒并未完成，这是风险累加的地方，所以，即便是位置 2 发出了鱼跃龙门的信号，安全性也很低。与此同时，我们再看位置 B 的回光返照，位置 2 的鱼跃龙门正好反抽到位置 B，我们前面讲过，位置 B 是有套牢盘的，位置 2 的鱼跃龙门相当于发生在位置 B 的套牢盘位置，可想而知，涨的压力太大的，要想义无反顾的涨，你得消化掉位置 B 的套牢盘，这难度大啊，所以位置 2 的鱼跃龙门面临着消化位置 B 压力的问题，怎么消化呢？要么横，要么跌，总之得消化，案例中是选择了横而不跌的方式。

我们再说位置 3 的鱼跃龙门。位置 3 的鱼跃龙门是最成功的，相比前两个而言，为什么呢？我们看位置3的MACD，DIF实现了完美的能量守恒，DIF回归了0轴线，而且大家注意看，恰恰是从位置2开始，DIF一直向0轴线回归的，这就说明位置2的DIF是偏离的，不构成买点，而到了位置3实现了指标任务的完成，再看位置3的价格，直接向上突破了价格反复出现的平台，大家想想，平台消化了位置B的历史遗留压力，DIF又完成了能量守恒，位置3的股价又把价格反复出现的平台踩在脚下，如此情况下还不涨，怎么可能，是不是？仔细想一想！

我们再回看第一节中的一个案例，如图6-7所示，天津松江，案例中位置D有一个鱼跃龙门的信号，是失败的，为什么？大家注意位置A是一个典型的回光返照高点，3根K线就组成了一个回光返照的基本因子，证明了套牢盘的成立，如果你不以为然，那么位置B的高点恰好反弹到位置A回光返照附近遇阻，难道还不相信位置A的套牢盘压力吗？不仅如此，你再看位置C的那波主升，恰好又在位置B的高点附近冲高回落，按理说位置C之前那波拉升气势如虹，不应该戛然而止，道理就是遇见鬼了，这个鬼就是位置A的回光返照套牢盘和位置B的套牢盘，所以位置C倍感压力，调整的时候也是采取迅雷不及掩耳之势，长上影线+向下的跳空缺口，基本可以理解为“缺口+巨阴”的组合形态，但是位置C后的调整急速而且短暂，在调整并不充分的前提下，位置D的鱼跃龙门，最高点恰好反抽了位置C留下的套牢盘的缺口，遇阻回落，节节败退。

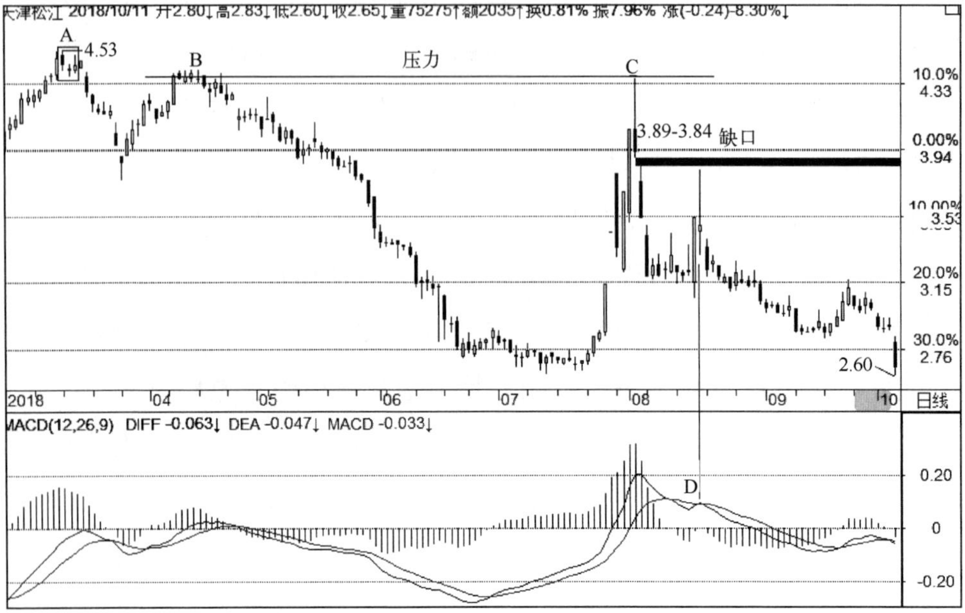

图 6-7

第 3 节　小青龙失败案例

涨势失败无非是两点原因：一是原套牢盘重不重；二是新获利盘重不重。所有涨势的买点失败皆因为此两大压力，否则涨势的惯性只有涨一个方向，小青龙也是涨势里的一种技术，也是鱼跃龙门的一种特殊案例，我们来看具体案例。

如图 6-8 所示，赛意信息，小青龙位置的 MACD 是-0.036，就这一根绿色能量柱，是典型的小青龙。我们先看获利盘，小青龙位置之前一路上涨，中间根本没有调整，意味着获利盘基本上也是一路持股，并没有释放获利盘，在这种情况下的小青龙买点安全系数自然不高，因为别人早已经获利，小青龙买点再买，基本是接盘的了。我们再说套牢盘，该股历史高点采取急涨到缓涨的路线，此路线是形成背离的条件，速度“急”到“缓”，说明做多动能的衰竭，做多的意愿在降低，与此同时，MACD 虽然没有形成背离，但是形成了两次欲擒故纵，我们回顾一下欲擒故纵的本意：擒，捉，纵，放。故意先放开他，使他放松戒备，充分暴露，然后再把他捉住。高点的话，字面意思就是欲跌先涨，这个“涨”自然是诱多，所以该股前高位置两次诱多，这还不够，诱多之后采取巨阴的方式实现高位筹码套牢，可想而知，前高位置的套牢盘压力是巨大的，连续两次诱多，然后一个巨阴全盘套牢，根本不给你反应的机会，直接套牢。小青龙出现的位置恰逢前高套牢盘压力，不得不说此小青龙买点基本就是诱多的买点了。我们还可以从另外一个角度来理解，小青龙的位置 DIF 是高位，并没有回归 0 轴线，能量守恒是不好的，即便是后面还有拉升，只会增加 DIF 的偏离风险，视为风险累加，事实上也如此，小青龙后的 DIF 继续向上偏离 0 轴线，而此时的红色能量柱已经缩短，形成能量柱的背离了。

刚才我们通过套牢盘和获利盘的角度来分析，巧妙地避开失败的买点，同理，如果你依然不小心误入歧途怎么办？答案是：有规则者胜出。如图 6-9 所示，我们来回顾小青龙的模型图，小青龙的操作要点是：

(1) 小于等于 4 根绿色能量柱；

(2) 首次红色能量柱视为买点；

(3) 红色能量柱缩短第一卖点；

(4) DIF 死叉 DEA 为第二卖点。

2018/03/26 开29.34↓高31.41↓低29.34↑收31.07↑量47188↓额14344↓换7.53% 振7.05% 涨(1.74)5.93%↑
缓涨
压力
巨
阴
急涨
欲擒故纵
小
青
龙
36.72
20.73
MACD(12,26,9)
DEA 1.497
MACD -0.036↓
日线

图 6-8

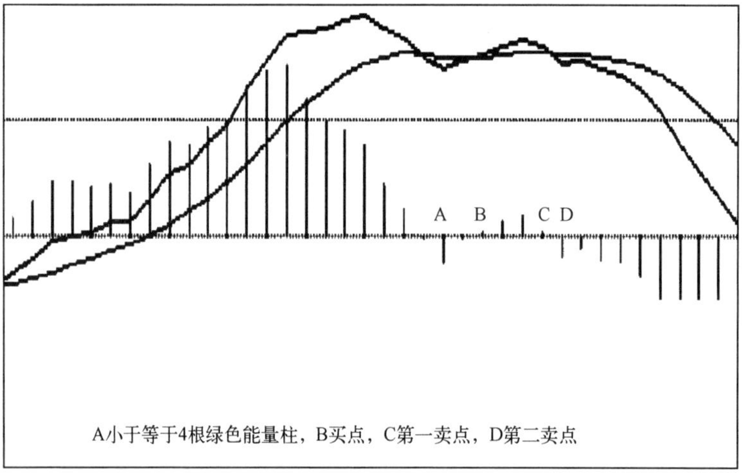
A B C D
A小于等于4根绿色能量柱，B买点，C第一卖点，D第二卖点

图 6-9

如果不小心误入歧途，我们严格按照规则操作，也是没有问题的。如图 6-10 所示，赛意信息，我们来具体看该股小青龙的买卖点量化：位置 A 的 MACD 是-0.036，只一根绿色能量柱，也满足小青龙的条件，位置 B 是第一个红色能量柱，视为买点，因为当天涨停，基本上买不进去，要买也是位置 B 的次日买了，位置 C 是红色能量柱缩短，视为第一卖点，此卖点和位置 B 买点几乎在一个价位，所以按规则基本上就是亏损一个手续费，并无大碍，如果按照位置 D 的第二卖点卖出，略微亏损，但是损失也不大。所以，失败的案例并不可怕，你多一点耐心，可以从原套牢盘和新获利盘里巧妙规避掉，如果确实规避不掉，或者不小心被诱多，严格按规则护航，也不会有大问题。这就是我一直说的：股票市场，有规则者胜出。

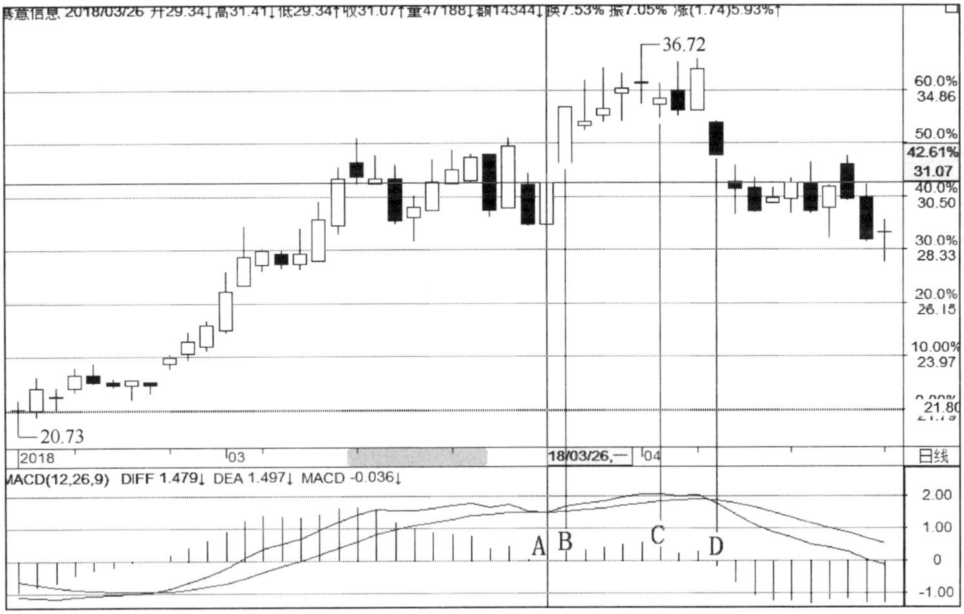

图 6-10

我们再看一个小青龙的案例：天孚通信，如图 6-11 所示，该股中位置 A 是鱼跃龙门，位置 B 不仅是鱼跃龙门，而且也满足了小青龙的条件(绿色能量柱小于 4 根)，但是这两个信号都是失败的。我们一个一个来庖丁解牛，别怕麻烦，一点一点来。

位置 A 的鱼跃龙门，首先从浪形上分析，位置 A 恰逢 5 浪高点，这本身就应该先考虑风险，而不应该先考虑机会，尽管有延伸浪，但是我们从前平台位置基本排除了延伸浪的可能，因为前平台是一个价格反复出现的区间，价格反复出现的区间是压力带，而且高点 3 已经提前预警过压力的存在，所以高 5 的压力依然不容小觑，因此位置 A 的鱼跃龙门就得过滤掉。

我们再说位置 B 的鱼跃龙门，也是小青龙，因为绿色能量柱小于 4 根，而位置 B 的反弹恰好到前高位置，当时 MACD 的 DIF 也是在高位，能量守恒不好，DIF 具备强烈的回归 0 轴线需求(事实上，后面也是 DIF 回归 0 轴线后止跌强反的)，所以位置 B 的小青龙，具备强烈的能量守恒需求，我们知道 DIF 回归 0 轴线的过程，股价要么横，要么跌，因此位置 B 至少是不能买的。与此同时，我们看到前高不仅仅是 5 浪高点，还是采取了“回光返照+缺口”的组合形式实现了前高点，套牢盘是明显的，所以位置 B 既面临着能量守恒的回归需求，又面临着前套牢盘压力的影响，因此位置 B 的买点失败概率很大，应该规避掉。同理，如果规避不掉，不小心误入歧途，按照规则，也可以轻松卖出，不至于深度套牢。

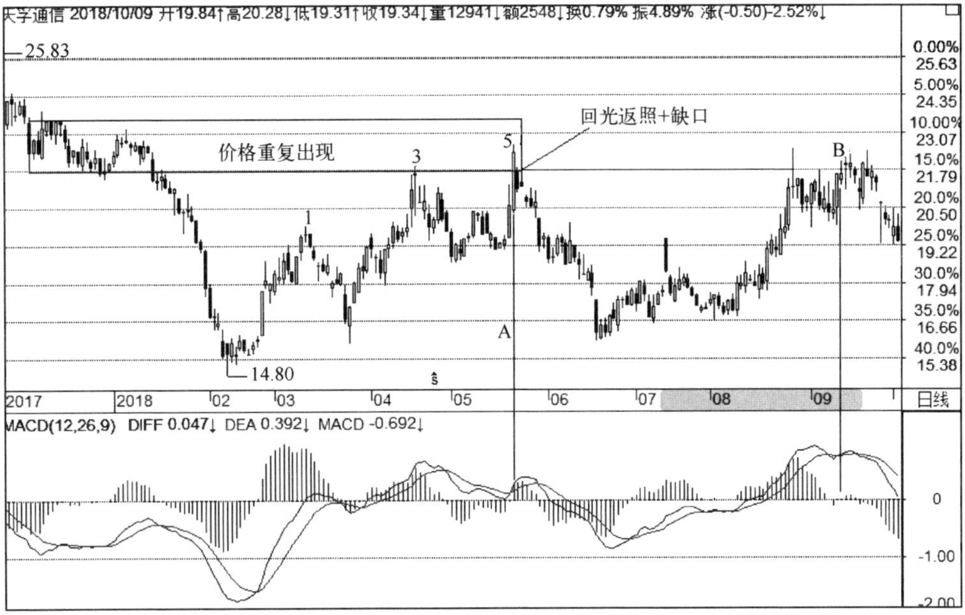

图 6-11

第 4 节 狙击涨停

狙击涨停不是失败案例，而是失败案例中柳暗花明又一村的一种选股技术。公式：回光返照+量能缺口=狙击涨停。其中回光返照可以是本章第 2 节中的任意一种压力形态，如图 6-12 所示，图中位置 A 是回光返照图形，位置 B 是一波新的反弹行情，我们前几节中讲到位置 B 发出的买点，失败率都会很高，因为位置 B 面临着位置 A 的套牢盘压力，那么位置 B 之后的调整，往往酝酿着一种可能的机会，那就是位置 B 的高点调整到底采取什么方式？试想，如果历史每个套牢盘高点都无法逾越，那股价只有跌的份了，不可能上涨，事实上，所有的套牢盘压力，最终都是要被突破掉的，所以位置 B 高点后的调整，就分为大高点的大跌和小高点的涨势调整。而我们如果遇到位置 B 是涨势里的小调整，那么位置 C 和位置 D 附近的买点就会带来大利润，而且根据以往的经验，位置 C 到位置 D 是特别容易出现大阳、涨停、跳空形态的，因为要重拾升势，必然继续气势如虹才行，C、D 位置要想承接涨势，是要解放高点 A 套牢盘的，所以 B、C 先消化高点 A 的压力，让该卖的，想卖的都洗干净了，剩下的 C、D 阶段的拉升，就一举拿下了压力，采取迅雷不及掩耳之势突破前高，开启新的行情。

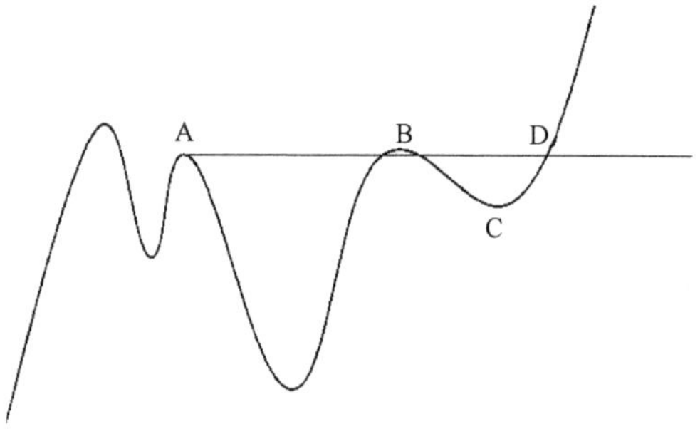

图 6-12

我们来看一个具体案例：天孚通信该案例第 3 节我们讲过一次，小青龙遇阻原套牢盘失败的案例。如图 6-13 所示，我们看前高：回光返照+缺口的组合，又是 5 浪高点，当股价重新抵达此套牢盘区域的时候，股价出现了滞涨，该案例就是滞涨后并没有大跌的案例，而是在前压力位置展开了“量缩而价不跌”的走势。注意这个“量缩而价不跌”是大有文章的，前高位置的量缩代表了并无资金出逃，如果资金遇阻出逃的话，这里的成交量必然是放大的，缩量就证明资金是锁筹的。而“价不跌”也证明了资金在护盘，用很小的资金量实现价格的横盘，尽量不要让价格回到低成本的位置，给场外资金低成本的机会，那就得不偿失了。与此同时，还完成了 MACD 的能量守恒（DIF 回归 0 轴线）。所以，待其压力消化，能量守恒完成之后，一根涨停板绝地反击，这种图形就不是为了继续跌，而是在前高附近蓄势，消化浮筹后，重拾升势的。

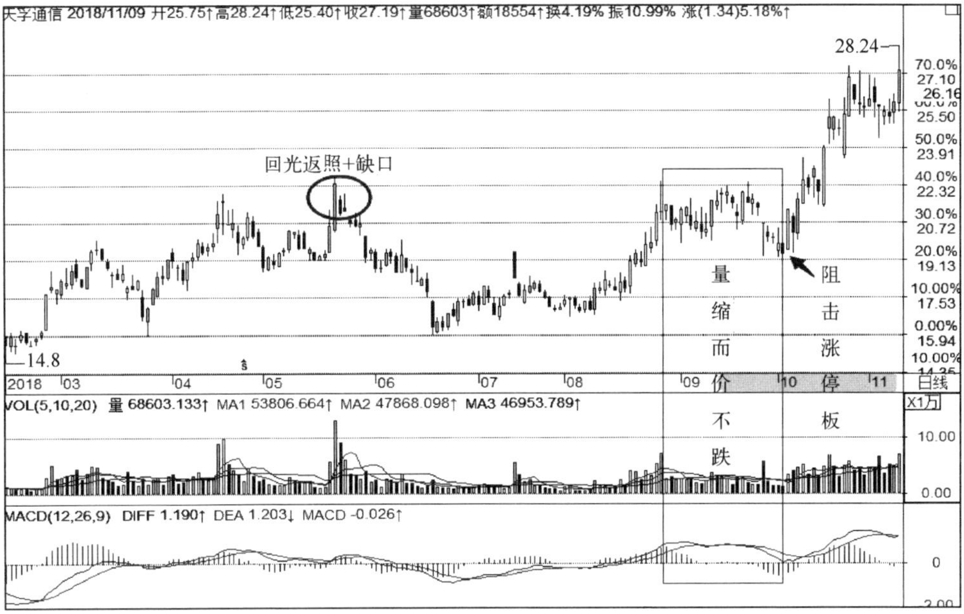

图 6-13

我们再看一个案例：哈投股份，如图 6-14 所示，该股的前压力是价格的反复出现一个压力带，该案例的价格反复出现位置纠结了很长时间，然后破位急跌实现高位筹码的套牢，很明显不算是大高点，而是半山腰，因为平台之前还有一波空间下跌的。急跌筑底后反弹回到平台，股价立马滞涨了，如果不认真分析，恐怕错失未来的大行情，该股在前平台压力附近的滞涨采取的就是“量缩而价不跌”的走势，尤其是你看当时的成交量，基本上是极度萎缩的状态，但是同期的价格并没有跌，可想而知，量缩说明遇到压力的同时，资金并未出逃，压力位置是容易出大成交量的，证明资金跑了，压力位置无大成交量的释放，就说明资金并不愿意出逃；“价不跌”更说明资金非但没跑，还在强势护盘，尽量保证价格不要跌回低成本，便宜了场外的资金，滞涨只是为了消化前平台压力而已，所以，一旦压力消化殆尽，一旦大盘给点阳光，又或者消息面给点阳光，此类股立马就会跳涨，要不是为了继续涨，干吗遇阻了还量缩而价不跌呢，仔细想一想是不是？如果是为了落袋为安，早就放量跑了，或者诱多跑了。后面的放量大涨也进一步证明了我们的判断是对的。

图 6-14

第5节 跌势买点失败原因

跌势的机会，只有超跌反弹，如图 6-15 所示，左半部分就是跌势的周期，跌势的整体路线是跌势涨看空，即跌势里的所有反弹都是为了继续下跌，除了最后一次，问题是跌势并不意味着没有赚钱机会，至少有两个明显的赚钱机会：①跌势涨看空的涨；②逆转跌势的涨。图中位置 A 就是超跌不过趋势的反弹，而 B 是超跌过趋势的反弹。这两个底部都是可以参与的，因为你无法判断到底哪一个会一蹴而就的有效过趋势。当然，级别是可以判断的，我们也可以通过级别来规避失败的案例。位置 A 和位置 B 的买点，涨的原因是什么呢？

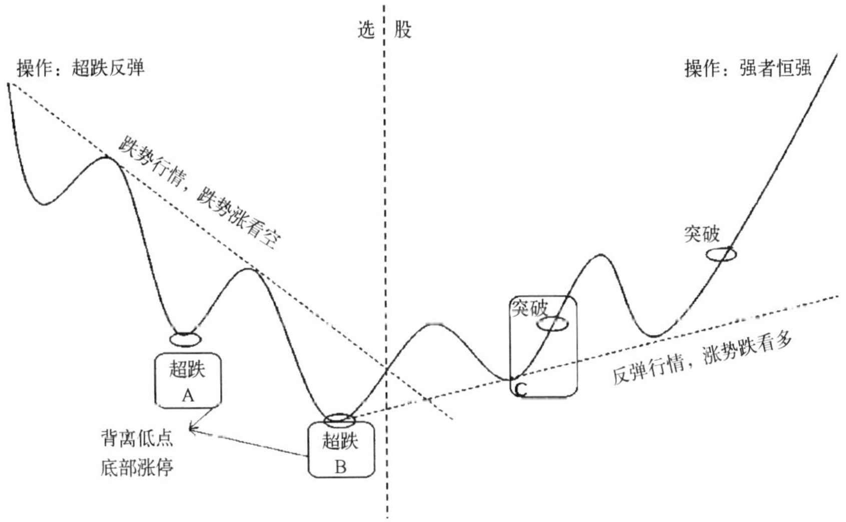

图 6-15

(1)超跌、偏离、速度；

(2)抄底资金参与。

MACD 以 0 轴线为分界线，0 轴线上方视为涨势，0 轴线下方视为跌势，所以，0 轴线上方最常用的是鱼跃龙门，0 轴线下方最常用的就是神龙抄底。神龙抄底是弱势抄底技术，跌势抄底要想成功，首先是超跌后产生的自然反弹，其次是底部有资金参与的主动性反弹。

超跌的标准：通常情况下，一波行情跌 15%视为短线超跌，多发生在牛市里，涨势里的快跌股，所以，此类超跌不属于跌势范畴。40%的波段超跌，基本也是涨势里的波段性下跌，此类已经可以找到超跌股了，而且多以热点题材为主。70%是累计超跌，已经是严重超跌的范畴，遍地黄金。所以选超跌幅度的要求参考：15%、40%、70%。

偏离的标准：MACD 我们讲过能量守恒，当 DIF 严重偏离 0 轴线的情况下，就涉及向 0 轴线靠拢，偏离度可以通过数值来判断，也可以通过历史对比来判断，另外用股价和 DIF 的比值也可以判断。

背离低点：左侧抄底常见的技术就是底背离了，而底背离涉及速度，速度从急跌到缓跌，就是形成底背离的原因，这在背离原因章节中有讲过，这里不赘述了，所以，左侧抄底的成功率里，速度是很关键元素。

试想，跌势里的超跌股，因为超跌股具备自然反弹；选偏离股，因为 DIF 回归 0 轴线需求强烈；选背离股，因为速度急跌到缓跌后容易筑底。最后，是看成交量的放大，底部如果没有成交量的跟随放大，再好的底部，也无济于事，犹如你挖好了运河，可是没有水！

第6节 神龙抄底失败案例

我们来看一个案例：振华重工，如图6-16所示，该股两波下跌速度都很快，尤其是第二波末端的速度更快，速度不放缓，后面不排除会有惯性下跌，所以尽管底背离是成立了，股价也象征性的止跌横盘了，但是并未大涨，不涨的原因从几个方面分析：①速度导致的惯性，速度秒杀一切支撑；②看成交量，基本是严重萎缩的，并无资金参与反弹，更没有标志性长阳出现，交投清淡，资金并不买账，背离也不买账；③底背离的横盘位置基本是在第一波调整的低点位置，也是第一波调整后的弱反位置，那里是有套牢盘的。所以，底背离的位置，股价也止跌了，但是并不涨，止跌是因为背离，而不涨是因为速度、成交量的不跟随。

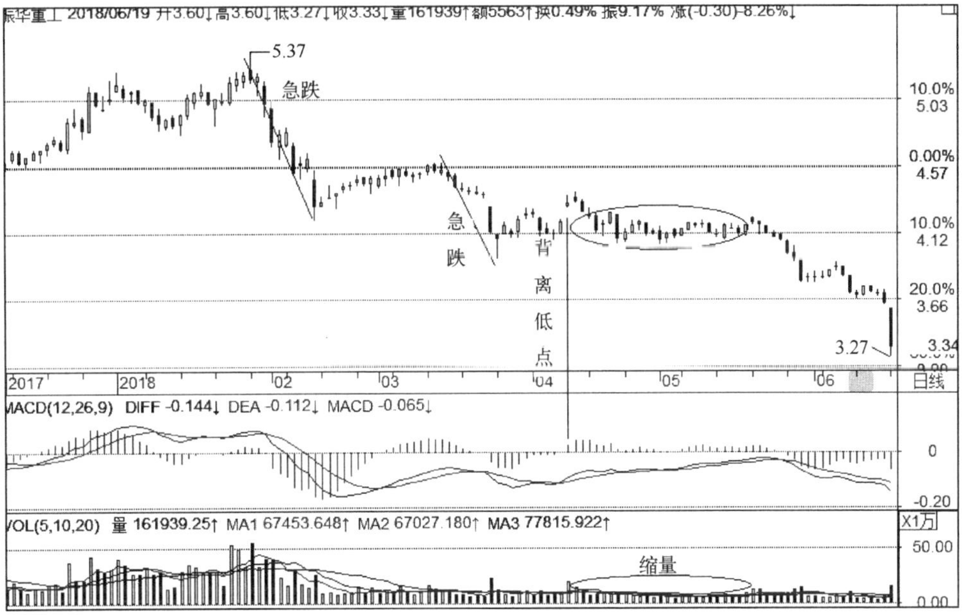

图6-16

我们再看一个案例：佳沃股份，如图 6-17 所示，位置 A 是偏离的低点，你仔细看图中位置 A 附近的 DIF 向下时，绿色能量柱缩短，大概持续了 3 个单位，然后 DIF 向上拐头，绿色能量柱继续缩短，股价也跟随止跌了，但是涨的很差，而且弱反弹后还创了新低，为什么呢？而新低后的底背离掀起了不错的反击行情，又是为什么？带着问题我们一一庖丁解牛：位置 A 之前的下跌幅度已经远远达到了超跌标准，超跌反弹需求是强烈的，位置 A 底部的成交量也不错，说明活跃度还是可以的，并非资金不买账，唯一不好的地方是速度，位置 A 之前的下跌速度太快了，即便是位置 A 附近有资金抄底，位置 A 也有超跌反弹需求，也有偏离反弹需求，但是速度的惯性是存在的，当然，不排除尖底的可能，所以，原则上位置 A 是可以抄底的了，但是心中得有数，不排除后面走速度急跌到缓跌的路线，如果走此路线，位置 A 可以用定额止损法则，而位置 B 底背离再抄底。随着股价的新低后，DIF 并未继续新低，当 DIF 再次金叉 DEA 的时候，底背离成立，底背离之后是大涨的。而位置 A 和位置 B 的过程中，成交量一直是放大的，说明在位置 A 到位置 B 的整个筑底周期，资金活跃度很高。又有超跌、又有偏离，又有资金参与，速度放缓，一系列支持反弹的元素都落在了位置 B。

我们再看一个案例：万丰奥威，如图 6-18 和图 6-19 所示，该案例一个偏离低点，两个背离低点，但是都不成功，尽管都止跌了，但是都没有大涨。位置 A 的偏离，当时 DIF 向下，绿色能量柱缩短，加上 DIF 严重偏离 0 轴线，偏离低点是成立的，当时的速度很快，注定了后续反弹后大概率还会惯性下跌，

生沃股份 2016/05/05 开22.52↓高23.45↑低22.52↓收23.06↑量19401↓额4477↓换1.97% 振4.09% 涨(0.34)1.50%↑
35.98
13.85
A
B
MACD(12,26,9) DIFF 1.117↑ DEA 0.909↑ MACD 0.416↑
VOL(5,10,20) 量 19400.520↓ MA1 32220.668↓ MA2 31600.051↓ MA3 35228.414↓

图 6-17

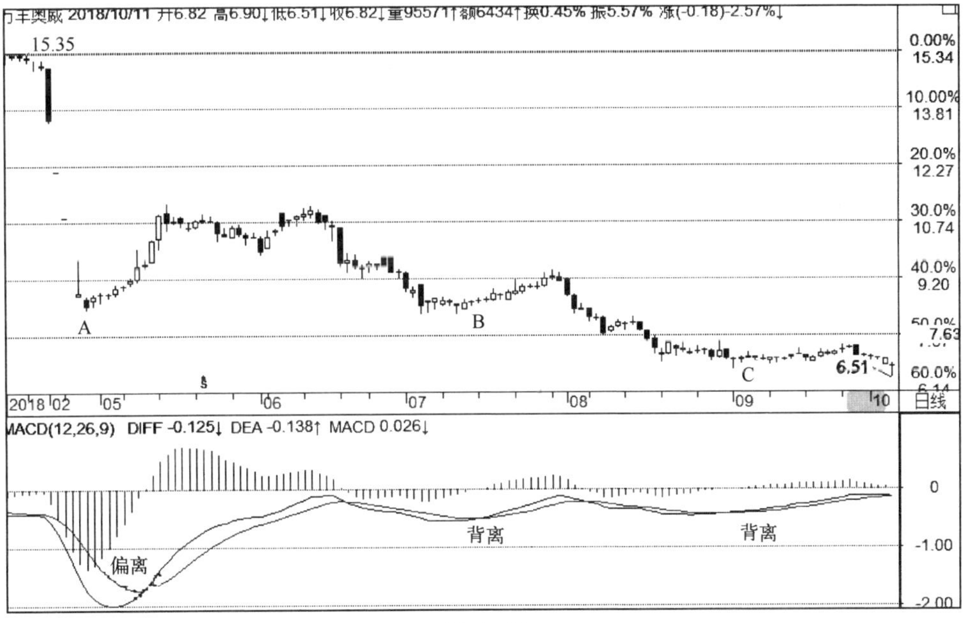
万丰奥威 2018/10/11 开6.82 高6.90↓低6.51↓收6.82↓量95571↑额6434↑换0.45% 振5.57% 涨(-0.18)-2.57%↓
15.35
A
B
C
6.51
MACD(12,26,9) DIFF -0.125↓ DEA -0.138↑ MACD 0.026↓
偏离
背离
背离

图 6-18

好在位置 A 再下之前的反弹还是不错的，涨幅符合超跌反弹的利润，不算失败，但是速度太快，后面依然没有摆脱再次下跌的命运。但是速度那么快，为什么这个反弹还是不错的呢？看当时的 MACD 就明白了，当时的 DIF 严重偏离 0 轴线的位置，具备强烈的 0 轴线回归，当然 DIF 回归 0 轴线也可以横而不跌，但是我们看图 6-19 的成交量，位置 A 底部的成交量很大，如此大跌后的底部，成交量如此之大，只有一个解释：抄底资金踊跃，所以位置 A 的偏离低点，因为速度快，未能摆脱后面再下的命运，但是由于抄底资金和 DIF 的严重偏离，所以再下之前的反弹利润还是很可观的，完全符合超跌反弹的利润标准。再看位置 B，位置 B 随着股价的新低，DIF 并未继续新低，当 DIF 金叉 DEA 时，底背离成立，位置 B 相比位置 A，速度是明显放缓的，这符合底背离的成因，但是看股价的反弹力度很差，原因何在？速度放缓了，为什么还不涨？看 MACD 的 DIF，位置 B 的 DIF 和位置 A 相比，已经不存在优势了，偏离度差太多，而且这个过程中的成交量(图 6-19)是萎缩的，几乎没有交投，仔细看成交量，你会发现超过 5 日均量的情况都少得可怜。可见，超跌是超跌，速度也放缓，问题是底部无资金参与，交投冷清。举个例子：河床挖好了，问题是没水啊，位置 C 跟位置 B 面临着同样的问题。

综上所述：跌势的抄底机会，必须考虑超跌、偏离、背离的速度、资金。缺一不可。当然，成交量的判断，不要只看一天的，一定是一个范围，量能的放大是可以助推底部成功率的。超跌、偏离、背离比喻成河床，那么成交量就是河水，只有河

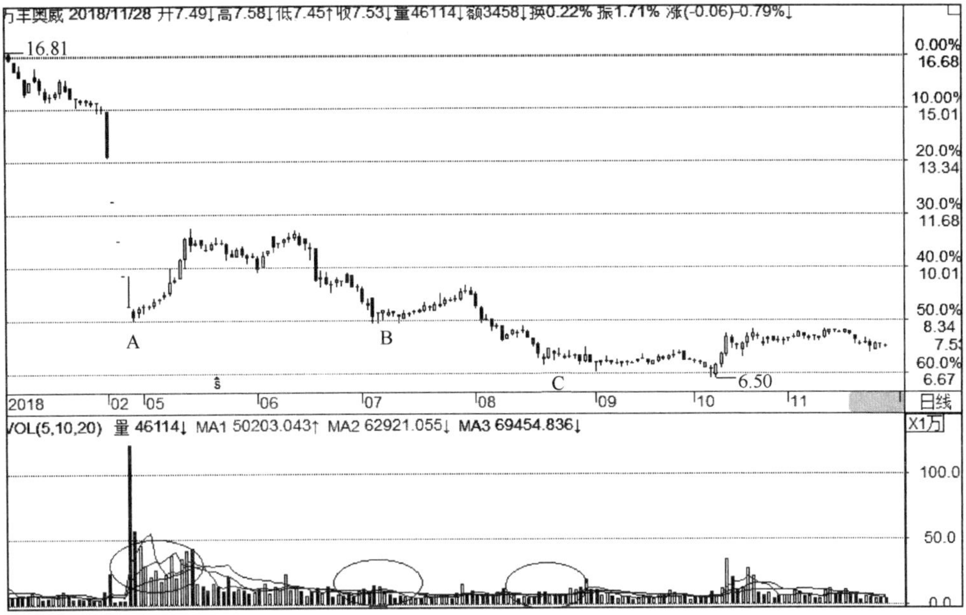

图 6-19

床，没有河水，不能称其为河，只有河水，没有河床，那也会泛滥成灾的，所以缺一不可。

MACD 的小总结：

MACD 的核心其实就是，偏离+守恒。

向上偏离得多，就要向下回归 0 轴；向下偏离得多，就要向上回归 0 轴。

而 0 轴又是多空必争之地；

多方站稳了 0 轴，就要向上发力；

空方站稳了 0 轴，就要向下发力；

变盘点也多发生在偏离和 0 轴附近。

所以，你要想买股票：

(1)跌势，就必须是向下偏离的位置买；

(2)涨势，就是在 0 轴附近买。

所以，你要想卖股票：

(1)涨势，就是在偏离位置卖；

(2)跌势，就是在 0 轴附近卖。

后　记

学习，我认为分四个阶段：第一阶段是不信、怀疑，从而失之交臂，很多人怀疑关过不了，任何事情不可能大成，甚至错过了太多，换句话说，没有开始就结束了；第二阶段是浅尝辄止，不能深入骨髓，不能透析事件的核心，停留在表面的学习，多而杂不如少而精，很多人啥都会，啥都不精；第三阶段是精、专、权威，此阶段已经上升到权威了，专业了，但是还不够灵活，容易走极端化，自信心爆棚；第四阶段是化为己有，我认为学习的最高境界是化为己有，一切技术最终都要和自己紧密结合。因为每个人的性格不同、资金量不同、习惯不同、承压能力不同，各种不尽相同的元素，所以，什么技术是最好的技术呢？答：适合自己的技术就是最好的技术，自己能长期坚持的技术就是最好的技术。再好的技术，你不能坚持下去，都是零，想想是不是这个道理！

2018 年学员区，我们主攻讲解、学习了 MACD 的全部内容，庖丁解牛，案例精讲，用了整整一年的时间，大家听得津津有味，乐不思蜀，很多学员都希望我把 MACD 内容汇编成书，方便日后随时翻阅，于是，我就白天讲晚上写，闻鸡起舞(早 6 点起床写书)，披星戴月(每晚坚持写书)用了整整一年的时间，点滴而成，MACD 是我分析市场的利器，有先进的思想、理念，全新的方法，很多细节是你从来不曾了解过的，在实战中总结、磨砺，尤其是书中大家看到我把 MACD 理论技术的工具化、量化、可视化，这些都是需要付出许多的努力才能完成的事情，当泪流尽，我们才会感觉到生命的厚重，所以，完稿的当天，我备感欣慰。

在此我要由衷感谢一直以来关心支持我的家人、朋友、博友、书友、股友，没有你们的支持和一路同行，也就没有我的坚持和微不足道的成绩。我一直跟博友和学员说：“股市，我们一路同行!”在同行的这条路上，我感受到了大家的温暖，一路同行太不容易了，途中荆棘满地，途中各种诱惑，途中有人掉队，途中有人质疑，途中有人离弃……股海无常，暗礁丛生，感谢一路同行的你，也希望我们能继续一路同行地走下去。

本书内容虽然是我多年来实战的经验总结，但不排除会有疏漏，希望广大读者批评指正，正所谓：批评不自由，表扬无意义！特此公开我的个人邮箱，非常乐意和投资者进行学术沟通、交流：fkwfs@ sina. com，另外也请大家关注我的微信公众号，微信名：伟伟到财；微信号：fkwweixin。